全球大变局下的中东与美国

GLOBAL GREAT TRANSFORMATION:
MIDDLE EAST AND U.S.

高祖贵 · 著

时 事 出 版 社

图书在版编目（CIP）数据

全球大变局下的中东与美国/高祖贵著．—北京：
时事出版社，2017.7
ISBN 978-7-5195-0096-2

Ⅰ.①全… Ⅱ.①高… Ⅲ.①美国对外政策—中东问题—研究 Ⅳ.①D871.20②D815.4

中国版本图书馆 CIP 数据核字（2017）第 094777 号

出 版 发 行：时事出版社
地　　　址：北京市海淀区万寿寺甲 2 号
邮　　　编：100081
发 行 热 线：（010）88547590　88547591
读者服务部：（010）88547595
传　　　真：（010）88547592
电 子 邮 箱：shishichubanshe@sina.com
网　　　址：www.shishishe.com
印　　　刷：北京昌平百善印刷厂

开本：787×1092　1/16　印张：22.25　字数：220 千字
2017 年 7 月第 1 版　2017 年 7 月第 1 次印刷
定价：90.00 元

序

当今世界正在经历一场前所未有的大变革和大调整。世界政治、经济、文化、社会、军事在延续诸多规律性变动的同时，由于人口结构、技术创新、生产方式、信息传播方式、思想观念等因素的快速变化，特别是全球化和信息化进程的深入解构和建构作用，正在呈现出越来越多的新特点和新形态。

一、 美欧整体下沉趋势凸显， 推动多极化向全新的广度和深度扩展

世界多极化就是世界范围内的力量中心从一个中心向多个中心扩散，以及各中心之间的力量对比差距缩小。从百年时段来看，多极化趋势就是近代以来欧美作为世界中心的主导地位相对下降，亚非拉地区的地位持续上升；从冷战后时段看，多极化趋势就是美国“一超独大地位”相对削弱，其他大国及地区强国的国际地位和影响力不断上升。从近年来世界形势的发展看，不仅美欧整体下沉趋势变得越来越明显，而且美国自身的唯一霸权地位也在相对减弱。这是具有重要历史意义的变动。

近代以来，世界历史演进的一条重要主线就是欧美向全球扩张并逐步确立主导地位。特别是 1991 年苏联解体之后，美欧更是借助无孔不入的全球化和信息化进程，凭借强大的资本和军事力量，将其政治、经济、文化、军事等一整套思想、制度及其实践全方位推广，使西方国家在世界范围内的权势盛极一时。这种发展态势被美国政治学者弗朗西斯·福山称之为“历史的终结”，即“人类意识形态演进的终点和作为人类最后的政府形式的西方自由民主的普遍化”。[①] 在美洲，美国推动建立北美自由贸易区，并利用 20 世纪 90 年代拉美债务危机全面推广实施新自由主义经济政策。在欧洲，北约东扩和欧盟东扩不断推进，甚至一度要把环地中海周边地区也整合进来。在全球，美欧摇举着保护人权的旗帜，利用联合国人权委员会这个平台批评指责广大发展中国家的人权发展，打着“人权高于主权”的幌子大肆进行人道主义干预。与此同时，美欧文化也裹挟着一股强势向全球广泛传播。在此进程中，世界的动荡和混乱主要集中于广大发展中国家或者西方在亚非拉地区所制造的种种危机。

然而，2008 年美国爆发金融危机，并引发欧洲的债务危机。从那时到现在，美欧不仅还没有完全摆脱金融经济危机，而且由此激发和催化的政治、经济、社会、安全问题不断发酵和持续累积，正变得越来越突出。这给美欧内部的发展和治理构成一系列挑战。这些挑战的衍生和发展

① Francis Fukuyama, “The End of History?”, *National Interest*, Summer 1989, p. 4.

同美欧长期奉行的价值观、制度设计、道路选择紧密相关，具有比较明显的系统性、根本性和长期性，短期内难以实现重大改变，除非进行比较全面彻底的变革。2016 年，英国公投“脱欧”和美国特朗普当选总统作为重大历史事件，尽管是管窥之孔，却已充分体现出问题所在之深刻、克服挑战之艰难、冲击世界之严重。2017 年，这一趋势将在英国“脱欧”的谈判和欧洲多国的政局变动以及美国特朗普政府的施政中更加充分地反映出来，对世界造成更大范围更加深刻的系列冲击。这就使得长期占据国际体系主导地位的美欧的自身发展和稳定问题日益成为加重当今世界失序混乱和不确定性的最重要因素，其消极影响范围之广、程度之深将远远超过世界其他地区和国家。这已成为我们观察和思考世界变革调整大势的一个重要视角。

1. 从经济发展态势看，2008 年以来，美欧通过加强金融监管、实行量化宽松的货币政策、坚持紧缩性财政政策等，不断刺激经济增长，确实实现了不同程度的增长。美、英、德等国的国内生产总值（GDP）增速甚至从 2014 年以来就都实现了 1% 以上的增长。但是，总体看，美欧经济整体下沉的态势不仅没有因为经济增速有所提高而发生逆转，相反近年来却在政府债务负担持续加重等诸多因素的综合作用下呈现进一步加剧之势。根据国际货币基金组织（IMF）提供的数据，“西方七国”（G7，美、加、英、法、德、意、日）从 2007 年到 2015 年底，国内生产总值总和在世界国内生产总值总量中所占的比例从 54.82% 下降为

46.38%；预计2016年和2017年，这个比例将分别进一步下降到45.62%和44.87%。[①]

其中，美国作为西方发达国家的首要代表和世界唯一超级大国，其“一超”的总体地位依旧突出，经济总量继续保持增长态势。根据国际货币基金组织提供的数据，从2015年到2017年，美国国内生产总值分别为17.947万亿美元、18.234万亿美元、18.635万亿美元，增速分别为2.6%、1.6%、2.2%。[②] 但是，美国经济在世界经济体系中的相对权重却在下降。根据国际货币基金组织提供的数据加以计算，从2006年到2017年，美国国内生产总值的总和在世界GDP总量中所占比例将从27.13%下降为23.8%。[③] 政府债务则大幅攀升，截至2016财年于9月结束时，已经达到19.5万亿美元，约为国内生产总值的106%，；2016年底预计将突破20万亿美元。在美国之外，英国、法国、德国、日本等西方主要国家，虽然就自身发展的纵向比较而言绝对经济总量大都不断提高，但就横向比较而言各自在世界经济格局中的相对占比同样在持续下降。他们的国内生产总值在世界国内生产总值总量中所占的比例，从2006年到2017年期间，同样分别从5.07%下降到3.66%、从4.55%下降到2.39%、从5.88%下降到

① World Economic Outlook 2016，IMF，October 2016，http：//www.imf.org/external/pubs/ft/weo/2016/02/pdf/text.pdf.

② World Economic Outlook 2016，IMF，October 2016，http：//www.imf.org/external/pubs/ft/weo/2016/02/pdf/text.pdf.

③ 这些数据是根据世界银行提供的数据计算得来。The World Bank，http：//data.worldbank.org/indicator。

4.32%、从8.53%下降到5.12%。[①]

这种经济发展态势表明，20世纪80年代以来，里根总统和撒切尔夫人等领导人在美英实行并向全世界推广的、以“华盛顿共识”为代表的新自由主义经济政策存在明显弊端，正在经受严重挫折，急需调整。金融危机以来美欧一直力图寻求经济发展新的增长点和新的增长模式，但至今仍未找到，依然在探索之中。这也就是说，美欧还是没能从经济政策乃至制度层面找到解决问题的办法，或者有解决问题的方案却囿于制度局限而无法加以推行。美欧在经历19世纪的“自由贸易资本主义1.0版”、20世纪30年代的“国家福利资本主义2.0版”、20世纪80年代的“新自由资本主义3.0版”之后，能否如其思想家和政要所期待的那样转型升级为“更加温和、更加注重公平的资本主义4.0版”，[②] 这仍然是他们亟待解决的重大问题。在此态势下，美欧的经济民族主义和“本土主义”情绪高涨，贸易保护主义持续上升，对外援助不断减少，正在从过去经济全球化、贸易自由化、地区一体化的积极推动者和全球经济治理的主要供给方演变成如今的阻碍者和需求方，对世界发展的消极影响持续增大。国际社会越来越期待新兴经济体和广大发展中国家尤其是新兴大国对世界的发展进步发挥积极的再平衡作用。

---

① 这些数据是根据世界银行提供的数据计算得来。The World Bank，http://data.worldbank.org/indicator。

② 周荣国：“当前资本主义的现实困境、内部争论和未来走势”，载于《当代世界》2017年第1期，第31页。

2. 在经济发展整体态势持续下沉的影响下，美欧长期存在的政治和社会多重矛盾相互交织联动并呈日益加重之势。这主要表现在三个方面：首先，在全球化进程中，美欧资本在世界范围内追逐最大利润，导致产业大批外移到亚非拉新兴经济体和发展中国家，加剧了美欧内部资本与劳动的对立。同时，从亚非拉发展中国家尤其是被美欧发动战争打乱的阿富汗、伊拉克、叙利亚、利比亚等国大批涌入的外来移民，与当地民众在就业方面形成竞争，客观上拉低了美欧中下层民众的就业薪酬。此外，人工智能等一系列先进技术在美欧制造业和服务业不断推广应用，又替代了越来越多中低收入者的就业。例如，在美国，无人驾驶汽车日益广泛的应用，将直接威胁 300 多万职业卡车司机的工作机会；约有 1700—2000 万墨西哥移民的存在直接挤压美国本土受教育程度不高的中年男子就业机会。尽管美国政府公布的失业率从 10% 左右持续下降到 5% 以下，但放弃再就业的中年人尤其是白人的人数却不断增加，这使得实际上的失业率依然较高。“到 2015 年，美国年龄在 25—54 岁、没有寻求工作的男性公民所占比重达到 20 世纪 30 年代‘大萧条’以来的最高水平。”[1] 这些因素加上金融危机之后经济发展乏力无法提供更多的就业机会，使得美欧内部的失业问题难有明显好转。

其次，与上述变化趋势紧密相关，金融和制造业资本

---

① *Global Trends*：*Paradox of Progress*，A publication of the National Intelligence Council，January 2017，https：//www. . dnic. gov/files/images/globalTrends/documents/GT-Full-Report. pdf，p. 32.

家群体所代表的富有阶层作为全球化进程的“赢者”，由于资本的全球扩张而导致财富持续快速增长。而广大中产阶级和下层民众作为全球化进程的“输者”，则由于就业竞争力下降和机会流失而导致财富持续缩水。这“一升一降”的直接后果就是社会两极分化持续加重，中产阶级的规模持续萎缩，美欧社会原有的中间大、两头小的橄榄形社会结构向中下层规模持续扩大的金字塔形转变。而且广大中下层民众靠自身努力跻身中上层的社会流动性持续减弱，“美国梦”实现的难度越来越大。又以美国为例，1%最富有的家庭占有全国家庭总财富的40%左右。根据美国税收政策中心公布的数据显示，如果特朗普政府就任前所表示的把企业税率从30%降至15%的计划得以实施，那将使中产阶级中一部分人的税后收入增加1.8%、平均提高1010美元，使占美国人口0.1%的收入最高的小群体税后收入提高14%、平均获得近110万美元的收入。这就意味着，自20世纪80年代以来不断扩大的两极分化可能在特朗普新政下进一步加剧而非缩小。据麦肯锡公司估计，2014年发达国家2/3家庭的实际收入处于或低于2005年的水平。[①] 2016年的总统大选和特朗普当选不仅没有缩小美国内部多层面和多领域的分裂，而且可能进一步扩大这些裂隙和激化各种矛盾。

再次，本国民众与外来移民的人口比例此消彼长引发

① *Global Trends*: *Paradox of Progress*, A publication of the National Intelligence Council, January 2017, https: //www. . dnic. gov/files/images/globalTrends/documents/GT-Full-Report. pdf, p. 12.

忧虑，增大外来移民融合难度，激化安全矛盾。美欧原本就长期存在大批外来移民。金融危机后，在经济增长乏力和就业机会总体下降的背景下，外来移民就业所受排挤和被边缘化加重，与当地社会的文化和身份认同程度明显下降。这种趋势在又一组“一升一降”（即美欧社会长期存在的白人人口老龄化和出生率下降导致白人人口相对数量持续下降，以及外来移民人口增长尤其是2014以来新一轮难民移民大规模涌入导致包括穆斯林在内的非白人人口数量不断上升）因素的共同作用下快速凸显出来。以美欧白人与穆斯林的对比为例，根据美国皮尤调查公司提供的数据，2013年欧洲的穆斯林人口已达到5638万，在总人口中的占比达到7%，其中法国、英国、德国的穆斯林人口数量分别为642万、280万、305万，在总人口中所占比例分别为10%、4.8%、3.7%。[1] 这种人口结构的变化趋势，使得美欧本土白人与外来各种有色族裔移民之间的经济利益之争、价值文化的碰撞、身份认同的纠结、政治认同的分裂等愈加凸显。在外来移民和难民制造的暴恐袭击和刑事犯罪明显上升的催化作用下，这一系列裂隙所引发的现实和潜在安全风险变得越发突出，激发和助推美欧社会本国民众的排外主义、反移民思潮，甚至开始出现极端化苗头。美欧曾经呈现和极力标榜的自由、开放、多元、包容、融合的气象开始显著减退。

---

① *The Future of World Religions*: *Population Growth Projections*, 2010 – 2050, http://www.pewforum.org/files/2015/03/PF_ 15.04.02_ ProjectionsFullReport.pdf.

所有这些问题叠加在一起，为美欧极右思潮的发展壮大提供了有利条件，使得混杂反精英、反建制、反移民、反一体化、白人至上等因素的思潮快速泛起，使得公众对精英和政府的失望、不满和不信任程度持续上升，年轻人对言论自由等的支持度低于他们的前辈，西方民主制度的声誉和影响不断下降。根据美国《民主杂志》所刊文章提供的数据，美国大多出生于20世纪80年代的“千禧一代”，1/4的人认为民主制度是治理国家的“糟糕”或“非常糟糕”的方式，26%的人认为领导人以自有选举方式产生“并不重要”，43%的人认为军队可以在政府治国不力的情况下接管政权；美国富有人群中，35%的人认为军队可以在民主制度失败时接管政府，32%的人更喜欢强硬的领导人。[①] 根据盖洛普的民调显示，1982年认可社会主义的美国人只有20%，2015年表示会投票给“自称是社会主义者”的总统参选人的美国人则高达47%。[②] 美国人对国会的支持率已经从2002年的64%直线下降到2008年的26%，并继续下降到2012年的21%。[③] 如今，美国民众对政府的信任已经下降到1958年有这个衡量标准以来的最低水平。这些因素正在共同重塑着美欧国家的政治生态。2016年英国全民公投“脱欧”、法国“国民阵线”、意大利“五星运

---

① Robert Stefan Foa and Yascha Mounk, “The Danger of Deconsolidation: The Democratic Diconnect”, *Journal of Democracy*, *July* 2016, *Volume* 27, *Number* 3.

② 周荣国：“当前资本主义的现实困境、内部争论和未来走势”，载于《当代世界》2017年第1期，第32页。

③ 谢韬：“从历史的终结到美国民主的衰败”，载于《当代世界》2017年第1期，第37页。

动”等极右翼党派影响不断上升、美国特朗普当选总统、德国纳粹思想明显抬头等事态，其实都是这种政治生态深刻变化的反映和结果。

这种政治、经济、社会等方面的变化趋势，使美欧政府把注意力进一步集中于解决内部的经济增长迟缓、财政压力增大、政府债务增加、医疗和养老等福利保障需求持续扩大、社会政治对立激化等诸多难题上，呈现自顾不暇之态。他们的发展战略更加聚焦国内而势必减少对全球事务的资源投入，在全球事务中的姿态的整体“内向”趋势将变得更加突出，长期主导的全球化和地区一体化进程可能明显受挫，国际地位和作用尤其是全球霸权地位可能进一步下降。

3. 相比之下，一批新兴市场国家和发展中国家呈现比较快速的群体性的梯次崛起态势。其中，“金砖五国”（中国、印度、俄罗斯、巴西、南非）的经济发展虽不同程度地面临困难，但整体实力持续提升。从 2007 年到 2015 年底，五国国内生产总值（GDP）的总和在世界 GDP 总量中所占比例从 13.79% 增长为 22.28%；预计 2016 年和 2017 年，这个比例将分别进一步上升为22.68%和23.09%。[①] 以不断增强的经济实力为支撑，新兴经济体和发展中国家加强协调，在联合国、二十国集团（G20）峰会、77 国集团、不结盟运动等多边框架下的作用持续增大。特别是

① World Economic Outlook 2016，IMF，October 2016，http：//www.imf.org/external/pubs/ft/weo/2016/02/pdf/text.pdf.

"金砖五国"，推动国际货币基金组织在2010年通过投票权改革方案，在2016年10月使该方案生效；在2013年4月南非德班峰会上决定建立金砖国家新开发银行和外汇储备库，在2014年巴西峰会上确定有关实施方案，在2015年6月中国上海正式挂牌成立，这对现有国际多边开发融资体系构成补充和推动。同时，俄罗斯、中国、印度等新兴经济体和发展中国家对地区和国际事务的参与度不断提高，在乌克兰、叙利亚、阿富汗、伊核、朝核等地区和国际热点难点问题上的影响力持续上升。此外，随着东盟、非盟、阿盟、拉美共同体等地区框架下的合作推进，新兴经济体和发展中国家的整体国际影响还可能进一步提升。在美欧发达国家与新兴经济体及发展中国家的综合实力和国际影响力的消长作用下，冷战结束后国际战略力量对比的严重失衡态势明显改变，美国作为唯一超级大国与中俄欧等"多强"之间的综合国力差距不断缩小，"多强"之间国际地位变化的均衡化趋势日显突出，全球力量对比总体上变得越来越平衡，这正是多极化趋势深入发展的效果体现。

二、 主要力量重新厘清内外战略

面对日显动荡多变的世界尤其是不断深化的多极化趋势，世界主要战略力量越发紧迫地调整内外战略，努力明确定位和优势劣势，力图在未来出现的多极格局中谋求比较有利的国际地位。

1. 美国维护霸权的战略在总统更替中既延续又变化。国内多重矛盾加剧并增大治理困难，加上国际上大国之间的地缘政治竞争趋于激烈，“伊斯兰国”等恐怖主义和极端主义威胁持续发展，乌克兰危机、叙利亚危机、伊朗核问题、朝鲜核问题等地区热点和难点局势均不同程度地面临新形势，全球性挑战仍在上升，国际多边组织在全球治理需求日益扩大的背景下改革创新压力增大。俄罗斯、南非、布隆迪、冈比亚四国相继宣布退出美欧主导的国际刑事法院，菲律宾杜特尔特政府表达类似意愿，诸如此类的因素从一个侧面表明美国自第二次世界大战结束以来所主导的国际体系正在酝酿更加深刻的变动。这一系列挑战使美国掌控地区和国际局势的意愿、能力和决心均不同程度地有所减弱。

然而，应该清醒地看到，即使如此，美国不仅不会轻易放弃世界主导地位，相反正在加快调整内外战略，充分发挥优势，以防止地位进一步下滑，甚至卷土重来。在此进程中，美国对有利于地区和世界发展稳定但自身要付出较高成本代价的对外政策努力可能变得越来越勉强犹豫，对捞取和维护自身利益则会变得越来越不择手段。它给世界发展稳定带来的积极作用减小，负面影响甚至是问题和麻烦则可能进一步增大增多。

从奥巴马治下的 8 年到接下来的特朗普治下时期，美国维护霸权的战略在总统更替中将既延续又调整，甚至内在延续性超过变动性。从执政大背景看，奥巴马和特朗普都是在美国国内矛盾明显上升，而国际超强地位相对下降的形势下施政。从执政总体目标看，无论是奥巴马政府在国情咨文中高喊的“决不当世界第二”和“继续领导世界一百年”的口号，还是特朗普在竞选和就职演说中高举的“美国再度强大”和“美国第一”的旗号，他们都是在设法解决前述美国面临的各种发展难题，极力保持美国的竞争强势。这就决定了他们都将把国内治理作为最优先的事项。奥巴马政府积极推进金融、教育、科技、医疗、移民等一系列改革，力图实施“再工业化”计划来促使美国外海企业回归，推进能源自给计划来降低生产成本和提升经济竞争力，扩大基础设施投资来增加就业机会，促进就业以维护中产阶级利益。特朗普政府力图通过大幅减税和增加补贴等措施来促使制造业回归和提升企业竞争力，谋求放松国内化石能源开发限制，更大规模地升级改造基础设施，增加中产阶级就业和中下层民众福利保障，等等。他们对美国经济社会发展不少问题及其深层原因的看法以及具体政策选择存在差异，但政策目标甚至思路却有很多共同点。从对外战略整体态势看，由于美国利益的全球性存在，维护全球霸权地位本身就是实现“美国再度伟大”和“美国第一”目标的重要保障，这就决定了奥巴马政府和特朗普政府都要力图继续掌握美国对世界发展和国际秩序转换的战略主动权。基于同样的逻辑，由于奥巴马政府和特朗普政府都把国内治理放到最优先位置，这也就决定了他们在对外战略上都将采取总体收缩的姿态。

在国际经贸领域，奥巴马政府与23个经济体（共50个国家）开启服务贸易协定谈判，与欧盟进行“跨大西洋全面贸易与投资协定”（TTIP）谈判，与日本、澳大利亚、加拿大、新加坡、文莱、马来西亚、越南、新西兰、智利、墨西哥、秘鲁等11个国家谈判达成“跨太平洋伙伴关系协定”（TPP），力图主导制定新的更高标准的国际贸易规则体系。特朗普政府在竞选期间尖锐批评尚未结束谈判的“跨大西洋全面贸易与投资协定”（TTIP）谈判，招致欧盟贸易委员回应表示停止谈判；就职之后不久就宣布或签署行政命令，要重新谈判或退出已经加入生效的北美自贸区协议（NAFTA）、“退出”已经结束谈判但尚未批准生效的“跨太平洋伙伴关系协定”（TPP），转而表示更愿意寻求做出双边经贸合作安排。奥巴马政府和特朗普政府采取的对外经贸战略和策略不同，却都是为了使美国占据比较有利的经贸竞争地位和获取更多经贸利益。在政治外交领域，奥巴马政府强调使用尽可能少的成本来更好地维护美国国家利益，注重借助同盟和伙伴的作用，在地区战略中更多采用“离岸平衡”和借力打力策略，在地缘战略部署上把亚太作为重点并积极推行亚太“再平衡”战略，在政策策略使用上对打压对象更多使用经济金融制裁和多边施压等。特朗普政府表示要帮助盟友伙伴提升能力，促使盟友分担更多安全保护费用，寻求与俄罗斯缓和关系尤其是加强反恐合作，增加对巴以冲突和伊朗核问题等中东局势的关注。

奥巴马政府与特朗普政府在注重发挥盟友伙伴的作用和亚太地缘战略地中等方面的连贯性同样比较突出。在军事安全领域，奥巴马政府连续削减军费开支，强调保持军事技术优势，开始实施“第三个抵消战略”，极力确保美国绝对安全，但抬高对外军事行动门槛，注重实施有限军事打击和积极开展金融情报合作等来反恐。特朗普政府表示要把消除“伊斯兰国”等恐怖主义和极端主义威胁作为首要紧迫任务，停止削减军费开支，实行大规模强军计划，以实力求和平。奥巴马政府和特朗普政府在重视反恐、慎用武力、增强军事技术优势、重视在海洋网络太空等全球公地抢占制高点等方面都有明显的共同点。随着所有这些内在延续性较强的政策主张持续展开，那将给美国乃至整个世界造成深远影响。

2. 其他战略力量既为解决自身发展问题也为因应美国变化，加快展开各自内外战略调整。就欧盟而言，尽管欧元区成员实行统一的货币政策，但整个联盟内部各成员在财政政策和安全政策上则各行其是。近年来，欧盟坚持以全方位推进一体化建设来应对重重危机，在应对债务危机、乌克兰危机、气候变化、难民危机、英国“脱欧”、特朗普就任美国总统的过程中，力图通过持续全面推进银行联盟、财政联盟、能源联盟、投资联盟、数字联盟、防务联盟等建设，来确保团结，有力应对来势猛烈的民粹主义浪潮和右翼势力崛起，穿越“转型时刻”。对外，欧盟把包括欧亚结合部、西亚、北非在内的周边置于更加优先的地位，在继续强调价值观、多边外交、政治解决办法的同时，更加重视加强军事力量建设。2016 年 6 月底，欧盟推出题为《欧盟对华新战略要素》的联合战略文件，阐明未来 5 年中欧关系面临的机遇和挑战，要在全球和地区治理、中欧投资协议和自贸区协议谈判等方面加强对华合作等。[①] 2016 年 7 月初，欧盟推出题为《共同愿景、共同行动：一个更强大的欧洲》的全球战略，强调要加强跨大西洋纽带和北约联盟、进一步整合东欧和南欧、注重用综合方式应对危机，支持世界各区域合作机制发展，强化以联合国等多边规制为基础的全球秩序；[②] 这些内外战略的实施将在 2017 年经受英国"脱欧"谈判，法国、德国、荷兰、意大利等国大选的考验。所有这些战略和政策的实施效果都势必影响欧盟作为一个世界力量中心的国际地位的升降，甚至欧盟本身的存亡。

俄罗斯在乌克兰危机陷入僵持、美欧加大经济制裁广度力度、北约继续东扩并强化军事遏制力度的情况下，推行创新发展和进口替代战略。对外，俄以深化欧亚经济联盟建设来强化对独联体国家的掌控和巩固周边战略依托，力图"构建欧亚多层次一体化模式"；注重借助"金砖国家"和上海合作组织来提升和保持国际影响力；平衡推进

---

① Joint Communication To The European Parliament And The Council, *Elements for a new EU strategy on China*, http://eeas.europa.eu/china/docs/joint_communication_to_the_european_parliament_and_the_council_-_elements_for_a_new_eu_strategy_on_china.pdf.

② *Shared Vision, Common Action: A Stronger Europe——A Global Strategy for the European Union's Foreign And Security Policy*, http://www.iss.europa.eu/uploads/media/EUGS.pdf.

与中国、印度、日本合作；充分利用叙利亚危机、“伊斯兰国”威胁、伊朗核问题等同美国争夺中东主导地位，彰显俄罗斯依然是世界力量中心之一；谋求以特朗普上台执政为契机改善对美关系。在经济发展持续下滑，经济结构依赖军工能源局面加重，与美改善关系受欧洲和北约因素制约的背景下，俄要阻止国际地位下滑趋势面临挑战。

日本安倍政府推进国内选举制度和自民党总裁任期改革，强化自民党一党独大格局；继续实施安倍经济学以确保经济大国地位；从武器装备研制买卖、军费投入、安保体制和法案修改等多方面大幅加强军备建设，坚定谋求修改和平宪法，朝军事大国目标迈进；推进“地球仪外交”，大力强化与美国、韩国、澳大利亚、菲律宾、越南、印度等国的安全合作，并在美国着力打造的亚太安全合作网络中扮演“基石”角色；大幅增加对亚非拉发展中国家的援助换取支持，坚持联合德国、印度、巴西力争成为联合国安理会常任理事国，向政治大国迈进。在经济增长乎缓，政府债务负担持续加重，人口老龄少子化进一步加剧，特朗普政府可能调整美日同盟的背景下，日本能否实现独立正常大国的目标同样面临挑战。

印度莫迪政府确立建设“全球制造和出口大国”、“数字大国”、“清洁大国”、“重新出现在世界雷达上”、“21 世纪成为印度世纪”的“新印度”愿景，对内，以加强经济改革、航空航天开发、国防建设等为抓手增强综合国力，特别是坚定实施税收改革和货币改革，加强基础设施建设和核能开发利用；对外，以强化对南亚和印度洋的主导权为基点，积极推行强势周边和大国平衡外交，大幅强化与美日俄英法德等大国的经济和安全合作，坚持寻求成为联合国安理会常任理事国。

中国在以习近平同志为核心的党中央坚强领导下，以实现“两个一百年”目标和中华民族伟大复兴中国梦为指引，坚持与世界各国共同走和平发展道路，对内坚定推进“五位一体”建设和“四个全面”战略布局；对外积极践行中国特色的大国外交，坚决捍卫国家核心利益，不称霸、不扩张、不搞势力范围，推动构建以合作共赢为核心的新型国际关系、打造人类命运共同体，积极推进“一带一路”建设和扩大参与全球治理，持续提升作为世界和平建设者、国际秩序维护者、全球发展贡献者的国际地位和影响力。

三、 大国战略博弈全方位加剧

随着世界主要力量的战略调整和政策实践持续展开，从总体上看，金融危机应对催化出现的大国之间竞争合作并存交织的关系形态将持续演化。特别是在全球性挑战日益突出的大背景下，包括全球经济发展面临多种困难、恐怖主义和极端主义威胁居高不下、移民问题的经济安全外溢效应凸显、国际能源格局面临深刻调整、全球气候变化应对可能被美国特朗普政府逆转、核不扩散威胁依然严峻，大国之间增进合作的需求不减反增。与此同时，由于整个世界演进面临和平条件下前所未有的大变革大调整，混乱失序因素明显增多、不确定性和风险性持续高企，大国为了更好地因应变局、维护利益、确保安全，战略和政策的进取性普遍强势。这就导致大国之间的竞争、碰撞、摩擦不断上升，从国内经济结构调整转型、社会矛盾治理、政治模式创新，到国际定位的矫正确认、对外战略的设计谋划、实施路径选择和政策策略应用，再到地缘政治布局改变和军事力量部署调整，大国博弈渐成全方位展开态势。其中，最为突出的是两个方面：

1. 地缘战略角逐成为大国博弈的重要平台。在经济总量、人口规模尤其是中产阶级规模、军事实力等因素推动全球权力重心加快向亚太转移的态势作用下，世界主要战略力量纷纷把亚洲及其关联的西太平洋和印度洋这个板块作为地缘战略重点，加大力量投入，加紧战略运筹，这就使印度洋—亚洲—太平洋板块日益成为大国地缘战略博弈的中心舞台。美国奥巴马政府为了在2020年前后全面掌控从西太平洋和东亚延伸到印度洋和南亚的弧形地带，进而支撑其全球领导地位，在中东（西南亚和西亚）和亚太之间进行“再平衡”，一方面适度减少之前因阿富汗战争和伊拉克战争而在中东过多投放的力量，组建全球反恐联盟打击“伊斯兰国”，对叙利亚危机加以控制而非设法解决；另一方面大幅增加对亚太的关注和力量投放，特别是着力加强在中东与亚太的连接部位即中亚、东南亚和和西南太平洋的力量部署，以确保美国在该区域的力量存在和主导地位不被严重削弱。特朗普政府将放弃“再平衡”概念，但为了“美国再度强大”和“美国第一”，将继续力保对这个地缘战略板块的战略主导地位。受美国战略调整刺激和推动，其他战略力量纷纷聚焦印度洋—亚洲—太平洋，加大战略投入。欧盟强调与亚洲国家关系，英、法、德等国均更加重视并不断推进与东北亚、东南亚、南亚国家关系。俄罗斯明显增加在西亚、中亚、南亚、东南亚的外交和军事力量部署，日益重视亚太经合组织作用，大幅强化与叙利亚、印度、越南等战略支点国家合作，积极介入并发挥伊朗核问题和叙利亚危机的地缘战略杠杆撬动作用。日本搭乘美国地缘战略部署调整便车，顺势强化与美盟友伙伴的政治安全关系，实现与韩国的后勤保障和情报合作重大突破，变换政府开发援助和经贸合作方式，加大对东南亚、南亚和中亚的政治、经济、安全和社会介入。印度在强化对南亚和印度洋主导地位的同时，北上更多介入中亚、西向加强与中东国家能源经贸合作、“向东行动”挺进太平洋并大幅强化与日本、澳大利亚、越南等亚太国家合作。中国推进“丝绸之路经济带”和“21 世纪海上丝绸之路”建设，横贯欧亚、连接太平洋和印度洋，其他大国纷纷从地缘战略角度看待和进行应对。世界主要大国围绕这个地缘政治板块的战略展开如火如荼，交叉碰撞对冲和关系重组日益加剧。

2. 军事战略竞争成为大国博弈最前沿。在国际不安全感普遍上升和大国竞争日趋激烈的背景下，世界主要力量越发重视加强军备建设。而客观上，世界军事领域的变革持续深入发展，军事武器装备远程精确化、智能化、隐身化、无人化趋势不断凸显，军事制高点争夺日益向太空、网络、海洋、极地等空间扩展，战争形态加速向信息化战争演变，国家安全战略、防务政策和力量体系转型明显加快。这就使大国军事战略竞争成为大国博弈最为尖锐的前沿领域。美国不断翻新军事概念，从“空海一体化”到“第三个抵消战略”再到“全球公域介入与机动联合”；力图平衡威慑大国、瓦解暴力恐怖势力和提升盟友能力这三大军事战略目标；着力发展全球快速打击系统和完成全球反导系统部署，强化核威慑和网络威慑能力，加紧研制智能化武器、电磁武器和激光武器等，确保绝对军事优势。候任总统特朗普及其安全团队的主张表明，美国将更加重视建设强大的军队，包括增加军费开支，把海军舰船从现有的 272 艘增加到 350 艘、陆军从现有的 54 万人增加到 60 万人、海军陆战队从 18 万人增加到 20 万，把 3D 打印技术、人工智能、网络战等融为一体用于军事等。俄罗斯继续谋求在潜艇和导弹等战略力量方面的传统优势，同时依据《2020 年前俄联邦国家安全战略》，不断更新军事学说，坚定推进军备升级，把提高机动性和快反能力作为军队改革方向的核心，继续加大武器出口力度。日本大幅调整安保体制和加强军备力量建设，用“防卫装备转移三原则”取代“武器出口三原则”，增加军费开支，签署日美安保合作新指针，强推通过安保法案，全面突破集体自卫权和自卫队海内外军事活动范围，大步逼近军事大国目标。印度更是连续多年大幅提高国防预算，大力加强海陆空战略力量建设，不断扩大对外军购规模，加强与美俄日法英等国的军事技术合作。2015 年 5 月，中国以国防白皮书的形式首次发布军事战略，系统阐述了国家安全形势、军队使命和战略任务、积极防御战略方针、军事力量建设发展、军事斗争准备、军事安全合作等，明确提出适应世界新军事革命的新要求，高度关注应对新型安全领域挑战，努力掌握军事竞争战略主动权。①

四、 中国发展对世界进步的影响持续扩大

在世界多极化向全新广度和深度发展的过程中，在主要大国为了谋求相对有利的地位而纷纷厘清内外战略并全方位展开竞争的背景下，中国地位和作用的快速攀升、中国战略展开产生的影响尤为显著。这既得益于中国所处亚太这个重要地缘板块在全球地缘战略格局中快速隆起的托举效应，更由于中国自身经过 39 年改革开放发展所累积起来的综合国力增长的基础支撑。其中最具有基础性也最为重要的是经济发展。根据世界银行公布的数据，从 2007 年到 2014 年底，中国国内生产总值（GDP）从 3.49 万亿美元

① 中华人民共和国国务院新闻办公室：《中国的军事战略》，新华网，http：//news.xinhuanet.com/2015 -05/26/c_ 1115408217.htm，2015 年 5 月 26 日。

增长为10.36万亿美元，占世界GDP总量的比例从6.09%增长为13.30%；人均国内生产总值（GDP）从2651.3美元增长到7593.9美元；外汇总储备（包括持有的货币黄金、特别提款权、国际货币基金组织持有的成员国的储备、以及在货币当局控制下的外汇资产）从1.55万亿美元增长到3.9万亿美元，占世界总量的比例从10.92%增长为21.97%；出口贸易额从1.33万亿美元增长为2.34万亿美元，占世界总量的比例从8.09%增长为12.95%；进口贸易总额从1.03万亿美元增长到1.96万亿美元，占世界总量中的比例从6.26%上升为8.47%，军费开支从730亿美元增长为2180亿美元，占世界总量的比例从5.55%增长为12.15%。[①] 2015年以来，中国的经济增速放缓，呈现新常态，但国内生产总值（GDP）净增加值仍在8000亿美元左右。根据世界银行提供的数据，从2015年到2017年，中国国内生产总值（GDP）不断攀高，分别达到10.866万亿美元、11.583万亿美元、12.301万亿美元；增速在大国中依然位于前列，分别为6.9%、6.6%、6.2%；占世界总量的比例保持上升态势，分别达到14.8%、15.3%、15.71%。[②] 正如习近平主席所指出，国际金融危机爆发后的几年间，中国为全球经济贡献了接近40%的增量，对世界经济复苏起到重要支撑作用。近年来，在世界经济增长乏力的背景

① 这些数据是根据世界银行2015年最新发布的数据计算得来：The World Bank，http：//data. worldbank. org/。

② 这些数据是根据世界银行提供的数据计算得来。The World Bank，http：//data. worldbank. org/indicator。

下，中国经济增速仍然位居主要经济体前列，对世界经济增长的贡献率保持在25%以上。①

站在新的高度和前行基点上，中国与世界的关系日益呈现新的形态，中国发展对世界进步的推动作用持续显现。

1. 中国对世界的输出性影响正在快速增大，不断接近甚至超过世界对中国的输入性影响。也就是说，之前是世界对中国的输入性影响远大于中国对世界的输出性影响，中国主要是在吸收借鉴和被动接受。如今中国开始越来越多地展示理念、提出主张、增加贡献，对世界施加的影响越来越主动，作用越来越突出。

在经济发展方面，2014年底，中国对外直接投资规模与同期吸引外资规模大致持平（仅差35.6亿美元）；2015年，中国对外直接投资规模有望超过同期吸引外资规模。②“预计未来5年，中国进口总额将达到8万亿美元，利用外资总额将达到6000亿美元，对外投资总额将达到7500亿美元，出境旅游将达到7亿人次。”③ 习近平主席2015年9月27日在联合国发展峰会上指出，中国至今共向166个国家和国际组织提供了近4000亿元人民币援助，派遣60多万援助人员，其中700多人献出宝贵生命。习近平主席宣布，

① 习近平在亚太经合组织第二十四次领导人非正式会议上的发言，新华社，http://news.xinhuanet.com/world/2016-11/21/c_1119953815.htm，2016年11月21日。

② “李克强：中国不是世界经济风险之源”，新华网，http://news.xinhuanet.com/fortune/2015-09/10/c_1116521737.htm，2015年9月10日。

③ 习近平在亚太经合组织第二十四次领导人非正式会议上的发言，新华社，http://news.xinhuanet.com/world/2016-11/21/c_1119953815.htm，2016年11月21日。

中国将设立“南南合作援助基金”，首期提供20亿美元，支持发展中国家落实2015年后发展议程；中国将继续增加对最不发达国家投资，力争2030年达到120亿美元；中国将免除对有关最不发达国家、内陆发展中国家、小岛屿发展中国家截至2015年底到期未还的政府间无息贷款债务；中国将设立国际发展知识中心，同各国一道研究和交流适合各自国情的发展理论和发展实践；中国倡议探讨构建全球能源互联网，推动以清洁和绿色方式满足全球电力需求。[①] 随着新一轮开放全面展开，特别是“一带一路”建设推进，中国对周边乃至更广阔地区的经济发展拉动作用将进一步增大。

在政治外交方面，中国围绕世界发展方向、国际体系变动、全球性挑战、地区热点难点问题等不断提出主张、方案和建议，并率先垂范，积极落实，包括2013年11月正式对外发布《国家适应气候变化战略》，2015年制定《中国应对气候变化国家自主贡献文件》并正式提交《联合国气候变化框架公约》秘书处；积极开展穿梭外交，推动朝核问题有关六方重启谈判；为伊朗核问题谈判进行斡旋并提出建议；邀请以色列总理和巴勒斯坦总统访华，并劝和促谈；邀请叙利亚政府和反对派代表访华，推动它们寻求政治解决等等。

在安全方面，中国作为联合国安理会五个常任理事国

① “习近平在联合国发展峰会上的讲话（全文）”，新华网，http：//news.xinhuanet.com/world/2015－09/27/c_1116687809.htm，2015年9月27日。

之一，承担的联合国维和费用的摊款早已从3.1474%增长到3.939%，有关排名超过加拿大，名列第七；中国派出的维和官兵在安理会常任理事国中最多，1989年以来已派出3万余人次参加了29项联合国维和行动，2015年职守世界各地的维和人员就有3100多名。[1] 习近平主席在第七十届联大一般性辩论讲话中宣布，“中国将加入新的联合国维和能力待命机制，决定为此率先组建常备成建制维和警队，并建设8000人规模的维和待命部队。”[2]

2. 中国与世界的相互作用向规制层面扩展深入。一方面，中国国内改革按照治理能力和治理体系现代化的要求创新体制机制和全面推进法治建设，需要把国际因素考虑在内，特别是需要兼顾已经在中国开放进程中长期合法存在并且日益融入还有利于中国经济社会发展的国际元素，比如说法律的修订制定和实施、经济社会文化管理体制机制的改革完善等。2016年11月22日，汪洋副总理在美国华盛顿出席第27届中美商贸联委会时指出，“无论是颁布网络安全、境外非政府组织管理等法律法规，还是制订药品监管、技术创新等政策，我们都充分听取包括美国企业和相关机构在内的各方面意见，并吸纳了其中合理的成份。美国企业对《网络安全法》提出‘关键信息基础设施

① 杨洁篪：“70年风雨兼程，70载春华秋实”，文章刊载于2015年9月18日的《人民日报》，引自中华人民共和国外交部网站，“杨洁篪国务委员就联合国成立70周年发表署名文章”，http：//www.fmprc.gov.cn/mfa_chn/zyxw_602251/t1297897.shtml，（供稿）2015年9月18日。

② “习近平在第七十届联合国大会一般性辩论时的讲话（全文）”，新华网，http：//news.xinhuanet.com/politics/2015-09/29/c_1116703645.htm，2015年9月29日。

保护的范围不够明确’的意见，中国立法机构予以采纳，列出了具体行业。《境外非政府组织法（草案）》规定，境外非政府组织只允许在中国设立一个代表机构，但最终颁布的法律取消了数量限制，也是吸纳了包括美方在内的各方面意见。”[①] 也就是说，中国国内规制的改革创新需要放到开放条件下和国内国际两个大局相互融合的环境中来进行。

更为重要的是，中国在坚决维护以联合国宪章宗旨原则为核心的国际秩序和国际体系的同时，推动国际规制变革以适应重大跨国性和全球性挑战日益增多等新形势，并增加广大发展中国家的代表性和发言权。正如习近平主席所指出，“这种改革并不是推倒重来，也不是另起炉灶，而是创新完善。”[②]

在全球层面，中国支持联合国在各成员国协商一致的基础上，兼顾公平与效率地推进改革，早在 2005 年就与广大发展中国家共同推动联合国人权理事会在成立并建章立制时建立了一套比较公正的运行规则。如今中国决定设立为期 10 年、总额 10 亿美元的中国—联合国和平与发展基金，支持联合国工作，促进多边合作事业。[③] 中国支持二十国集团（G20）作为全球经济治理主要平

① “汪洋谈中美关系：如果不吵架，离分手就不远了”，观察者网，http：//news. ifeng. com/a/20161124/50308063_ 0. shtml，2016 年 11 月 24 日。

② “习近平接受《华尔街日报》采访”，新华网，http：//news. xinhuanet. com/world/2015 -09/22/c_ 1116642032. htm，2015 年 9 月 22 日。

③ “习近平在第七十届联合国大会一般性辩论时的讲话（全文）”，新华网，http：//news. xinhuanet. com/politics/2015 -09/29/c_ 1116703645. htm，2015 年 9 月 29 日。

台等发挥更大作用，并在2016年9月4—5日主办的杭州峰会上首次全面阐释中国的全球经济治理观，首次推动形成全球多边投资规则框架，推动该二十国集团向长效治理机制转型；推动创建金砖国家银行、亚洲基础设施投资银行等金融机构，敦促国际货币基金组织和世界银行等改革治理结构。中国主张“新机构以及未来将成立的机构，要成为国际金融框架的重要贡献者，这些机构将像现有国际金融机构一样，与专业性、透明度、高效率和有效性的原则以及现有环境和治理高标准相一致，进行恰当的设计和运营，同时认识到上述标准是在持续演进和改进的。”①

在地区层面，中国在金砖国家峰会、上海合作组织、亚太经合组织等多边机制中扮演的角色日显举足轻重。中国还决定在未来5年内，向非盟提供总额为1亿美元的无偿军事援助，以支持非洲常备军和危机应对快速反应部队建设。② 总之，中国正以前所未有的积极姿态，提高参与全球治理的能力，着力增强规则制定能力、议程设置能力、舆论宣传能力、统筹协调能力，向国际社会阐释关于推动全球治理体系变革的理念，坚持要合作而不要对抗，要双赢、多赢、共赢而不要单赢，不断寻求最大公约数、扩大合作面，引导各方形成共识，加强协调合作，共同推动全球治

① “习近平主席对美国进行国事访问中方成果清单”，新华网，http：//news. xinhuanet. com/world/2015 -09/26/c_ 1116685035. htm，2015年9月26日。

② “习近平在第七十届联合国大会一般性辩论时的讲话（全文）”，新华网，http：//news. xinhuanet. com/politics/2015 -09/29/c_ 1116703645. htm，2015年9月29日。

理体系变革。[1]

中国发展对世界进步的影响持续扩大这种趋势，决定了中国发展面临的重要战略机遇期将越来越多地取决于中国国内的全方位改革发展和自我超越，以及中国在世界中的角色定位和行为选择，外部因素对中国发展战略机遇期的影响将进一步下降。与此同时，这种趋势也给中国带来两大挑战：一是美国日益坚定地把中国作为首要挑战，俄罗斯、欧盟、日本、印度等其他同等大国对华关系的竞争面不断上升，这增加了中国运筹大国关系和展开大国博弈的难度；二是世界对中国在全球治理中承担更大责任和做出更大贡献的要求大幅上升，这使中国再度面临新形势下如何辩证处理好坚持韬光养晦与积极有所作为关系这个重大问题的考验。

如前面所提到，中东作为地缘战略意义重要的地区，其变局正是在当今全球大变局下展开，本身也是当今全球大变局的一个重要组成部分，牵动世界政治、经济、安全和国际格局变化，主要战略力量无论是主观愿意还是被动卷入都无法置身事外。

---

① “习近平：加强合作推动全球治理体系变革 共同促进人类和平与发展崇高事业”，新华社，http：//news. xinhuanet. com/politics/2016 －09/28/c_ 1119641652. htm，2016 年 9 月 28 日。

目 录

第一章　中东大变局的演进

2010 年 12 月 17 日，中东大变局从北非的突尼斯开始，迅速席卷北非的埃及和利比亚，然后向西亚的巴林、也门、叙利亚等国蔓延，进而荡涤整个中东地区。尽管起初各国局势的动荡均从民众街头抗议示威和政府强力弹压开始，但之后局势的演变就因有关当事国的历史、民族、教派、政治、经济等方面的问题特别是政府的应对之策而呈现不同路径和特点，至今的结局也各有差异。

一、突尼斯、埃及、利比亚、也门四国政权更替

从整个地区范围内来看，经过 6 年多的演变，这场大变局已经导致四个国家的政权发生更替，但更替的方式却是三种，局势发展也各有特点。

（一）第一种模式：突尼斯和埃及模式

这种模式是政府在全国民众大规模游行抗议示威的巨大压力下垮台，过渡政府组织制定新宪法并进行民主选举，获胜党派组建新政府，开启新的政治进程。这种模式的突

出特点是军队的关键作用。军队坚守“中立”，没有参与镇压民众，这是军人出身的“威权”领导人突尼斯总统本·阿里和埃及总统穆巴拉克被迫和平移交权力的一个重要因素。在两国后来的政局演变过程中，军队的政治倾向始终是左右局势发展的重要因素。

1. 突尼斯本·阿里政府被更替

突尼斯的变局始于2010年12月17日，西迪布吉德市的失业青年自焚引发全国民众游行抗议示威，示威者与警察发生激烈冲突。29天之后即2011年1月14日，执政长达24年的本·阿里总统（1936年出生，1987年上台）弃国逃往沙特避难，其政府垮台，其本人之后经两次缺席审判共被判处长达51年的监禁。2011年10月23日，“伊斯兰复兴党”在突尼斯制宪议会选举中赢得超过41%的选票，成为第一大党；“保卫共和大会”和“争取工作与自由民主论坛”依次成为第二大党和第三大党。三党达成协议，联合推举“争取工作与自由民主论坛”主席本·加法尔为制宪议会议长候选人、“保卫共和大会”主席马祖吉为总统候选人，“伊斯兰复兴党”总书记哈马迪·杰巴利为政府总理候选人。11月22日，制宪议会举行第一次全体会议，加法尔当选议长。12月12日，制宪议会选举“保卫共和大会”主席蒙塞夫·马祖吉为总统。13日马祖吉宣誓就职，“伊斯兰复兴党”总书记哈马迪·杰巴利出任政府总理。突尼斯政权更替完成，转入国家重建进程。从2012年到2014年，整个重建主要围绕三个方面展开，政治层面通过重新制定宪法，各党派和政治力量实现权力重新分配，确立新的政治运行机制；经济层面重新规划经济发展，促进旅游发展以及投资和进出口贸易的增长，增加就业；社会层面打击恐怖势力和犯罪集团，改善治安状况。在此过程中，反对派领导人、“统一民主爱国党”总书记肖克里·贝莱德（Chokri Belaid）2013 年 2 月 6 日被伊斯兰极端组织成员杀害，这引起世俗力量对宗教力量的警惕。2014 年 10 月，突尼斯举行本·阿里政府被推翻以来的首次国民代表大会选举，以取代政府更替之后选举产生的制宪议会。由 10 余个政党组成世俗联盟“呼声运动”赢得议会 217 个席位中的 85 席，领先第二位的“伊斯兰复兴运动”16 个席位，成为国民代表大会中的第一大政党。美国皮尤中心在选举之前发布的调查结果显示，接受调查的突尼斯人 48% 认为民主是最好的执政方式，62% 认为不民主但稳定的政府远比不稳定但民主的政府重要得多，59% 更倾向于一个强权领导者。2014 年 12 月，突尼斯总统选举结果揭晓，世俗政党“呼声党”领导人、88 岁高龄的埃塞卜西赢得选举，成为本·阿里政权被更替之后的首位民选总统。随后，由劳工总联合会、工业贸易手工艺联合会、人权联盟、全国律师协会四个团体组成的“突尼斯全国对话大会”组织推动全国 22 个政党，通过对话组成联合政府。为此，2015 年 10 月 9 日，诺贝尔奖委员会宣布将该年度和平奖授予“突尼斯全国对话大会”。由此，突尼斯政局进入一个新的阶段。

2. 埃及穆巴拉克政府被更迭

埃及大变局始于2011 年1 月25 日青年组织“四·六运

动”发起的“警察日游行”。青年发起的游行开始之后，30多个党派组成的改革派力量（后来组成“全国拯救阵线”）、“穆斯林兄弟会”（后来组建“自由与正义党”）和“萨拉菲派”（代表为“光明党”）等主要政治力量，加上以改善民生为诉求的劳工和农民等广大中下层民众，在追求“自由、正义、民生、就业”的旗号下，共同要求穆巴拉克下台，埃及“武装部队最高委员会”所代表的军方选择放弃穆巴拉克而站到“穆斯林兄弟会”和民众一边。2月10日，穆巴拉克将总统权力移交给迫于各方压力刚刚任命10天的副总统苏莱曼，但民众抗议示威继续。2月11日，军方临时接管政权，执政30年的穆巴拉克政府（1981—2011年）被更替。2011年4月30日，“穆斯林兄弟会”宣布组建“完全的世俗政党”即“自由和正义党”，参与政治角逐。在“革命”后举行的首次人民议会（议会下院）选举中，“自由与正义党”领导的由47个党派组成的“民主联盟”赢得235个席位（占总席位的47.2%），成为第一大政治力量。在2012年1月23日举行的人民议会首次会议上，“自由与正义党”总书记卡塔特尼当选为议长。在协商会议（议会上院，立法咨询机构）选举中，该联盟赢得全部180个参选席位中的106个（占59%），同样是第一大政治力量。2012年6月，“穆斯林兄弟会”等联合推举的候选人穆尔西在第二轮投票中赢得总统选举，进而组建新政府。穆巴拉克政府被推翻之后的第一个新政府开始执政。埃及由此开启了从威权政治向选举政治转变的历史进程。

在此进程中，伊斯兰主义力量、埃及军方和“全国拯救阵线”代表的改革派力量之间围绕政治权力展开激烈角逐。2012 年 6 月，穆尔西总统所代表的伊斯兰主义力量凭借多数民众的支持，不顾军方的反对，坚决推出新宪法草案，并在全民公投中赢得多数人的支持。新宪法草案颠覆了此前军方所提出的强化“武装部队最高委员会”地位的宪法修正案，不允许军方对议会决议拥有否决权，不允许军方享有凌驾于民选政府之上的权力，使得军方的权力和利益受到明显挤压。新宪法草案通过之后，穆尔西总统在 2012 年 8 月任命塞西出任国防部长，让原“武装部队最高委员会”主席、国防部长坦塔维以及总参谋长阿南转任总统顾问，迫使军方妥协让步，在与军方的博弈中赢得优势。

然而，经过穆尔西总统一年的执政，埃及的政治、经济、社会和外交形势的发展使得其他政治派别的不满增加。在政治上，穆尔西总统改组内阁，强化“穆斯林兄弟会”及其本人的主导地位。这使得改革派担心宗教势力对埃及政治和社会文化的影响力进一步上升，甚至向伊斯兰原教旨主义方向发展。与改革派的担心相反，比“穆斯林兄弟会”更为保守的“萨拉菲派”则认为，穆尔西总统至今没有使“沙里亚法”（伊斯兰教法）在埃及得以施行，同样感到越来越不满。军方领导人把穆尔西总统强化对军队的掌控视为威胁，感到过去“武装部队最高委员会”掌控国防部的局面正在发生改变，担心军方在埃及政治、经济和社会领域的利益进一步受损。在经济和社会发展方面，穆尔西总统领导下的政府未能改变穆巴拉克下台前后面临的经济社会发展困难局面，使得埃及经济社会发展多项经济指标继续持续恶化趋势。工业年均增长速度从 2010 年的 4.6% 持续下滑到 2012 年的 1.1%；官方公布的失业率从 2010 年的 9% 持续下滑到 2012 年的 12.5%；政府财政赤字在国内生产总值（GDP）中的占比从 2010 年的 8% 上升到 2011 年的 11%，2012—2013 财政年度（终止于 2013 年 6 月 30 日）甚至高到 13.8%[①]；国内公共债务在国内生产总值（GDP）中的占比从 2011 年的 60% 上升到 2012 年的 70%；国家外汇储备从 2010 年的 350 亿美元，减少到 2012 年的 150 亿美元；腐败问题日趋严重，在“透明国际”发布的国际腐败指数排名从 2010 年的第 98 位下滑到 2011 年的第 112 位和 2012 年的第 118 位。[②] 面对不断加重的经济社会发展形势，在首次“革命”中同“穆斯林兄弟会”一起推翻穆巴拉克政府的中下层民众以及占失业人群 95% 的年轻人，越来越多的人对穆尔西政府的执政也越来越不满。根据美国皮尤中心发表的调查数据，70% 的埃及人对经济发展状况不满，33% 的人认为需要一个强有力的领导人来解决国家面临的问题，49% 的人认为经济发展好比民主发

---

① “埃及 2012—2013 财年财政赤字率达 13.8%”，国务院发展研究中心信息网，http：//www.drcnet.com.cn/eDRCnet.common.web/docview.aspx? chnid = 1012&leafid = 9&docid = 3337804&uid = 0302&version = edu。

② Hafez Ghanem, “Can Egypt's Transition and Economy Be Saved?”, May 1, 2013, http：//www.brookings.edu/research/opinions/2013/05/01 – egypt——economy-transition-ghanem.

展好更加重要。[①] 在对外关系上，尽管穆尔西政府继续与以色列保持和平，对美国保持友好，但其积极改善与伊朗的关系，强化对非政府组织尤其是与西方国家有密切联系的非政府组织的关系，使得国内改革派和西方国家对埃及的政治和外交走向担忧上升。

在此情况下，穆尔西政府逐步陷入孤立。2013 年 6 月 30 日，在穆尔西总统执政一周年之际，反对“穆斯林兄弟会”执政联盟的力量发动了号称有 1400 万人参加的大规模抗议示威游行，引发穆尔西支持者与反对者之间的街头对峙。在此背景下，由国防部长塞西领导的埃及军方利用各派权力分化斗争带来的机会，以及部分政治势力和民众希望军方出面稳定政局的期待，罢黜穆尔西总统。于 2013 年 7 月 4 日罢黜民选总统穆尔西，推出由最高法院院长曼苏尔担任临时总统的政府，并展开全国和解对话、重新制定宪法和为举行新的总统选举做准备。“穆斯林兄弟会”、“萨拉菲派”等政治力量拒绝参加过渡政府，穆尔西的支持者走上街头与军方支持的政府及其支持者进行长时间和大规模的对峙，一些地方多次爆发暴力流血冲突。随后，“穆斯林兄弟会”被宣布为恐怖组织并取缔，包括其最高决策机构指导局前主席巴迪亚等在内的多名领导人被捕，或被处决，或被判终身监禁。“正义与发展党”于 2013 年 10 月被正式解散。尽管美国和欧盟等不断进行斡旋，甚至部分暂停与

① Hafez Ghanem, “Can Egypt’s Transition and Economy Be Saved?”, May 1, 2013, http: //www. brookings. edu/research/opinions/2013/05/01 – egypt——economy-transition-ghanem.

埃及的的军事和经济合作，力图推动埃及军方释放被关押的民选总统穆尔西，以尽快实现政治过渡，但塞西领导的埃及军方始终没有做出让步。

穆尔西被废黜之后，国防部长塞西代表军方宣布了“三步走”的政治路线图。第一步，2014 年 1 月 14—15 日，全民公投以 98.1% 的支持率通过新宪法。新宪法淡化宗教色彩，规定政党不得建立在宗教基础上；强化军队的权威，军事法庭可以审判对军方造成危害的平民。第二步，2014 年 5 月 26—27 日，举行穆巴拉克政府被推翻之后的第二次总统选举，投票率为 47.5%。国防部长塞西辞去所有政府和军方职务之后参选，获得 96.9% 的选票支持，成为继穆尔西之后的第二位民选总统。6 月 8 日，塞西就任总统。第三步，根据 2014 年 1 月通过的新宪法，议会从两院制改为一院制，并于 2015 年 12 月进行了两个阶段的议会选举投票，组建 596 个议席（包括 448 个无党派独立议席、120 个各党派、28 个总统直接任命议席）构成的新议会。在“穆斯林兄弟会”被宣布为恐怖组织的情况下，新当选议员几乎都是塞西政府的支持者。“三步走”政治路线图的完成，标志着埃及政局发展进入新的阶段。

在竞选总统过程中，塞西公开表示，埃及的内外债总额已经高达 2400 亿美元，约占国内生产总值（GDP）的 93%；经济增长从之前的 2.5% 下降为 1%；官方公布失业率从之前的 8% 升至 13%，物价上涨 15%；曾经是埃及第一大国民收入来源的旅游业一蹶不振，游客寥寥；外国投资者信心不足。因此，他公开承诺，两年之内要让埃及实现真正进步，为此提出了涉及基建、农业、教育、就业等多领域协调发展的战略；计划以苏伊士运河经济区为重点，大力发展西奈和上埃及地区，准备修建兴建 26 个旅游城市、22 个矿业城市、8 座新机场和大量的道路、桥梁等；要开垦荒漠、拓宽尼罗河谷，争取新增 400 万费丹（相当于 168 万公顷）耕地，并修建配套水力设施；要大规模推广节能等和开发利用太阳能，争取节省 4000 兆瓦生活用电（目前埃及生活耗电为 6000 兆瓦，但实际电力产能只有 3000 兆瓦）；要修建 1000 所学校。① 最后，塞西在选举投票率比较低的情况下以高支持率当选总统。在军队迅速扩张成为恢复政治秩序的决定力量和恢复经济发展的主要依靠，同时也成为未来经济改革的重要障碍和政治动荡的潜在隐患的背景下，塞西又紧紧依靠军队的支持。② 他能否通过政治安排弥合各派分歧，能否推动经济社会发展满足民众的诉求，能否通过比较平衡的外交营造有利的外部环境，特别是能否解决在埃及社会中影响广泛的“穆斯林兄弟会”相关问题，这些都是塞西执政和埃及未来发展面临的重大挑战。

---

① Abdel Aader Ramadan,” Al-Sisi’s Electoral Platform Proposes New Administrative, Investment Maps ”, http://www.dailynewsegypt.com/2014/05/20/ai-sisi-electoral-platform-proposes-new-administrative-investment-maps/，转引自廖百智：“埃及新总统塞西”，《国际研究参考》，2014 年第 7 期，第 48 页和第 46 页。

② 关于军队在埃及政局转换中的作用，参阅王建：“军队在埃及政治和经济秩序重建中的作用”，载于《阿拉伯世界研究》，2016 年 11 月第 6 期，第 89—101 页。

（二）第二种模式：利比亚模式

这种模式是反对派在西方国家的支持下特别是军事干预的帮助下推翻政府，之后由“过渡政府”组织进行民主选举，获胜党派组建新政府，开启新的政治进程。在这种模式中，西方的政治和军事干预是扭转局势走向的关键因素。2011 年 2 月 15 日，在突尼斯和埃及“革命”成功的示范作用下，利比亚东部最重要的城市班加西发生游行抗议示威，1969 年被卡扎菲通过政变推翻的前国王的后裔和人权活动人士等力量所领导的示威者与警方的冲突很快升级并演化为武装对抗。同月 26 日，联合国安理会通过第 1970 号决议，授权对卡扎菲政权实施武器禁运和财产冻结，并将其暴力镇压平民一事提交国际刑事法院。3 月 17 日，联合国安理会通过第 1971 号决议，敦促卡扎菲政府与反对派停火，并授权设立禁飞区，可采取除派地面部队进入之外的任何必要手段保护利比亚平民。3 月 19 日，北约开始实施代号为“奥德赛黎明”的军事行动，并不断突破安理会决议的限制，对卡扎菲的力量进行长达 212 天的狂轰滥炸。10 月 20 日，卡扎菲在其家乡苏尔特被俘并遭受虐待殴打，之后被当众射杀，其在利比亚长达 42 年（1969—2011 年）的统治宣告结束。2011 年 10 月 31 日北约宣布结束战争，反对派宣布“解放”利比亚全境。2012 年 7 月，利比亚举行议会选举，原过渡委员会主席贾布里勒领导的“全国力量联盟”在国民议会中得票名列第一，穆斯林兄弟会组建的“公正与建设党”得票名列第二，伊斯兰战斗组织指挥官贝勒哈吉领导的“祖国党”（也被译为“全国阵线党”）得票名列第三。2012 年 10 月 31 日，经过两次努力，利比亚正式政府终于成功组建，政局演变进入新的阶段。

但在随后的重建中，民间武器泛滥，武装力量割据，不同部族和派别之间的冲突时有发生。2013 年 5 月，民兵组织包围外交部和司法部大楼长达两周，迫使议会通过“政治隔离法案”，禁止卡扎菲政府时期的官员在新政府中任职。2014 年 6 月，利比亚举行新的议会选举。主张国家沿着世俗化方向发展的政治力量在选举中赢得多数席位，宣布利比亚“国民代表大会”作为国家最高权力机构取代之前的“国民议会”，并任命了临时政府总理。以“公正与建设党”为代表的宗教背景的政治力量在选举中失败，不接受选举结果，其所主导的“国民议会”拒绝向新产生的“国民代表大会”移交权力。8 月 25 日，“国民议会”复会，投票选举产生新的总理。“国民代表大会”对此不予以承认。于是，利比亚出现了两个议会、两个总理的对立局面，两派各自的支持武装在首都的黎波里和东部最大城市班加西等地展开激战，陷入全面内战边缘。法国、德国、意大利、英国、美国等国面对曾经在他们支持下推翻卡扎菲政府的“反对派”陷入分裂，只是发表联合声明，强烈谴责利比亚冲突与暴力持续升级，并称对利实施外部干预会加剧利分裂，破坏利民主过渡进程；与此同时，纷纷开始关闭驻利使馆，撤离人员。联合国利比亚支助特派团与冲突双方进行接触磋商，呼吁停火，谴责暴力冲突。联合国秘书长利比亚问题特别代表贝尔纳迪诺·莱昂前往斡旋，力图推动实现由联合国牵头、利比亚冲突各方参加的对话。利比亚政局继续在冲突、碰撞和磨合中探索前行。

2015 年 12 月 17 日，经过联合国特别代表的多次斡旋，利比亚对立的两个议会代表团达成政治协议，同意结束分裂，共同组建民族团结政府。2016 年 1 月 19 日，由 9 人组成的总理委员会、32 名部长组成的内阁正式组建。由于占据首都的黎波里的武装力量仍然反对执行该政治协议，新组建的民族团结政府在邻国突尼斯开始办公。卡扎菲政府被推翻之后的利比亚政局进入新的发展阶段。

（三）第三种模式：也门模式

这种模式是执政者和反对派经过较长时期的街头对抗和武装冲突之后，在外部力量海湾合作委员会的斡旋之下，尤其是沙特和美国的“担保”之下达成妥协，实现权力的和平过渡。在这种模式中，外部力量的强有力外交斡旋是促使处于僵局的正反双方实现妥协的重要因素。像突尼斯一样，2011 年 1 月，也门首都萨那也爆发大规模游行抗议示威，并很快扩展到全国大部分地区。政府与示威者的对抗演变为什叶派与逊尼派（萨利赫所代表）、总统所属部落与其对立部落之间的暴力冲突。经过逊尼派国家沙特和卡塔尔等国支持的海湾合作委员会的三次斡旋，并且得到美国的安全保证（同意萨利赫本人到纽约“治病”），萨拉赫总统于2011年11月23日，在沙特国王阿卜杜拉等人的见证下，在沙特首都利雅得签署移交权力的文件，将权力移交给副总统，交换条件是议会通过决议批准总统及其核心团队成员享有政治豁免权而不被清算。2012年4月，原副总统领导的过渡政府组织进行选举，产生新政府，原副总统哈迪当选成为新政府的总统，实现政权更替。

在也门政权的和平更替中，三个因素的作用比较突出：一是海湾合作委员会国家政府出于扶持逊尼派掌握政权和防止什叶派上台执政的需要，对属于温和什叶派的萨利赫总统既施加压力保证其安全，推动萨利赫和平交出总统权力，以自己一人让出总统职位换取其家族继续保有利益。二是美国早在2000年10月其停靠在亚丁湾的军舰“科尔号”遭遇恐怖袭击之后就同萨利赫政府开展反恐合作，2001年“9·11”事件后，美也反恐合作进一步强化，特别是2009年底特律未遂炸机事件和2010年美欧未遂邮包炸弹事件（两起事件均与也门南部“基地”组织阿拉伯半岛分支机构紧密相关）之后，美也反恐合作更是升温，前国务卿希拉里甚至突访也门，成为到访萨那的首位美国国务卿。美国为了继续反恐而支持萨利赫政府。三是盘踞也门南部的“基地”组织阿拉伯半岛分支机构趁也门政局之乱攻城掠地，使得各方出于反恐需要而希望萨利赫和平交权，以便也门政局保持稳定。也就是说，“基地”组织阿拉伯半岛分支机构客观上为萨利赫政府提供了帮助。

2011年萨利赫政府下台和2012年新政府正式产生之

后，以哈迪（其本人属于逊尼派）为总统的新政府开始在油气领域推进改革，调整利益分配；同时加大惩治腐败的力度，并继续同以“胡赛武装”为代表的北方什叶派力量、南部分离主义势力、“基地”组织阿拉伯半岛分支机构展开斗争。民众对政治、经济和社会发展的不满持续上升。2014 年 8 月，也门第三大什叶派部落胡塞部落武装以反对政府提高燃油价格为由发起大规模游行示威；9 月，哈迪政府与“胡赛武装”在首都萨那签署了名为《民族和平伙伴协议》的停火协议，但双方冲突并未停止。2014 年 11 月，联合国安理会以支持“胡塞”反政府武装，企图发动政变等为理由，对萨利赫和反政府武装两位领导人等 3 人实施制裁，禁止其全球旅行，且冻结其资产。

2015 年 1 月，胡塞武装攻入首都萨那，占领总统府、总理官邸等地，迫使接任萨利赫的总统哈迪和总理巴哈辞职。3 月，哈迪和巴哈摆脱软禁，逃往亚丁并设立临时总统府和总理府。胡塞武装随即大举进攻亚丁，占领临时总统府和总理府，哈迪和巴哈逃往沙特，请求沙特等实施紧急军事干预。3 月 26 日，沙特在阿联酋、卡塔尔、科威特、巴林、埃及、约旦、苏丹、摩洛哥等国的支持下，实施代号为“决定性风暴”的军事行动和代号为“重建希望”的外交行动，对萨那和亚丁等地的胡塞武装目标展开空袭，并宣布对亚丁湾和红海沿岸的也门港口展开海上封锁。以此为标志，也门乱局进入内战与外部军事干预交织的新阶段。

如今的也门，由 1962 年成立的阿拉伯也门共和国（即北也门，以萨那为首都）和 1967 年摆脱英国殖民统治建立的也门人民共和国（即南也门，以亚丁为首都），于 1990 年在萨利赫领导下统一而成。当胡塞武装占领位于北部的首都萨那，而哈迪政府退守南部的亚丁时，亚丁重新升起当年南也门的国旗。如果沙特等国既不能靠军事行动击败胡塞武装，斗争双方也不能在联合国等的斡旋下实现和平解决，那么也门就面临再度分裂为两个国家的危险。

二、 叙利亚陷入全面内战

叙利亚位于地中海东岸，北靠土耳其，东邻伊拉克，南接黎巴嫩、约旦和以色列，国土面积有 18.5 万平方千米，人口 2253 万（2012 年的数据），是中东地区的“小国”。民族和教派关系复杂，全国人口中 85% 左右为穆斯林，14% 左右为基督徒；在穆斯林中，逊尼派占 80%（约占全国人口的 68%），什叶派占 20%；在什叶派中，巴沙尔总统所属的阿拉维派约占 75%（约占全国人口的 11.5%）。[①] 由于在历史和现实中，长期处于阿拉伯国家与以色列、逊尼派与什叶派、阿拉人与土耳其人及波斯人、伊斯兰教与基督教等该地区的主要矛盾交接点，所以叙利亚局势对整个地区的形势发展影响牵动作用突出，堪称“大国”。

在突尼斯和埃及等中东国家相继发生动荡的背景下，

① 李国富：“大国博弈下的叙利亚局势”，《求是》2012 年第 15 期，第 55 页。

2011年2月，部分叙利亚青年通过美国的“脸谱”（facebook）网站建立名为“叙利亚2011年革命”的网页，召集近7800名网民，准备发动示威游行，矛头直指“政府的独裁、腐败、专制”。巴沙尔政府迅速采取一系列措施稳定国内局势，加强安全控制，军警节假日不放假，严阵以待；加大民生关注力度，给广大民众提高工资、增加补贴，减轻民众不满；总统亲自到抗议示威游行的重点地区（如20世纪80年代曾经爆发过冲突的、逊尼派集中的中部城市哈马）与民众交谈，缓解政府与民众的矛盾。但是进入3月之后，“跨越恐惧门槛”的民众走上街头，举行大规模抗议示威游行；宗教和世俗反对派提出改善民生和增加自由的诉求，并与军警和安全人员爆发流血冲突。之后，政府与反对派的摩擦对抗逐步向武装冲突演变。在抗议民众和反对派的压力下，巴沙尔政府开始进行一系列改革，包括废除紧急状态法，改组政府以吸收部分反对派人士入阁任职，颁布大赦令，承诺制定新宪法并经全民公决通过（2012年2月，叙全体选民的57.4%参加宪法公投，89.4%的选民投票支持该宪法。根据新宪法的规定，叙利亚实行多党制，巴沙尔总统所属的阿拉伯复兴社会党放弃唯一执政党的地位；总统任期为7年。）但是，反对派依然明确要求巴沙尔总统下台，政府与反对派之间的武装冲突未能平息。巴沙尔政府开始在全国范围内，从城市到乡村逐一清剿以求平定。2011年7月，由一批哗变官兵组成的“叙利亚自由军”宣布建立，总部设在土耳其境内，得到美国的政治支持、沙特和阿联酋等海合会国家的资金支持、法英等欧洲国家的武器支持，人员有政府军变节官兵、在难民营招募的士兵、“穆斯林兄弟会”成员、越狱逃犯、失业青年等。“叙利亚自由军”依托土叙边界向叙境内渗透，并逐步从叙利亚北部向中部甚至首都大马士革扩展，与政府军争夺地盘。由此，叙利亚变局逐步演变成全面内战。

随着全面内战的发展，叙利亚局势日趋复杂。卷入斗争者大致分为四方：

第一方是巴沙尔·阿萨德政府。1970 年 11 月，巴沙尔总统之父、时任叙国防部长兼空军司令的哈菲兹·阿萨德在军队支持下发动“纠偏运动”，改组在叙执政的阿拉伯复兴社会党的领导机构，接管国家政权，自任总理，经 1971 年的选举成为总统。2000 年 6 月，哈菲兹·阿萨德总统病逝，巴沙尔·阿萨德继任总统。至今，阿萨德家族的政权已经持续了 44 年。该家族执政的社会基础是其所属的什叶派的阿拉维派（约占全国人口的 11.5%）以及什叶派中的其他派别，与阿拉维派同属叙利亚少数派的基督教徒；政治基础是在其长期执政过程中的既得利益者，包括拥有 200 多万党员的复兴党、政府、军队、警察、情报机构、法院、监狱等机构及其成员。这些支持力量不仅与阿萨德家族在教派划分上是一致的，而且在利益上也是一致的，因此是巴沙尔政府的坚定维护者。正是由于巴沙尔政府内部及其支持力量没有发生大规模分裂而保持了大致的团结，才使得巴沙尔政府能够执政至今。

第二方是叙利亚温和的反对派。这一方主要由二股力量组成，其一是在叙境内的“叙利亚全国民主变革力量民族协调机构”（简称“全国协调机构”）和“叙利亚自由军”。前者于2011年6月底在大马士革由15个叙境内政党组成，主张通过和平的方式进行民主变革，建设民主、多党政体和现代世俗国家；后者由一批叙政府军哗变官兵于2011年7月成立，总部设在土耳其境内，主要由政府军哗变官兵、叙利亚“穆斯林兄弟会”成员、难民、越狱逃犯、失业青年、对社会不满者等构成，得到沙特、阿联酋等海合会国家的资金支持和美国、法国、英国等的武器装备、人员培训支持。在叙利亚危机的前期，“叙利亚自由军”一度快速壮大，战斗力不断增强，能够在叙利亚北部的阿勒颇、霍姆斯等地展开争夺战，甚至在叙首都大马士革进行袭扰。其二是2011年12月在叙境外的“叙利亚反对派和革命力量全国联盟”（简称“全国联盟”），主要由2011年9月于土耳其伊斯坦布尔成立的“叙利亚全国委员会”等反对派组成，明确主张推翻巴沙尔·阿萨德政府。“全国联盟”一成立，就先后得到世界多国不同程度的承认，法国、土耳其等承认其为叙利亚人民“唯一合法代表”，法国总统奥朗德甚至表示同意接受其派遣的驻法大使；阿盟承认其为“叙利亚人民诉求的合法代表”；美国承认其为“叙利亚人民的合法代表”。这股力量的名称经过多次变换，构成没有发生重大变化，其一直是叙利亚危机实现政治解决的主要参与者。

第三方是激进的暴力恐怖主义势力。这一方主要由以“救国阵线”为代表的“基地”组织有关力量和以“伊拉克和黎凡特伊斯兰国”为代表的其他暴力恐怖主义势力。前者是在本·拉登被击毙后的“基地”组织新领导人扎瓦赫里的号召下多国潜入叙利亚的暴恐分子。2011 年 7 月，扎瓦赫里发布“宗教法令”（FTAWA），宣称巴沙尔政府违背伊斯兰教义，长期推行世俗统治，腐蚀了穆斯林的灵魂，理应受到真主惩罚。鉴于巴沙尔的统治已经摇摇欲坠，故可将其推翻。扎瓦赫里要求阿富汗、巴基斯坦、克什米尔、车臣、伊拉克、阿拉伯半岛、北非马格里布等地的追随者前往叙利亚进行“圣战”，推翻巴沙尔政权。随后，许多“基地”组织武装分子纷纷潜入叙利亚。除“基地”组织成员外，来自北非的“利比亚国民解放军”武装人员经土耳其潜入叙利亚，来自埃及“赎罪与迁徙者组织”西奈半岛分支的武装人员经黎巴嫩潜入叙利亚。[①] 其中，“救国阵线”作为暴恐组织之一，自 2011 年 11 月始，就宣布在叙主要城市制造了 600 起以上的恐怖袭击，被美国奥巴马政府在 2012 年 12 月列为恐怖组织。2013 年 4 月，“救国阵线”公开宣示将效忠“基地”组织，承认自己为“基地”组织的分支。

叙利亚境内的另外一部分暴恐势力，就是以“伊拉克和黎凡特伊斯兰国”（Islamic State of Iraq and al Shams，缩

---

① 董漫远：“叙利亚危机及前景”，载于《国际展望》2012 年第 6 期，第 86—87 页。

写为ISIS；也被译为“伊拉克和大叙利亚伊斯兰国”，缩写为ISIL）及其有关力量。该组织由扎卡维在2003年伊拉克战争后创立的“伊拉克伊斯兰国”发展而来，起初主要在伊拉克境内活动。随着叙利亚危机2011年爆发并愈演愈烈，该组织成员纷纷潜入叙利亚开展“圣战”。期间，该组织曾经宣称与“救国阵线”合并，后又表示分裂；曾经宣称效忠“基地”组织，后因在暴恐路线等问题上发生分歧，于2014年2月与扎瓦赫里领导的“基地”组织决裂。2013年，该组织成员在叙利亚继续进行“圣战”的同时，进入伊拉克西部以及北部库尔德人自治地区。2014年6月，该组织通过互联网，用多种语言发表书面声明宣布：去掉“伊拉克和黎凡特”字样，建立“伊斯兰国”（Islamic State，缩写为IS）；“伊斯兰国”的领土包括叙利亚北部阿勒颇省至伊拉克东部的迪亚拉省，其国家领导人为阿布·贝克尔·巴格达迪，自称“哈里发”（CALIPHATE）；号召全世界的穆斯林支持并效忠巴格达迪。之后，该组织成员在叙利亚境内占领了叙东北部拉卡、代尔祖尔等地，并急于夺占靠近叙土边境的科巴尼（KOBANE），在伊拉克境内一度占领伊北部第二大城市摩苏尔，从摩苏尔中央银行抢劫得到4.25亿美元现金。[①] 在此情况下，美国应伊拉克政府请求，于2014年8月开始对伊拉克境内的“伊斯兰国”等激进暴恐势力进行大规模空袭，并于9月将空袭范围扩大到

① 严帅：“伊拉克和黎凡特伊斯兰国”，《国际研究参考》2014年第7期，第23—27页。

叙利亚境内，将打击目标扩大到“呼罗珊”等其他激进暴恐势力（如后所述）。英国、法国、加拿大等美国的西方盟国和沙特、阿联酋等美国的地区伙伴先后参与空袭（如后所述）。2014 年 9 月，联合国秘书长潘基文在安理会有关外国恐怖主义参战人员问题的高级别会议上表示，联合国估计已有来自 80 多个国家和地区的 1.3 万多名外国恐怖分子加入“伊斯兰国”和“支持阵线”等极端组织之列。这股极端主义势力以叙利亚东北部的城市拉卡为“行政中心”，对伊拉克乃至整个中东地区和全世界传播极端主义思想、招募人员、鼓动实施暴恐袭击，使叙利亚危机的效应迅速外溢，把整个地区乃至世界各种力量引入叙利亚，大幅增加了叙利亚危机的复杂性和解决难度。

第四方是地区和区域外的国家。地区内的国家按教派划线，沙特、阿联酋、卡塔尔、埃及、土耳其等逊尼派国家明确支持同属逊尼派的叙利亚温和反对派，要求巴沙尔总统下台。2011 年 11 月，阿盟外长在开罗举行紧急闭门会议，决定暂停叙利亚的成员资格；对叙实施经济和政治制裁；若叙不执行此前阿盟提出的和解协议，阿盟就开始与叙反对派对话。土耳其早在 2012 年 7 月就开始呼吁北约在叙利亚和土耳其交界地带设立缓冲区和禁飞区，美国务卿克里和英国外交大臣哈蒙德 2014 年 10 月表示该提议值得探讨。随着美国 2014 年 9 月开始空袭叙境内的“伊斯兰国”等极端势力，土耳其总统埃尔多安 10 月又呼吁西方国家对“伊斯兰国”发动地面进攻，并建议在靠近叙利亚和伊拉克的边境地区建立“禁飞区”和“缓冲区”。伊朗、伊拉克、黎巴嫩等什叶派国家则支持同属什叶派的巴沙尔政府，伊朗和黎巴嫩“真主党”甚至派出军事人员为叙政府军提供顾问、培训、情报支持或直接参战，帮助取得战场上的优势。在前述美、英、法2014年9月开始对叙利亚境内的激进暴恐势力进行大规模空袭后，沙特、阿联酋等5个逊尼派国家参与军事行动。区域外的国家主要是美欧和俄罗斯，前者支持叙利亚温和的反对派以推翻巴沙尔政府，后者则支持巴沙尔政府。区域内外支持叙反对派的各方力量于2012年2月在突尼斯举行首届“叙利亚之友”国际会议，美国、法国、德国、土耳其、阿盟、联合国等60多个国家和国际组织代表出席。会议发表公报呼吁各方对叙利亚政府加强制裁，敦促叙政府立即止暴，允许国际援助机构进入，并允许人道援助物资运抵冲突地区。2012年2月，根据阿盟提出的决议，联合国任命前秘书长安南出任联合国—阿盟叙利亚问题联合特使，斡旋巴沙尔政府与反对派进行对话，寻求政治解决危机的办法。同年8月，阿尔及利亚前外长卜拉希米接替安南。2014年8月意大利前外长德米斯图拉接替卜拉希米，11月他前往大马士革力图斡旋巴沙尔政府与温和反对派实现停火，共同打击“伊斯兰国”等极端组织。

在上述四方力量的分化组合和激烈博弈较量下，叙利亚危机不仅没有得到缓解，相反日显复杂，对这个国家、中东地区乃至整个世界的损害持续增大。根据2015年7月联合国难民署发布的报告，叙利亚已有超过 23 万人死亡，400 万人逃到国外，国内还有 700 多万流离失所。这对周边土耳其、约旦、黎巴嫩、伊拉克局势的外溢影响不断扩大。2015 年 12 月 18 日，联合国安理会举行有关叙利亚问题的外长会议，通过第 2254 号决议。决议要求叙利亚政府和相关各方在 2016 年 1 月举行第一阶段和谈，2016 年 4 月举行第二阶段和谈，2016 年 8 月底之前举行第三阶段和谈。从此前谈判的情况看，各方最大的分歧也是最大的难点在于巴沙尔总统的去留问题。

未来，叙利亚危机将如何发展仍取决于上述四方力量的组合、消长、博弈。总体来看，危机演变可能出现三种情况：第一种是极端主义力量在美、英、法和海合会国家的联合打击下削弱，温和反对派在美欧及沙特等海合会国家持续的政治、经济和军事帮助下逐步壮大，逐步取得战场上和政治上的优势，最终靠武力推翻或政治逼迫巴沙尔政府下台。在俄罗斯 2015 年 9 月强势介入，从政治、军事、外交等各个方面加大支持力度的情况下，加上伊朗和黎巴嫩“真主党”支持的什叶派武装力量的参战，巴沙尔政府在 2016 年逐步取得战场上的优势，被武力推翻的可能性明显下降。第二种是各种力量博弈都不足以打破平衡而长期陷入胶着，相互之间的恶斗长期持续，外部各种极端势力进一步向叙集结，国家沿循部族、教派、政治派别等界限日益破碎，在事实上逐步大致分裂为三部分组成的格局：“伊斯兰国”占据的以拉卡和代尔祖尔为中心的东北部、温和反对派控制的以哈马和阿勒颇为中心的西北部、阿萨德政府控制的以大马士革为中心的东南部和南部。第三种是局势或因外部军事干预，或因极端分子快速坐大，或因巴沙尔政府内部发生突变等多种原因而以某种突然暴烈的形式急剧演变，导致整个地区发生更加激烈的震荡，引发更加难以预料的危机和风险。

在突尼斯、埃及、利比亚、也门四个国家发生政权更替和叙利亚从动荡演变为大规模内战的同时，中东地区其他不少没有发生政权更替的国家则在加快推进变革。阿尔及利亚、沙特、阿联酋、科威特、巴林、约旦、摩洛哥等国政府，为了维护政权稳定和防范各种潜在政治危险，纷纷进行不同程度的政治、经济和社会变革，包括制定新宪法或修改已有宪法，以便使更多政治力量能够参与分享政治权利；加大政治投入和资本投入，发展经济，改善民生，增加就业尤其是年轻人的就业；推进社会现代化和世俗化发展，使妇女能够享有更多权力，回应反对者的诉求。这使得以变革求稳定成为整个中东地区主要的政治潮流。

第二章　中东大变局的影响因素

中东这场大变局之所以从一国迅速扩展到整个地区，并引发一系列冲突，尽管有关国家各有不同的原因，但相互之间仍有许多共同之处。概而言之，这场大规模混乱和动荡是多重矛盾系统性爆发导致的全局性变化，是在全球化和信息化背景下，国际金融危机的传导效应与这些国家长期积累的政治、经济、民族、宗教、社会问题交织共振发酵，在短时间内急剧迸发，并经新型社交媒体等“大规模动员武器”（WMM）不断扩散放大的结果。

具体来说，这些因素主要来自五个方面。

一、　国际金融危机传导效应发酵

中东国家绝大多数实行对外开放政策，不同程度地参与全球经济体系并成为其中一个环节。国际金融危机自2008年从美国华尔街开始并迅速向全世界蔓延，在引发欧洲债务危机的同时也扩展到中东国家。中东国家自第二次世界大战后实现民族独立解放以来，大多数国家一直没有建立比较完备的现代工业体系。海湾地区国家的经济结构大多比较单一，产业结构以石油出口为支柱，石油生产对国内生产总值的贡献率高达40.3%，对政府财政收入（不含援助收入）的贡献率更是高达70.5%。[①] 其他阿拉伯国家多数以畜牧业和手工业为主要收入来源，农业发展水平较低，粮食对外依存度高。民众日常生活用品诸如面粉、食用油、糖和茶叶等大多依靠进口，政府为这种进口提供补贴。根据联合国粮农计划署（FAO）提供的数据，2010年，突尼斯、埃及、阿尔及利亚、也门、利比亚的综合粮食进口依存度分别是10%、19%、20%、25%、12%。2007年爆发的世界粮食危机早已在中东多个国家引发大规模游行抗议示威。2008年爆发的金融危机，特别是美国2010年实施的两轮量化宽松（QE1和QE2）直接推动全球通货膨胀。从2007年至2010年，中东地区的通货膨胀率平均达到9.299%，其中6个国家超过10%，伊拉克更是高达22.73%。[②] 其中，全球粮食价格上涨突出，2010年，小麦、玉米、大米的价格分别上涨了100%、73%、70%。这几重因素相继叠加在一起，直接导致对外粮食依存度较高的埃及等中东国家的粮食危机进一步加剧。与此同时，突尼斯和埃及等非石油出口国的国民收入，长期以来对旅游业特别是欧洲游客带来的收入以及向外尤其是向欧洲输出劳务赚取侨汇的收入依赖较大。而欧洲在金融危机影响下，到阿拉伯国家旅游的人数明显减少，同时挤压外来人口的就

① 张春宇、唐军：《中东政局动荡的经济影响》，载于《西亚非洲》，2011年第6期，第43页。

② The World Bank, dataBank, （2012－08－11）, http://databank.worldbank.org/ddp/home.do? Step＝3&id＝4.

业甚至驱赶来自中东的移民和劳务。在此情况下，中东阿拉伯国家的国民收入大幅下降，不得不减少对包括粮食在内的日常生活用品提供的补贴，这就使得广大中下层民众或因物价过高或因自身收入下降而无法继续获得足够的日常生活用品。埃及有40%（3200多万）的人口日均生活费不足2美元。加上金融危机进一步加重了中东地区多个国家早已十分严重的贫富分化，2011年中东国家的基尼系数均超过0.4这一警戒线，最低的巴林也达到0.58，其余国家都在0.65以上，黎巴嫩和埃及甚至超过了0.8。[①] 所有这些因素叠加在一起的综合作用，大幅增加了有关国家广大普通民众的生活困难，这成为广大普通民众纷纷走上街头进行抗议示威游行的一个重要因素。从此意义上，这场大变局可以说是一场“粮食暴动”。

二、　长期积累的政治经济社会问题急剧恶化发作

在金融危机及其加剧的粮食危机的催化作用下，中东国家政治和社会领域长期存在的问题明显加剧，主要体现在以下三个方面：

---

① Credit Suisse, *Global Weaith Databook* 2011, Credit Suisse Research Institute, pp. 87 - 89.（2012 - 08 - 11）. http://infocus. credit-suisse. com/data/_ product_ documents/_ shop/324292/2011_ global_ wealth_ report_ databook. pdf

（一）年轻人失业的问题极其严重

在中东国家，2010 年的人口出生率高达 2.8%，居世界首位；30 岁以下的年轻人在整个地区总人口中所占比例平均高达 60%，在突尼斯、摩洛哥、埃及、阿尔及利亚、利比亚、毛里塔尼亚、苏丹、索马里、叙利亚、黎巴嫩、伊拉克、约旦、沙特阿拉伯、也门、巴林、阿曼、阿联酋、卡塔尔、科威特、巴勒斯坦、伊朗等国家和地区总人口中所占领比例分别为 52%、57%、61%、58%、58%、68%、67%、70%、65%、51%、68%、64%、60%、74%、54%、62%、44%、50%、49%、72%、58%。其中，年龄在 15—29 岁、本应在就学或就业却没有就学或就业的年轻人，在摩洛哥、埃及、阿尔及利亚、利比亚、毛里塔尼亚、苏丹、索马里、叙利亚、黎巴嫩、伊拉克、约旦、沙特阿拉伯、也门、巴林、阿联酋、卡塔尔、科威特、巴勒斯坦等国家和地区总人口中所占比例则分别为 34%、37%、37%、29%、25%、36%、36%、32%、16%、43%、23%、25%、49%、24%、16%、13%、15%、37%。阿拉伯国家平均有 30% 的年轻人认为只要有可能就想永久离开自己的国家。[①] 这些失业年轻人在社会政治运动到来之时自然成为推动变局的主力军。从此意义上说，中东这场大变局可以称为“年轻人的革命”。

---

① “Class of 2011”, *Time*, February 28%, 2011, pp. 16 – 25.

（二）腐败问题严重，严重削弱执政的基础

据卡塔尔半岛电视台披露，埃及前总统穆巴拉克政府的官员极其腐败，所属的民族民主党的前组织秘书的家产价值高达30亿美元；政府前住房部长、旅游部长、商业部长、内政部长等人的家产价值分别为17亿美元、22亿美元、20亿美元、14亿美元；穆巴拉克总统的两个儿子甚至对埃及所有重大工程项目都要抽取25%的回扣和好处费。根据“维基揭密”（Wikileaks）网站发布的材料显示，突尼斯本·阿里家族长期利用特权大办家族企业，疯狂侵吞国有资产；第一夫人掌管的企业几乎垄断了全国的经济，总统女婿控制着全国金融业和航运码头。美国外交官在秘密报告中形容该家族为“黑社会”和“腐败核心”，估计其资产价值高达55亿欧元。[①] 这些问题在变局发生之前已被部分民众所知，在变局发生期间被公布的“证据”“证实”之后，使得执政者的形象、合法性和政治基础迅速被严重削弱，进而导致政府快速垮台。

（三）政治体制僵化，难以应对变局

截至2012年10月底，在中东国家中，实行君主专制（如沙特）或君主立宪制（如摩洛哥）的国家，国王出面，通过宣布解散内阁和重组政府而暂时度过了危机，之后再

① 马晓霖主编：《阿拉伯剧变：西亚、北非大动荡深层观察》，新华出版社，2012年版，第6页。

通过推行政治、经济和社会改革来缓解矛盾和稳定局势。在此过程中，国王作为国家最高领导人的政治地位没有发生变化，整个国家政治体系相应也没有发生重大变化。相比之下，实行共和制的突尼斯则由于总统任期和年龄限制被取消而变成总统终生制，埃及则由于穆巴拉克总统长期没有任命副总统并力图通过多种安排确保其子接任总统而演变成家族世袭制，这种政治体制发展的倒退，使得执政体系内部军队与政府、改革派与保守派之间难以实现团结，进而使政权随着变局向前发展而被快速瓦解进而崩溃。

三、互联网“大规模动员武器”作用推波助澜

与以往不同的是，在这场大变局中，“脸谱”（Facebook）、“推特”（Twitter）、“优兔”（Youtub）、“维基揭密”（Wikileaks）等视频和图片分享交换网站作为新型社交媒体以及“半岛电视台”等卫星电视频道，它们作为信息化条件下进行大规模政治组织、动员、制造和影响舆论的工具，其作用得以充分发挥。近些年来，中东国家的互联网技术发展迅速。以埃及为例，其总人口约为8800万，“脸谱”网站的用户2010年增长了78%，从1190万迅速增加为2130万，“推特”用户达到200万左右。与此同时，可以接入互联网的手机在埃及人口中也被普遍使用，截至2011年5月，其用户达到7477万。通过手机上网进入“脸

谱”和“推特”网络也已成为年轻人的“最爱”。[①] 在整个中东地区，56% 的年轻人每天都使用互联网，54% 的年轻人只相信卫星电视传播的信息，而在整个阿拉伯社会中的 700 多个卫星电视频道中，不在政府控制之下的卫星电视频道甚至高达 70% 。[②] 当大变局发生时，政府想要发布的信息首先无法广泛传播，其次即使传播出去也不被广大民众所接受。游行抗议示威的组织者借助互联网进行政治动员，不仅突破了多个国家长期实行的“紧急状态法”的限制，而且能在很短时间内发动数十万甚至上百万人参加的抗议示威游行，还能借助互联网等技术的及时沟通作用不断根据政府做出的反应调整行动方案，进而长期保持高压态势。即使在政府对互联网络进行封锁之后，游行示威组织者和反对派还可凭借从西方国家等途径获取的“影子网络”（Shadow Internet）技术和设备，建立自己的网络，并超越在政府的网络控制之外。利用这些信息技术手段，游行的效率和规模远远超过传统游行，“呈现出网络结构，具有独特的‘雪崩’特性”。[③]

互联网的使用，加上“维基揭密”（Wikileaks）网站在大变局演变过程中不断公布美国驻当地使领馆发回华盛顿国务院的“密码电报”，披露这些国家高层腐败“实情”，

① 李来房：“社交媒体在埃及扮演重要政治角色”，新华网，2011 年 8 月 16 日，http：//finance. qq. com/a/20110816/004507. htm。

② “Class of 2011”，*Time*，February 28，2011，pp. 16 – 25.

③ 马晓霖主编：《阿拉伯剧变：西亚、北非大动荡深层观察》，新华出版社，2012 年版，第 65 页。

起到了火上浇油和釜底抽薪的作用。此外，卡塔尔“半岛电视台”站在所有动荡阿拉伯国家政府的对立面，在维护民众利益和支持推进民主的旗号下，连篇累牍地进行报道，表现得“比西方媒体更优秀”，起到了推波助澜的政治鼓动和舆论造势支持的作用。这些信息技术和传媒手段作为社会运动的政治动员手段的广泛运用，使大规模抗议示威人群能在很短时间和很大范围内迅速聚散，形成巨大声势；使得动荡国家的游行抗议示威活动普遍呈现无组织、无领导、无纲领的新特点。相比之下，中东国家的政府面对信息化条件下的这种新型政治运动，进行应对的难度远远超过传统形式的“街头革命”，特别是使得政府若采取暴力手段加以弹压，则会马上面临被游行示威者通过手机等手段向全世界进行现场直播，进而招致巨大道义和舆论压力的危险，由此其应对变局的手段运用空间相应被压缩。正由于这种新特点，穆巴拉克在下台之后才感叹自己是“被‘脸谱’（Facebook）暗杀”的，这场大变局才被称之“第一次数字革命”和“首次维基革命”。

四、教派、民族、部落矛盾深刻导致社会容易裂变破碎

从教派分野看，伊斯兰教在先知穆罕默德于公元632年去世之后，由于在继承人合法性问题上的分歧而形成了逊尼派和什叶派两大派别，前者认为穆罕默德之后的四大

哈里发均为合法继承人，后者认为默罕默德之后第四位哈里发阿里及其后裔才是合法继承人。两大派别后来逐步形成了各自的教义学和教法学体系，也由此形成的差异和矛盾。在中东主要国家中，除了伊朗和伊拉克是什叶派占人口多数之外，沙特、阿联酋、埃及、土耳其等国多是逊尼派占人口多数。两派在宗教意义上的差异和矛盾，与现实政治权力、经济利益、社会权益的争夺交织纠缠和相互强化，在历史上就曾引发无数激烈竞争和血腥冲突。自 20 世纪 70 年代以来，教派意识在中东地区日益加强，教派矛盾逐渐上升并时有激化。[①] 1979 年，伊朗作为什叶派占人口多数的地区大国，在自身伊斯兰革命成功之后对外输出革命。逊尼派主导国家政权的国家担心自己国内的什叶派穆斯林在伊朗的影响下发动革命，这种担忧随着伊朗的地区环境改善和影响力上升而加重。1991 年海湾战争后，伊拉克由逊尼派主导的萨达姆政府在美国所带领的多国部队的沉重打击下以及随后联合国通过的一系列决议的严厉制裁下，实力和地位明显下降。沙特的一些属于逊尼派的瓦哈比派学者开始认为，以什叶派为核心的中东新秩序正在出现。沙特著名的宗教学者、麦加乌姆·库拉大学伊斯兰学院的院长萨法尔·哈瓦里就明确警告说，一个由伊朗、阿拉维派（属于什叶派）领导的叙利亚、伊拉克，以及沙特等海湾君主国内的什叶派组成的什叶派阵营将要形成。2003 年

① 吴冰冰：“中东伊斯兰教派矛盾的新变化”，《西亚非洲》2012 年第 5 期，第 34—44 页。

伊拉克战争推翻萨达姆政权之后，什叶派在伊上台执政，这种变化加上黎巴嫩“真主党”在黎国内的影响提升，进一步增强了什叶派在中东政治中的势力和地位。基于此，2004 年 1 月，属于逊尼派的约旦国王在接受《华盛顿邮报》采访时提出了“什叶派新月带”的说法。[①] 此后，教派矛盾和教派较量日益成为影响中东局势甚至地区格局变动的重要因素。逊尼派与什叶派两大教派之间的纷争加上各国内部本地化的其他小教派之间的博弈，使中东各国之间及其内部不同教派之间的利益纠葛和彼此关系变得越发错综复杂和脆弱敏感。当 2010 年底和 2011 年初中东大变局发生，以沙特为代表的逊尼派主导国家政治走向的政府，多以教派划线，支持逊尼派维护或取得政权，帮助推翻什叶派主导的政权。各国内部的政治斗争大多也按教派分野展开。

从民族划分看，中东民族众多，主要有阿拉伯人、波斯人、土耳其人、库尔德人、犹太人、柏柏尔人、科普特人等 10 多个民族。除阿拉伯人分布在 22 个国家外，最突出的跨境民族当属库尔德人。目前，全球库尔德人大约有 3000 万人，在中东主要分布在土耳其东南部、伊朗西北部、伊拉克北部、叙利亚东北部。复杂的民族关系导致复杂的民族矛盾。在整个地区范围内，历史根源久远、冲突长期存在而且激烈、牵涉面广且冲击严重的民族矛盾有四个：一是阿拉伯人与犹太人的矛盾。这个矛盾在 1948 年犹太人

① 王宇洁：“教派主义与中东政治”，《阿拉伯世界研究》2013 年 7 月，第 40—41 页。

建国后变得更加激烈，先后引发四次大规模的中东战争，与领土、宗教等因素交织在一起变得越来越难解。二是阿拉伯人与波斯人的矛盾。这与阿联酋与伊朗之间在阿拉伯河主权、霍尔木兹海峡及大小通布岛、阿布穆萨岛上的领土争端，以及沙特与伊朗之间各自代表逊尼派与什叶派的宗教纷争纠缠在一起。三是土耳其人与阿拉伯人的矛盾。由于在历史上奥斯曼土耳其对阿拉伯人进行过统治，每当土耳其在中东扩大影响，势必引起阿拉伯人的警惕。而阿拉伯国家作为中东的大多数和伊斯兰世界的重要部分，其发展形势同样备受土耳其关注。四是库尔德人问题。近百年来，被分隔在土耳其、伊朗、伊拉克、叙利亚四国生活的库尔德人，特别是土耳其国内多达1800万人左右的库尔德人，长期以来一直要求民族身份得到尊重和承认，民族权利得到保障和扩大，平等参与国家事务和自主决定自己命运，并为此而不断抗争。由此便形成了交错影响有关四国政治、经济、社会、安全以及彼此关系的“库尔德人问题”。[①] 由于这些民族矛盾的存在，所以当阿拉伯国家程度不同地陷入混乱和动荡时，土耳其、伊朗、以色列等国采取的对策特别是与埃及、叙利亚等国关系的调整也成为影响变局演变的不可忽视的因素。具体就单个国家而言，当政局陷入动荡，国内已有民族矛盾随之激化。

从部族部落角度看，中东国家的政治更是显得“原生

① 唐志超：“‘阿拉伯之春’背景下的库尔德问题新动向”，《和平与发展》2013年第3期，第65页。

态”特点突出。中东国家大多成立于第二次世界大战后，实现民族独立解放时间晚，作为民族国家的成长和内部整合时间短，原本存在的部落部族分野在国家政治、经济、文化、社会中的地位突出。一些国家就是由几个大的部落部族所掌控，甚至在此基础上形成了家族统治，诸如沙特阿拉伯的沙特家族、阿联酋的布发拉赫家族、科威特的撒巴赫家族、索马里的萨马勒和萨卜两大部族；更多的国家则是同时存在众多部落部族，某个部族或家族依靠强权实现部落势力之间的脆弱平衡。这种政治生态使得国家政权的争夺带有强烈的部落部族权势争夺特点；使得一旦国家既有政治框架和权力平衡被打破，那部落部族之间要再度形成平衡就变得比较艰难曲折，需要很长时间，甚至充满仇杀的血腥。利比亚、也门、索马里、叙利亚和伊拉克等国政局的演变就体现了这些特点。

五、城市化过快发展累积严重政治经济社会问题

中东地区城市化的历史悠久，从公元前7000年城市出现至今有9000多年的发展历程，大致以第二次世界大战为界划分为两个阶段，之前为发展速度缓慢的城市化初始阶段，主要是东地中海沿岸的阿拉伯国家和土耳其、伊朗等地的城市在发展；之后城市化进入快速发展阶段，20世纪70年代之后则呈现迅猛推进之势，在20世纪末就达到高度

城市化水平。在第二个阶段，快速步入成熟阶段的主要是阿拉伯半岛，尤其是海湾地区沙特阿拉伯、阿联酋、科威特、卡塔尔、巴林等产油国，凭借“石油美元”的支撑大力推进城市化，使城市化发展水平不仅在整个地区范围内遥遥领先，而且在世界范围内也已超过不少发达国家，被誉为世界知名的“城市国家”。总体看，中东国家城市化具有三个重要特点：

一是过度城市化突出。在二战之前发展领先的东地中海沿岸国家和土耳其、伊朗等尽管后来发展速度放缓的国家，到20世纪90年代中期也已在发展中国家中处于前列水平。根据联合国发表的《1998年世界发展报告》数据，1996年，约旦、埃及、叙利亚、黎巴嫩、以色列、土耳其、伊朗等国的城市人口占全国人口的比例分别为71.9%、44.8%、52.7%、88%、90.8%、70.6%、59.5%。海湾产油国城市化水平尽管在二战之前稍显落后，仅为20%—30%，但在20世纪70年代后则随着国际石油价格高企而快速发展，至今均在80%以上，超过发达国家城市化的平均值（75%左右）。[①] 到2012年底，沙特、阿联酋、卡塔尔、科威特、巴林五国城镇人口在全国总人口中所占比例，分别达到82%、85%、99%、98%、89%。

二是城市化水平严重不平衡。从整个地区范围看，目前阿拉伯半岛尤其是海湾国家的城市化水平明显高于地中

① 车效梅：“中东城市化的原因、特点与发展趋势”，《西亚非洲》2006年第4期，第42—48页。

海东岸国家和土耳其、伊朗等。从单个国家内部看，城市人口主要集中于大城市，无论是地中海东岸国家和土耳其、伊朗，还是海湾国家均是如此。绝大多数国家最大城市人口在全国人口中所占比例都在10%左右。这个比例在约旦、叙利亚、以色列、黎巴嫩则更高，分别达到25%、25%、33%、50%。在2009年底，沙特、阿联酋、卡塔尔、科威特、巴林五国最大城市人口在全国城镇总人口中所占比例，分别达到22%、24%、28%、80%、15%。到2012年底，沙特、阿联酋、科威特三国最大城市人口在全国城镇总人口中所占比例，分别为22%、21%、76%；沙特和科威特百万人口以上城市的人口总和在全国总人口中所占比例分别为43%、76%；卡塔尔几乎所有人口都集中在首都多哈。①

三是城市化与工业化脱节，与服务业紧密关联。西方发达国家的城市化通常是工业化之后逐步推进的。中东国家尤其是产油国的城市化则是在二战之后的三四十年之内快速推进的，与城市化相伴随的工业化则不仅发展速度缓慢而且水平较低。这些国家自然资源单一，其工业化主要是指石油及相关产业的发展。即使石油产业，也由于技术、装备、熟练工人和办熟练工人等方面都依赖其他国家，形成了进口技术装备——设备折旧——再进口技术装备的循环。制造业发展速度缓慢，与石油产业相配套的其他部门

① 车效梅："中东城市化的原因、特点与发展趋势"，《西亚非洲》2006年第4期，第42—48页。

的城市工业体系发展滞后，整个工业基础比较薄弱。到20世纪90年代初，这些国家的制造业在国内生产总值中所占比例只有10%左右，其中阿联酋、科威特、卡塔尔分别为9%、10%、10%。这不仅制约了城市化的平衡发展，而且造成了一系列问题。相比之下，金融业和其他服务业则在巨额石油收入的刺激下获得空前发展，金融、保险、商业、旅游等服务业产值在国内生产总值中所占比例高达50%以上，这给城市化发展提供有力支撑。

这样的城市化发展状况尤其是过度城市化给中东国家造成了严重影响社会政治稳定的问题。主要有三类：

一是基础设施运转负荷超载，公共服务严重不足。其中，包括住房短缺，交通拥挤，环境问题突出，贫民窟蔓延等，这些问题在城市人口快速增长的情况下日益凸显。根据联合国有关机构的统计数据，中东城市贫民窟人口占城市总人口的比例从1995年的21.6%达到2010年的24.6%。[①]

二是社会分化加剧。这既有城市与农村的差别，也有涌入城市的农业和游牧业移民同城市居民的差别，还有规模庞大的外籍劳工与当地人的差别。特别是男性青壮年农民大批涌入城市，导致农村人口性别、年龄、劳动力结构失调，妇女、老人和儿童承担农活，土地利用集约化程度下降，农村贫困加剧。这些差别扩大，使得农村对城市、

① 王泽壮、李晶、车效梅："中东过度城市化与社会稳定"，《史学集刊》2011年第4期，第100页。

城市中的农村居民对城市居民、城市中的外籍劳工对当地劳工的边缘化心理和被剥夺感加重，社会稳定基础不断被削弱。[①]

三是粮食安全问题突出。中东绝大多数国家耕地资源原本就比较稀缺，快速发展的城市化则是在牺牲肥沃土地资源基础上实现的，使耕地资源遭遇严重的非农化挑战。埃及的农业耕地集中于尼罗河峡谷及其三角洲地带，城市也大都建在这个区域，首都开罗由于人口爆炸式增长而在20世纪80年代扩大成开罗、吉萨和盖勒尤卜三个行政区，就是以圈占城市周边的农用土地为代价的。约旦的可耕地只有国土总面积的1.7%，其首都安曼的扩建同样是蚕食庄稼地的结果。海湾国家也不例外，以2008年的数据为例，沙特、阿联酋、卡塔尔、科威特、巴林五国的可耕地占国土总面积的比例分别为1.6%、0.8%、1.1%、0.64%、1.8%。城市化快速过度发展导致耕地面积减少，城市污染导致土地质量下降，这些因素共同导致粮食产量下降、库存减少，粮食对外依存度持续上升，粮食安全风险增大。[②]2007年爆发的全球粮食危机和2008年国际金融危机加重的粮食危机，均对中东国家的粮食安全造成严重影响。

在全球化条件下，这些因素具有普遍性，在发达国家和发展中国家均有不同程度地存在。但是，在中东地区尤

① 王泽壮、李晶、车效梅："中东过度城市化与社会稳定"，《史学集刊》2011年第4期，第102—103页。

② 李晶、车效梅："中东城市化与粮食安全"，《阿拉伯世界研究》2011年第5期，第63—65页。

其是阿拉伯国家，正是这些深刻的政治、经济和社会矛盾的空前汇聚、交互作用、共振发酵，使得 2010 年底和 2011 年初中东多国的偶发性事件成为“导火线”，一经点燃就迅速蔓延整个地区，引发剧烈动荡。如今，这些问题依然在影响着中东有关国家政局的演变进程。

第三章　中东大变局的地缘政治格局效应

中东大变局影响因素的普遍性和长期性，在很大程度上决定了中东局势演变的趋向和路径，给整个地区所造成的冲击和影响势必复杂、全面而深远。经过 6 年多的快速发展和曲折演进，这场大变局已经使伊朗、土耳其、以色列等非阿拉伯国家不同程度地卷入其中，激化了已有多种矛盾，引发了新的问题和冲突，把整个中东地区推上了动荡、转型和重塑的轨道。为在应对此变局的过程中，该地区的主要国家不断重新设定内政外交框架，区域外主要力量加快调整相关政策，这些因素导致多维度的力量聚散重组加剧，整个地区新态势迭出，政治版图部分改变，多种矛盾日益错综复杂尖锐，效应向更广阔的地区不断外溢，最终导致整个地区震荡不已，促使地区格局开始孕育新形态。

从地缘政治格局视角看，这些变化和效应主要体现在以下五个方面：

一、伊斯兰主义力量政治地位和影响力迅速崛起

所谓“伊斯兰主义”，也被称为“政治伊斯兰”，是伊

斯兰国家最具代表性、社会基础最为广阔的一种政治思潮、政治运动或政治力量。他们在思想上主张把伊斯兰作为一种信仰体系，指导当今伊斯兰世界的权利分配、政治和社会秩序及其运作方式；在实践上，主张把宗教作为解决政治、经济和社会问题的部分办法，通过取得政权进而改革国家的政治、经济、文化及其他制度。

具体来说，伊斯兰主义者抨击腐败和专制，号召进行社会变革，推行民主，实现社会公正，确立道德指针，保护伊斯兰文化，恢复伊斯兰世界的尊严和影响力，加强对外来威胁的抵御能力，建立合法、廉洁和有效的政府，增进社会福利和经济公平，尊重人权，等等。这些政治主张充分反映着伊斯兰世界广大民众的强烈呼声和政治诉求，因此常常得到大多数民众的普遍支持，支持者的人数常常超过其他绝大多数政治运动。尤为重要的是，伊斯兰主义者在提出反映广大穆斯林民众心声的政治主张的同时，还积极付诸实践。他们从虔诚而富有的捐赠者、伊斯兰基金会、清真寺等多种途径募集资金，并与这些资助者形成了共同为伊斯兰主义运动建立政治基础的使命感。然后，伊斯兰主义者“通过各种非政府的组织，向广大民众尤其是穷人提供多种社会福利，包括提供避难所、资助教育、免费或低费医疗服务、为乡村来的学生提供住房帮助、为学生求学提供咨询、提供法律援助、修建运动设施、建立维护妇女权益的组织，等等。这些福利正是许多政府因为缺乏能力、工作效率低下或者忽视种种原因而没有提供的。

不能提供此类服务也是广大民众对政府失望和强烈不满的关键原因。所以，伊斯兰主义者在民众中享有很高的政治信誉和威望”。进入 21 世纪，随着城市化进程加快，许多伊斯兰国家的政府可以调用的资源和施政能力都显得越来越捉襟见肘，越来越无法满足迅速膨胀的城市人口的社会需要。各种伊斯兰主义组织和机构在因应这些社会需求的过程中发挥越来越大的作用，这使它们日益成为“整个穆斯林世界独一无二的、最为重要的政治变革力量”。[①]

持这种主张并长期或一度活跃在政治舞台上的政治力量，最具代表性的有伊朗霍梅尼开始的现政府、土耳其的“繁荣党”和由此演变替代而来的“美德党”以及再替代演变而来的“正义与发展党”、埃及“穆斯林兄弟会”及其组建的“自由与正义党”、突尼斯的“伊斯兰复兴党”、叙利亚的“穆斯林兄弟会”、利比亚的“公正与建设党”、黎巴嫩的“真主党”、巴勒斯坦“哈马斯”，等等。在中东历史上，它们曾经作为该地区绝大多数国家政府的反对派，是不少国家的政府压制、排斥甚至镇压的对象，有的被取缔而转入地下活动，有的长期处于非法状态，有的领导人被迫流亡国外。

然而，随着中东大变局向前发展，如前所述，从整个地区范围看，无论是在已经发生政府更替并通过选举程序重建政治和社会秩序的突尼斯、埃及、利比亚和也门等四国，还是在不同程度地开始推进政治、经济和社会变革的

① 高祖贵：《美国与伊斯兰世界》，北京：时事出版社，2005 年版，第 91 页。

沙特、科威特、约旦、摩洛哥、阿尔及利亚等其他国家，民主选举均已成为实现政治演进的一种重要方式，甚至可以说已经成为一种政治潮流。受此驱使，多数国家未来的政治进程特别是政治重建，都将不同程度地采取某种选举方式，或者改革选举方式来加以实现，广大普通民众的投票表决将越来越成为影响政治进程的一个重要因素，议会和政府的组建和替换、政府内外政策选择和调整等都将越来越多地受到民意和舆论的制约。这种政治环境的历史性变化，为具有良好民意基础的伊斯兰主义力量提供了提升政治地位和扩大政治影响力甚至上台执政的比较有利的外部条件。

面对有利的政治环境，中东多国的伊斯兰主义力量纷纷加快政党化步伐，加紧调整内外政策，寻求以政党的身份和形象参与政治重建和变革进程，谋取政治权力，实现上台执政这个长期被压制的政治目标。如前所述，突尼斯由加努奇回国重组的“伊斯兰复兴党”在后本·阿里时代的首次制宪会议选举中以绝对多数的胜利成为第一大党。埃及“穆斯林兄弟会”支持的“自由和正义党”所领导的“民主联盟”成为议会上下两院第一大政治力量，并囊括行政权。摩洛哥伊斯兰政党“正义与发展党”在 2011 年 11 月 25 日提前举行的立法选举中，获得新一届议会 395 个议席中的 107 个，大大超过其他政党。该党总书记阿卜杜拉·本·基兰被国王穆罕默德六世正式任命为首相。利比亚“全国过渡委员会”主席贾利勒在 2011 年底宣布全国解放的庆典上表示，“将伊斯兰教法作为立法的源头，任何与伊斯兰教规相矛盾的法律在法律上都将是无效的”，并宣布计划引入伊斯兰银行的做法，遵从禁止利息的原则。如前述，在2012年6月的利比亚议会选举中，同属伊斯兰主义的“公正与建设党”和“祖国党”得票分别名列第二、第三。阿尔及利亚的伊斯兰主义力量利用紧急状态法取消带来的活动空间加紧扩展实力。在2012年5月举行的国民议会选举中，阿尔及利亚“穆斯林兄弟会”领导的“争取和平社会运动”和其他两个伊斯兰政党组成的“绿色阿尔及利亚联盟”得票名列第三。在这些政治进程中，伊斯兰主义的政治力量都不同程度地调整了自己的政治纲领，转而采取比较开放和民主的政治主张。例如，突尼斯“伊斯兰复兴党”主席加努奇明确表示自己信奉个人自由，尊重妇女权利，主张男女平等；支持政治多元化和实行多党民主制；认为伊斯兰与现代化是相容的，“伊斯兰教法在突尼斯没有生存空间”，突尼斯国家政治发展将以土耳其为模式，不会走向伊朗式的政教合一的神权国家模式。[①] 该党发言人萨米尔·迪娄也明确表示，“不想要神权政体，想要建立一个具有思想自由特点的民主国家，民众可以自由决定自己的生活方式”。[②] 埃及“穆斯林兄弟会”组建“自由与正义党”之后宣称其并非传统意义上的“伊斯兰主义政党”（Islamist Party），而是“公民政党”（Civil Party）；宗旨是

---

① 路透社，突尼斯，2011年7月6日。

② http://en.wikipedia.org/wiki/Renaissance_ Party.

建立以伊斯兰教法为基础的，多党民主制的“公民国家”，而非所谓伊朗式的政教合一的伊斯兰神权国家；并积极寻找和推出女性议员候选人。① 伊斯兰主义力量的这种政治转变无疑是其能够在选举中赢得更多民众支持和实现政治崛起的一个重要原因。

伊斯兰主义力量在发生政权更替的国家政治地位提高，加上早在2006年1月就赢得巴勒斯坦立法委员会选举绝对多数席位的“哈马斯”，以及在2011年6月由黎巴嫩“真主党”支持出任总理并成功组阁的米卡提政府，已经充分表明伊斯兰主义力量正在上升为中东政坛上的主导性力量。

然而，2013年7月，埃及民选总统穆尔西被军方废黜，“自由与正义党”被取缔，穆兄会被取缔并被作为恐怖组织加以惩处。2013年5－6月，土耳其因伊斯坦布尔塔克西姆广场拆迁而起的骚乱蔓延全国多个城市，这给同属伊斯兰主义的土耳其“正义与发展党”支持的埃尔多安政府造成挑战；2013年底和2014年初，埃尔多安政府遭遇腐败丑闻和反腐调查的挑战，在2014年6月的总统选举中涉险过关。埃尔多安本人出任总统，原外长达乌特奥卢出任总理。2014年6月，利比亚“公正与建设党”在选举中失败，但不愿意接受选举结果而继续抗争。2014年10月，突尼斯伊斯兰复兴党在国民议会选举中败北；12月该党推举的候选

① http://www.bbc.co.uk/arabic/middleeast/2011/04/110430－egypt-brotherhood.shtml.

人在总统选举中失利。这些事态表明伊斯兰主义的温和力量在中东政治舞台上一度强势凸起之后，在执政理念和实践上面临考验。

除温和伊斯兰主义力量之外，一些国家的持续动荡为伊斯兰主义力量中极少数的激进主义力量乘势通过暴力恐怖活动扩大影响提供了空间。盘踞也门南部的“阿拉伯半岛‘基地’组织”、北非地区的“伊斯兰马格里布‘基地’组织”、利比亚“伊斯兰战斗团”、索马里的“伊斯兰青年党”、尼日利亚“博科圣地”等，这些极端暴恐势力纷纷利用这轮变局带来的权力真空、持续混乱和动荡来壮大力量，活动越来越猖獗，影响越来越恶劣。其中，如前所述，2014 年对中东地区乃至世界冲击最大的就是肆虐叙利亚东北部、伊拉克北部和西部的“伊拉克和黎凡特伊斯兰国”（Islamic State of Iraq and al Shams，缩写为 ISIS；也被译为“伊拉克和大叙利亚伊斯兰国”，缩写为 ISIL）及其有关力量。

这个极端组织由 2003 年伊拉克战争后扎卡维创立的“伊拉克伊斯兰国”发展而来，起初主要在伊拉克境内活动。2011 年美军撤离伊拉克后，伊安全部队未能很快填补权力真空，给“伊斯兰国”等积极组织壮大力量提供了可乘之机。特别是从 2013 年到 2014 上半年，以马利基总理为代表的什叶派力量开始打压逊尼派力量，引发两个派别之间的争斗。这为逊尼派穆斯林所组成的“伊拉克和黎凡特伊斯兰国”等在逊尼派居住区扩大影响提供有利条件。一些对马利基政府不满的部族领袖和逊尼派民众纷纷对“伊拉克和黎凡特伊斯兰国”表示同情和给予支持。在伊拉克境内发生上述变化的过程中，随着叙利亚危机 2011 年爆发并愈演愈烈，“伊拉克和黎凡特伊斯兰国”的成员逐步潜入叙利亚开展“圣战”。期间，该组织曾经宣称与属于“基地”组织分支的“救国阵线”合并，后又表示分裂；曾经宣称效忠“基地”组织，后因在暴恐路线等问题上发生分歧，于 2014 年 2 月与扎瓦赫里领导的“基地”组织决裂。2013 年以来，“伊拉克和黎凡特伊斯兰国”的成员在叙利亚继续进行“圣战”的同时，重新进入伊拉克西部以及北部库尔德人自治地区。2014 年 5 月，该极端组织一路横扫第一次逼近伊拉克首都巴格达，并占领伊拉克北部第二大城市摩苏尔，从摩苏尔中央银行抢劫得到 4.25 亿美元现金。6 月，该组织通过互联网，用多种语言发表书面声明宣布：去掉“伊拉克和黎凡特”字样，建立政教合一的“伊斯兰国”（Islamic State，缩写为 IS）。“伊斯兰国”的“行政中心”（相当于首都）位于叙利亚东北部的拉卡，“国土”包括横跨叙利亚北部阿勒颇省和伊拉克东部的迪亚拉省，“领导人”为阿布·贝克尔·巴格达迪，自称“哈里发”（CALIPHATE），八个“委员会”分别管辖财政、军事、宗教等事务。巴格达迪号召全世界的穆斯林支持并效忠于他，共同建立一个从大西洋经北非、西亚到中亚、南亚横跨欧亚非的“哈里发国家”。之后，该组织在叙利亚境内占据了叙东北部大部分地区甚至直逼大马士革，在伊拉克境内夺占了伊拉克西北部大片地区，并向北非和阿拉伯半岛等地渗透蔓延。根据美国白宫提供的数据，到2015年2月，已有来自世界90多个国家的2万多人（至少3400人来自西方国家）到达叙利亚加入“伊斯兰国”。综合其他资料来源，“伊斯兰国”的武装力量规模已超过5万人；占据的地盘横跨伊拉克和叙利亚，达到30万平方公里左右。2015年10月，美国非洲司令部官员表示已有多达8000人左右的极端分子进入利比亚。盘踞埃及西奈半岛的“耶路撒冷支持者”等极端暴恐组织纷纷宣布效忠，这使得“伊斯兰国”的影响在整个地区持续扩大，并刺激鼓动其他极端暴恐势力不断制造恐袭，导致整个地区呈现恐袭多点齐发、彼此呼应、相互助长态势。进入2016年，“伊斯兰国”明显呈现收缩退守态势，在伊拉克，从拉马迪、费卢杰退守摩苏尔，10月中旬开始与伊拉克政府军、库尔德武装、美国领导的联盟军队在摩苏尔激战胶着；在叙利亚，其实际控制区被挤压到从拉卡到代尔祖尔的幼发拉底河沿线地区；在埃及，“伊斯兰国”西奈分支的重要头目阿卜杜·安萨里（Abu Duaa al-Ansari）于8月被埃及军方击毙；在利比亚，到12月底，盘踞在苏尔特的“伊斯兰国”武装被利比亚“联合政府”的安全部队借助美、英、法的恐袭和特种部队帮助而彻底击败。

总体看，温和伊斯兰主义力量影响力的一度提升压缩了激进伊斯兰主义力量的发展空间；同时伊斯兰主义思潮抬升的大背景和温和伊斯兰主义力量执政遭遇挑战，又为激进力量小题大做和借机扩大影响提供了有利条件。这两股力量的交互和共同作用将深刻影响区域内各国国内政治生态和对外关系的演变，影响中东地区政治思潮的演化乃至整个伊斯兰世界的发展前景。

二、海湾合作委员会地区影响力上升

海湾阿拉伯国家合作委员会（简称“海湾合作委员会”或“海合会”，GCC）自 1981 年 5 月在阿联酋阿布扎比成立以来，就一直致力于加强成员国之间在各个方面的联系、交流与合作。进入 21 世纪以来，该组织成员国在加强经济合作和社会联系交流的同时，加强了外交协调和安全合作，努力提升在海湾地区的影响。面对中东大变局，单个地区大国各自面临不同挑战，难以独自主导地区局势走向；区域外大国主导和塑造地区局势的意愿和能力有所减弱，这迫使海合会在沙特和卡特尔等国的积极牵引和推动下，乘势扩展权势。

首先，积极影响成员国内外局势走向。当 2011 年初海湾国家发生民众游行抗议示威时，海合会成员抱团应对，不仅相互提供政治和经济支持，还于当年 3 月派出该组织名为“半岛之盾”的联合部队 2000 人（主要由沙特武装部队和阿联酋警察组成）帮助巴林哈马德国王平定乱局。对也门，该组织三次提出并修改调解方案，最终推动萨利赫政府与反对派在 2011 年底签署协议，实现政权和平过渡，使也门问题在海合会框架内得到初步解决。与此同时，对成员国之外的变局走向施加影响。在利比亚问题上，率先明确表示支持联合国安理会通过设立禁飞区的1973号决议，采取支持利比亚反对派的基本立场，这成为推动阿盟整体乃至其他国家对该决议采取支持立场的重要因素。随着美、法、英等北约国家的军事干预推进，卡塔尔和阿联酋等成员国追随提供政治、经济、军事和舆论支持，特别是卡塔尔还直接派出军机参与作战，并帮助利比亚“全国过渡委员会”在卡塔尔设立办事处和电视台，为利比亚进入“后卡扎菲时代”发挥了比较重要的帮手作用。在叙利亚问题上，沙特作为在海合会中享有主导地位的国家，在美欧明确表示要求巴沙尔总统已经失去执政合法性而应该下台之后，就发出了相同的呼吁。同时，海合会还支持阿盟通过派遣观察团、提出调解方案等方式在叙利亚问题上积极发挥作用，并派出代表参加观察团。2012年1月，以叙利亚政府未能制止流血冲突为由，率先撤出参加阿盟观察团的海合会国家代表，对巴沙尔政府表达不满和施加压力；2月初，阿盟提出包括要求巴沙尔在2个月之内把总统权力移交副总统，开启权力过渡进程等在内的解决叙利亚问题的倡议，随后摩洛哥、卡塔尔等国在联合国安理会与英、法等国联署提出议案寻求支持。2013年以来，海合会连续在联合国大会和安理会推动谴责叙利亚巴沙尔政府的决议，通过“叙利亚之友”等渠道向叙反对派提供政治、经济和军事等多方面支持，呼吁美欧采取包括设立“安全区”在内的措施加大推翻叙政府的力度。在巴勒斯坦问题上，推动“哈马斯”和“法塔赫”在卡塔尔的多哈达成和解协议，推举阿巴斯出任巴勒斯坦民族权力机构主席；同时支持美国奥巴马政府第二任期以来积极斡旋巴以和谈。2014 年 7—8 月，以色列对“哈马斯”及其所在加沙地带进行轰炸之后，海合会支持埃及出面斡旋以巴实现停火。在伊朗问题上，当伊方威胁封锁霍尔木兹海峡时，海合会作为一个整体制定应对各种可能的突发情况的预案，其中包括成员国海军和海岸警卫队与美欧等西方国家的海军进行合作等措施；当伊朗持续推进核技术开发时，海合会国家应不断明确表示自身谋求开发核技术的意愿，并向美国施加压力，推动美欧通过制裁等手段阻止伊核技术的进展；特别是在 2013 年 11 月中美英法俄德与伊朗达成临时协议之后，沙特等国更是向美国表达不满和施加压力；当伊朗与美欧围绕禁止伊朗石油进出口问题展开博弈时，沙特等海合会成员表示需要时可以增加产能以保持国际油价稳定；这些立场和政策宣示成为影响伊朗问题走向的因素之一。

其次，顺势扩员，进一步加强一体化建设，增强集体应对变局的能力。海合会从建立至今，已经在关税同盟、共同市场、货币联盟、联合快速反应部队和共同防御等方面不断加强合作和一体化建设。正是这种不断增强的安全合作和集体防卫能力为它们比较有效地应对中东大变局提供了基础和保障。鉴于此，2011 年 5 月海合会在沙特首都利雅得首脑会议上做出扩员决定，宣布将吸纳摩洛哥和约旦。正如海合会秘书长扎耶尼在声明中所说：“约旦和摩洛哥与海合会成员国同祖同根、命运相连、制度相似、关系紧密，海合会对于两国申请加入的请求表示欢迎。”[①] 之前就曾提出过申请的摩洛哥将与海合会建立伙伴关系，而非正式成员；约旦则由于与该组织成员直接接壤并且在巴勒斯坦问题上具有重要影响，将成为正式成员。由此，海合会从海湾伸展到地中海东岸和北非地区，从次区域性机制向区域性机制转变，成为中东君主制国家和逊尼派国家加强合作、应对地区变局的一个重要平台。新老成员和伙伴之间发挥各自优势，加强合作互助，共渡难关。此前，海合会已向经济和社会问题比较突出的阿曼和巴林提供了200亿美元的援助，用于改善民生和应对危机；约旦的军队训练有素，曾派出800名士兵参与了海合会派往巴林的“半岛之盾”联合部队。2011年12月19日，沙特国王阿卜杜拉又在海合会首脑会议上，呼吁成员国建立更紧密的统一联盟关系，以应对不断增长的外在威胁。2012年5月，海合会在沙特首都利雅得举行首脑会议，讨论建立类似欧盟模式的“海湾联盟”（Gulf Union）的提案，包括扩大成员国之间的边境开放、创建地区联盟军队等。2013年6月，海合会负责经济事务的助理秘书长阿卜杜拉·希布里表示，年底在科威特举行的海合会首脑会议，将围绕金融监管、

① “新闻分析：海合会缘何踏上扩员之路”，新华网，2011年5月14日，http://news.xinhuanet.com/2011-05/14/c_121415871.htm。

电子政务、贸易便利、重大项目等经济一体化进程的重要领域，做出3项重大决议，在海合会金融市场设立投资基金的统一规则、海合会金融市场交易监管的统一规则、海合会国家电子政府战略指导文件。同时，首脑会议还将讨论海合会商业欺诈法、工业组织法修正案、海合会水务长期战略的研究报告。此外，海合会最高委员会还将研究海合会共同市场、关税联盟、货币联盟以及铁路网和电网项目的进展情况。

经过这些建设，海合会的自身实力和地区影响力都将进一步提升。

三、地区格局呈现“东升西降”态势

在中东地区，从地缘政治角度看，大致可以划分为两个重要的次区域：一是东部以海湾为中心的区域，包括伊朗、伊拉克和海湾合作委员会国家等，这个次区域的主要矛盾围绕逊尼派与什叶派、阿拉伯人与波斯人、沙特与伊朗、萨达姆时期的伊拉克与伊朗的利益角力，以及油气资源供应安全等问题展开。二是西部以巴勒斯坦为中心的地中海东岸的黎凡特区域，包括以色列、叙利亚、黎巴嫩、约旦等国，这个次区域的主要矛盾围绕阿拉伯国家与以色列的冲突与和平（核心是巴以冲突与和平）展开，北非的埃及、利比亚和阿尔及利亚等其他国家可以视为这个次区域的延伸。自1948年以色列建国以来，在中东地缘政治格局中，由于以巴以冲突与和平问题为核心的阿以冲突与和平问题长期占据中东政治和安全议程的核心地位，该地区最重要的地区组织阿盟也由埃及所主导（总部设在开罗；秘书长除1979年至1990年间由突尼斯人担任外，其余时间均为埃及人），所以以巴勒斯坦为中心的黎凡特区域一直在政治和安全上占据比较重要的地位。1991年海湾战争之后，随着美国在推进“西促和平”战略的同时，在海湾地区对伊拉克和伊朗实施“双重遏制”战略，并且要由此打造地区新秩序，中东地缘政治格局中的东西两个次区域开始逐步趋向平衡。2003年伊拉克战争爆发和伊拉克重建开始，特别是伊朗核问题日渐突出之后，这种平衡再度被打破，从之前的“西高东低”向“东高西低”转变，海湾地区在整个中东地缘政治格局中的重要性进一步上升。2010年中东大变局开始以来，由于突尼斯、埃及、利比亚等国率先发生政权更替，经济社会发展形势继续恶化，新的政治秩序构建面临诸多挑战，加上叙利亚政府与反政府力量的武装对抗久拖不决而使局势不断恶化，地中海东岸的黎凡特地区在混乱和动荡中进一步下沉。

相比之下，与前述海湾合作委员会在合力应对变局过程中提升地区影响力紧密相关，海合会新老成员和伙伴国首先凭借比较强大的经济实力以及相互支持，通过推进政治、经济和社会改革，基本保持了稳定。海合会原有的六个成员国占有42%的世界探明石油储量和24%的世界天然气储量；拥有伊斯兰金融资产3532亿美元，占世界伊斯兰金融资产的 42.9%；[1] 2011 年的国内生产总值（GDP）的总量达到 1.4 万亿美元。六个国家采取发放补贴、增加就业、改善民生等措施，缓和游行示威抗议民众的不满。例如，沙特投入 1300 亿美元，用于在全国内务部系统增加 6 万个就业机会，建造 50 万套住房，把公共部门的最低工资提高到每月 3000 里亚尔（折合 800 美元），实施新的失业救助计划；巴林在建造大批住房的同时，同样在全国内务部系统增加 2 万个就业机会；阿曼提高政府对商品的补贴和养老金水平，增加 5 万个就业机会；阿联酋则投入 16 亿美元修建基础设施，将军人的养老金提高 70%，并对面包和大米等食品提供补贴。[2] 这样大规模的投入和大力改善民生的努力加上其他的政治和安全措施，使海合会六国的动荡局势在 2011 年上半年较短的时间内就初步实现了稳定。以此为支撑，海合会对外展开积极作为，对整个地区局势走向施加影响，地位明显提升，如前文所述。

在海湾合作委员会的地位和影响力上升的同时，伊朗核问题和有关国际政治、经济、军事博弈继续呈现新态势。如后所述，在 2010 年 12 月开始的大变局中，伊朗像阿拉伯国家一样发生了改革派支持和领导的民众游行抗议示威活动。改革派领导人穆萨维等人被软禁之后，抗议示威活动

---

① "Top 500 Islamic Financial Institutions", *The Banker*, Nov. 2009，转引自姜英梅："海合会国家金融业对外合作及中国的机遇"，载《西亚非洲》2010 年第 10 期。

② Steffen Hertog, "The Costs of Counter-revolution in the GCC", May 31, 2011, http: //mideast. foreignpolicy. com/psots/2011/05/31/the_ costs_ of_ counter_ revolution_ in _the_ gcc.

逐渐平息。在伊朗执政者看来，这场大变局使得突尼斯、埃及、利比亚和也门等国政府更替，伊斯兰主义力量的政治地位和影响力大幅上升，是“反对世俗的亲西方政权的伊斯兰起义”，就连昔日的改革派领袖前总统哈塔米也声称“一个基于伊斯兰原则的新中东正在崛起”。这为伊朗利用其在伊斯兰主义网络中的特殊资源和渠道进一步提升地位及扩大影响创造了有利环境。特别是在利比亚卡扎菲政府被清除，叙利亚巴沙尔政府作为伊朗在中东地区的战略盟友面临越来越大的被更替的压力的形势下，伊朗更加积极而坚定地推进核技术开发，增加进行铀浓缩的离心机数量（国际原子能机构 2012 年 8 月 30 日发表报告认为，伊朗铀浓缩离心机数量自 2012 年 5 月以来已由 1064 台增加到 2140 台[①]），力求打破核垄断，增强维护国家安全的战略能力。同时，伊朗谋求改善与埃及的关系，加紧对叙利亚局势发展施加越来越大的影响。对此，美国奥巴马政府对伊朗在基本延续小布什政府在伊核问题上的“大棒加胡萝卜”的双轨政策框架同时，从小布什政府偏重使用“大棒”调整为“大棒”和“胡萝卜”并重，在明确划出对实施军事打击的“红线”（即伊朗决定制造核武器）之后，更多强调使用政治、经济、外交手段，对伊朗全方位施压。在美国及其盟友不断强化的全方位压力下，伊朗的经济社会发展面临的困难不断加重。但伊朗并未因此寻求妥协，而是通

① “美国称仍有‘时间和空间’和平解决伊朗核问题”，http：//www. cfen. com. cn/web/meyw/2012 -08/31/content_ 903619. htm。

过加快研制导弹和无人机、频繁军演等加强军事防卫能力，增加核技术开发设施，威胁封锁霍尔木兹海峡和对以色列及美国在中东的利益目标实施先发制人的打击，同时又保持战略克制，继续与国际原子能机构保持接触并表示愿意与美、英、法、俄、中、德等六国就核问题继续进行谈判等。2013 年 8 月 4 日，伊朗新当选的总统鲁哈尼上台执政后开始调整政策。他一就任便公开表示，制裁和威胁开战无法迫使伊朗妥协，与伊朗合作的唯一办法是在平等条件下进行对话，相互尊重，减少敌视；新政府将奉行缓和紧张、建立互信和建设性互动的对外政策。同时，鲁哈尼任命曾在美国丹佛大学留学的伊朗前常驻联合国代表扎里夫为外长，曾在美国华盛顿大学留学的商人默罕默德·纳哈万迪恩为首席幕僚。美国随即做出积极反应。2013 年 11 月 24 日有关伊核问题七方达成第一阶段协议之后，经过三次谈判延期，于 2015 年 7 月 14 日达成最终全面协议。协议由一个主要文本和五个技术附件，要点包括：伊朗重申在任何情况下都不会寻求、开发和获得任何核武器；成功落实全面协议将使伊朗在《不扩散核武器条约》相关规定下完全拥有和平利用核能的权力，伊朗的核计划也将与《不扩散核武器条约》其他签约国受到同样对待；伊朗将把离心机的数量削减 2/3，从约 1.9 万台减少至 6104 台；国际社会对伊朗的武器禁运将再持续 5 年；国际原子能机构人员可以在 24 天内进入伊朗境内被认为可疑的地点；国际原子能机构核实伊朗核计划的和平性质后，联合国、美国以及欧盟将解除对伊朗的经济和金融制裁；如果伊朗方面违反协议，相关制裁将在65天内恢复；伊朗有权对国际核查人员的核查要求提出异议，由伊朗和六国人员组成的仲裁机构将做出裁定；伊朗阿拉克重水反应堆将重建，仅用于和平目的。由此，伊朗不仅保留了核技术，而且将随着相关制裁放松而获得发展经济的机会，还将随着与西方国家关系的逐步改善迎来越来越大的国际发展空间，使其地区和国际地位进一步提高。2015年10月，核协议正式生效后。伊朗着手拆除大部分铀浓缩离心机，削减浓缩铀的储量，并改造阿拉克重水反应堆等。2016年1月16日，国际原子能机构经过核查之后发布报告，证实伊朗切实履行了核协议规定的相关承诺。随后，美国和欧盟相继宣布解除与伊核问题相关的多国和一国的经济和金融制裁。美、英、法、德、日、韩、印度等国纷纷开始改善对伊关系，伊朗的国际环境明显改善，其作为地区大国的发展潜力和地区影响力将逐步得到释放。这使得长期反对伊朗获取和保有核技术的沙特、以色列等中东地区主要国家加快调整政策加以应对，尤其是增大了沙特、阿联酋、埃及、土耳其等发展核能的动力。伊核问题继续高居中东地区政治乃至国际安全重要位置。

此外，伊拉克的安全局势受“伊斯兰国”影响而持续恶化，内部分裂加重。伊拉克的国土面积有44.18万平方公里，人口3250万。从地域划分看，北部摩苏尔地区在第一次世界大战后曾经是法国的势力范围，中部和南部在第一次世界大战后曾经是英国的势力范围。从民族划分看，全国总人口的73%左右为阿拉伯人，21%左右为库尔德人，库尔德人主要聚居在北部，与土耳其东南部、叙利亚东北部、伊朗西北部的库尔德人联系紧密；从教派划分看，全国人口95%左右为穆斯林，其中60%左右为什叶派、40%左右为逊尼派，什叶派聚居在南部，与伊朗这个什叶派大国的联系紧密。长期以来，伊拉克国内形成了北部库尔德人、中部逊尼派和南部什叶派各自相对集中而又彼此相对独立的政治结构。特别是在1991年第一次海湾战争之后，美国联合英国以保护库尔德人和什叶派穆斯林的安全为由，在伊拉克南北划定“安全区”和“禁飞区”，这在客观上加深了伊拉克三个部分之间相互隔离的状态。2003年美国小布什政府发动伊拉克战争，推翻萨达姆政权。之后，伊拉克制定新的宪法并通过选举组建了什叶派主导、逊尼派和库尔德人代表参与分权的政治架构。在此架构下，北部库尔德人的自治权进一步扩大。如前所述，自2012年11月以来，以总理马利基为代表的什叶派对逊尼派加以挤压甚至清洗，迫使逊尼派进行反抗。在此背景下，前述起初在伊拉克境内创立并开展活动，后到叙利亚境内壮大的“伊拉克伊斯兰国”，重新打回伊拉克西部以及北部库尔德人自治地区。随着“伊斯兰国”建立并于2014年5月第一次围攻伊拉克首都巴格达和6月攻占北部重要城市摩苏尔之后，伊拉克马利基政府请求美国等提供空袭支援。2014年8月，美国奥巴马政府下令开始对伊拉克境内的“伊斯兰国”等激进暴恐势力进行大规模空袭。英国、法国、加拿大等美国的西方盟国和沙特、阿联酋等美国的地区伙伴先后参与空袭行动。同时，美国和德国等开始为库尔德人武装提供军事援助，支持他们同伊拉克政府军一起抗击“伊斯兰国”。在此过程中，库尔德人的军事力量增强，影响力增大。“伊斯兰国”在伊拉克政府军和美国主导的全球反恐联盟的共同打击下，地盘大幅收缩，人员严重减损，转移到政府军控制地区制造一系列暴恐袭击。如果“伊斯兰国”像一个国家实体一样横跨伊拉克和叙利亚长期存在和运转，那伊拉克就可能在事实上逐步分割为“伊斯兰国”占据的西北部、库尔德人自治的北部、伊拉克什叶派主导的政府治理的中南部的三分格局。即使“伊斯兰国”势力被严重削弱，如何缩小已经严重加剧的分裂而实现民族和解团结将是伊拉克政府长期面临的重大难题。

所有这些因素使得海湾在整个中东地区乃至国际政治和安全议程中的重要性不断增高，中东地缘政治格局中“东升西降”的态势变得越来越突出。在此过程中，2012 年 11 月，以色列对巴勒斯坦的加沙地带发动代号为“防务支柱”军事行动，巴勒斯坦随后争取成为“联合国观察员国”。2013 年 7 月，巴以在美国奥巴马政府的大力推动下重启直接秘密谈判，2014 年 4 月巴以秘密谈判失败。2014 年 7—8 月，以色列对巴勒斯坦“哈马斯”发动代号为“护刃行动”的长达 50 天的军事打击，之后双方又因以色列在巴勒斯坦被占领土上修建犹太人定居点和遭受来自巴勒斯坦人的爆炸袭击。但这些事态均未能大幅推升巴以问题在中东地区政治议程上的位置。

四、 逊尼派与什叶派矛盾持续加剧

逊尼派与什叶派的分裂和斗争始于公元 7 世纪后期，之后贯穿于世界和中东地区范围内两大派别的影响力角逐，以及伊斯兰国家内部执政与被执政地位、重大经济利益的占有与被占有的争夺。从世界范围看，逊尼派和什叶派在全体穆斯林人口中分别占 90% 和 10% 。从中东地区看，伊朗、伊拉克、巴林是什叶派占全国人口多数的国家，所占比例分别约为 91% 、54. 5% 和 75% ，但巴林却是占人口少数的逊尼派（25% ）居于执政地位；沙特、阿联酋、科威特、卡塔尔、摩洛哥、叙利亚、埃及、阿尔及利亚、土耳其则是逊尼派占全国人口多数的国家，所占比例分别约为 87% 、96% 、70% 、84% 、99% 、74% 、94% 、99% 、91% ，而叙利亚则是占人口少数的什叶派（约 16% ）居于执政地位；在逊尼派占据执政地位的海湾合作委员会国家都存在一定比例的什叶派人口，且多分布于石油资源的集中地区。这就使得逊尼派与什叶派的角力不仅有宗教教派之间“唯一正统性”之争的含义，更有现实的政治和经济利益之争的含义，以及地区影响力和主导权之争的含义。这种角逐和争夺尽管表面上出于政治正确等方面的考量而被有意回避或刻意淡化，却始终是在深层次上牵引中东国家间关系和力量组合变动的重要根源。在历史上，海湾合作委员会1981年正式建立之时，正值伊朗1979年伊斯兰革命成功之后开始向外输出革命，并在1980年与伊拉克爆发战争的期间，沙特等国担心伊朗支持他们国内的什叶派推翻逊尼派的执政地位，所以决定联合起来共同抵御伊朗对其他海湾阿拉伯国家的渗透和防止伊朗在海湾地区坐大。特别是1987年7月31日，数千名伊朗朝觐者高举霍梅尼的像，在沙特麦加的大清真寺高呼反对美国和反对以色列的口号，焚烧美国总统里根的模拟像。沙特认为这是对伊斯兰教圣地的亵渎和玷污行为，政府调动大批军警才平息事态。伊朗最高精神领袖霍梅尼则发布宗教法令，严厉抨击沙特代替美国和以色列镇压伊斯兰革命，是美国和以色列的“走狗”。后来，在海合会成员国内部的多次骚乱事件中，沙特等国都认为有伊朗支持的“什叶派第五纵队”参与其中。2003年美国发动伊拉克战争导致什叶派上台执政，伊朗凭借与伊拉克什叶派之间千丝万缕的深厚联系不断扩展在伊拉克的利益，明显增加对伊拉克局势走向的影响力。随后，伊朗还进一步加强了与叙利亚和黎巴嫩“真主党”的关系。这使得沙特、约旦等逊尼派执政的国家感到由伊朗、伊拉克、叙利亚和黎巴嫩组成的“什叶派新月带”势力在快速扩张。

2010年底中东大变局发生以来，多个国家政府与反政府之间的对抗实际上主要就是逊尼派与什叶派围绕执政权的争夺，诸如沙特、约旦和科威特等国是什叶派为主的民众走向街头对逊尼派主导的政府表示抗议示威，巴林是什叶派寻求把属于逊尼派的哈马德家族赶下政坛，叙利亚的斗争格局则是以逊尼派为主的反对派要从属于什叶派（其中的阿拉维派）的阿萨德家族手中夺取政权，就连伊拉克在美军撤离之后逊尼派与什叶派之间的权力斗争也不断凸显。伊朗认为这是“反对世俗的亲西方政权的伊斯兰起义”，“一个基于伊斯兰原则的新中东正在崛起”，并通过什叶派网络扩大影响。这使得沙特等逊尼派执政国家对伊朗影响力扩大的担忧达到了“狂热的高度”[①]，力图通过加强海合会成员以及其他逊尼派国家之间的协作来进行抵御。这就使得以沙特等国为中心的逊尼派与伊朗引领的什叶派之间的较量表面化和扩大化，在多个问题上的分歧、博弈、摩擦和冲突增多。例如，在叙利亚问题上，逊尼派占据执政地位的海湾合作委员会新老成员国联合起来积极参与阿拉伯国家联盟对叙的经济制裁和外交孤立，一致要求属于什叶派的巴沙尔政府下台。伊朗则联合黎巴嫩“真主党”组织军事力量进入叙利亚，帮助巴沙尔政府从2015年开始逐步扭转在战场上的颓势，防止逊尼派力量在叙上台指正。在巴勒斯坦问题上，2012年2月，逊尼派居主导地位的卡塔尔出面斡旋推动“哈马斯”和“法塔赫”在多哈签署和解和组建联合政府的协议，据此“哈马斯”支持“法塔赫”领导人阿巴斯出任巴勒斯坦民族权力机构联合政府总理，

① Frederic Wehrey, “Uprisings Jolt the Saudi-Iranian Rivalry”, *Current History*, December 2011, p. 353.

力图削弱伊朗所代表的什叶派对巴勒斯坦尤其是“哈马斯”大本营加沙地带的影响。10 月，卡塔尔领导人访问加沙，推进与“哈马斯”的合作。在也门问题上，如前所述，2015 年 3 月，沙特组建了号称有 10 个逊尼派国家组成的阿拉伯联军对也门的胡塞武装实施代号为“决定性风暴”的军事行动和代号为“重建希望”的外交行动，一个重要目标就是阻止伊朗支持同属什叶派的胡塞武装取得也门政权，防止什叶派力量进一步扩大。2016 年 1 月 2 日，沙特以触犯恐怖主义罪处死什叶派教士尼米尔，伊朗最高领导人哈梅内伊表示沙特将面临“神圣报复”，“这位传教士的血债将会被很快偿还”。随后，沙特与伊朗宣布断绝外交关系。

综合起来看，逊尼派以前述海湾合作委员会权势上升为依托，在应对中东大变局的过程中持续扩展影响力；相比之下，什叶派则借叙利亚危机，以伊朗核问题突破和有关国际制裁放松为契机，继续保持伊拉克战争以来的扩张态势，这使“中东陷入了一场类似——但规模超过——欧洲前威斯特伐利亚宗教战争的对抗”,[①] 两大教派的矛盾对中东格局变动的影响变得越来越突出。

五、 地区力量格局牵动力增大

从历史上看，中东地区形势发展的大局在冷战时期主要由美苏相互钳制所决定，在后冷战时期则由美国主导、

① Henry A. Kissinger, *World Order*, Penguin Press, New York, 2014, p. 144.

其阿拉伯盟友追随共同推动。如今，由于区域外主要力量主导意愿和能力相对减弱，海湾合作委员会成员引领阿盟在变局应对中越来越活跃，这使中东局势发展呈现地区主要力量的主导作用不断上升的新趋向。就国家而言，沙特、伊朗、土耳其和以色列四国的表现尤其突出。

如前所述，海湾合作委员会在变局应对中扩展权势，无论是阿拉伯君主制国家联合巩固政权，还是逊尼派协同遏制“什叶派新月带”壮大，亦或是该组织乘势提升在地区事务中的地位，这在相当程度上都充分体现了该组织的主导国家沙特的战略意图和政策取向。换言之，海湾合作委员会在多个方面的权势跃升就等同于沙特在地区范围内多个方面的权势提高。而沙特作为中东地区的主要大国的权势扩展，首先就导致其与伊朗在海湾乃至整个中东地区由来已久的角逐，在此轮中东变局的演变过程中明显加剧。正如一位沙特官员所概括阐述的，沙特对伊朗的战略是“在海湾接触、在黎凡特击退、在伊拉克遏制”。[1] 一方面，沙特和伊朗两国在伊斯兰国家和海湾国家这个共同属性的基础上，保持了一定程度的接触和交流，诸如沙特支持伊朗开发民用的核技术，伊朗情报部长曾在 2011 年访问沙特寻求缓和紧张关系。但是，在另一个方面，双方则基于逊尼派与什叶派、阿拉伯人与波斯人、君主制与共和制、“亲美”与“反美”等多维度的明显差异，在叙利亚、巴林、

① Frederic Wehrey, “Uprisings Jolt the Saudi-Iranian Rivalry”, *Current History*, December 2011, p. 353.

也门等国政府的去留问题上，在埃及“穆斯林兄弟会”、巴勒斯坦“哈马斯”、黎巴嫩“真主党”、突尼斯“伊斯兰复兴党”等伊斯兰主义力量的政策走向等方面展开激烈角逐。例如，2011年，沙特曾向埃及武装部队最高委员会主导的过渡政府提供了40亿美元的援助，同时通过慈善网络向埃及“萨拉菲派”穆斯林提供支持，以抑制伊朗的渗透，防止埃及新政府的对外政策进一步倒向伊朗。2015年1月，沙特国王阿卜杜拉逝世，萨勒曼继承王位。他就职后不久就在内政外交上连续出击，以巩固“中东稳定之锚”和“阿拉伯盟主”的地位。对内，萨勒曼国王于2015年4月改革内部权力结构，终结延续了70多年的“兄终弟及”制，将王位继承权转移至第三代亲王，分别任命亲侄子穆罕默德·本·纳伊夫为王储兼内政部长、亲儿子穆罕默德·本·萨勒曼为副王储兼国防部长；同时，合并裁撤一些行政机构，新设立“政治和安全委员会”、“经济和发展委员会”，分别由小纳伊夫和小萨勒曼负责。2016年5月，沙特推出名为“2030年愿景”的庞大改革计划。该计划着眼于改变过度依赖油气开发的经济结构、扭转石油收入持续下降导致财政赤字大幅上升（2015年财政赤字高达1300亿美元，占GDP19.5%）的局面、打造一个“后石油时代”的新沙特，要在未来15年内，在经济、社会、环境、宗教多个领域实施一系列改革，包括鼓励中小企业发展，使之对国内生产总值（GDP）的贡献率增至35%；实施“国家转型计划”，扩大投资能力，出售国家石油公司股权，建立世界最大的主权投资基金（规模达到2万亿美元）；大力发展矿业、新能源，将油气和国防工业本地化水平分别提升到75%和50%；改善营商环境、电子基础上设施、经济管理，建立经济特区，使外国直接投资和私营经济在国内生产总值（GDP）所占比重分别达到5.7%和65%；致力于开辟税收来源，减少政府补贴，减少失业人数，促进女性参与工作，发展旅游和文化娱乐活动等等。对外，沙特完全改变过去不挑头、不冒险的特点，高调介入地区事务，积极谋求在阿拉伯世界、伊斯兰世界的领导地位，与其最重要的盟友美国奥巴马政府的中东政策拉开一定距离。特别是在2015年伊朗核协议签署之后，如前所述，沙特更加明确地将遏制伊朗及其领导的什叶派势力范围扩大作为首要地区战略目标，以海湾合作委员会为核心平台，于2015年12月15日宣布组建由沙特、埃及、土耳其、巴基斯坦、卡塔尔、阿联酋、马来西亚等总共34个国家参加的“伊斯兰国家反恐军事联盟”，在利雅得设立“联合行动中心”，以加强军事协调，共同打击面临的一切恐怖主义组织。在叙利亚、伊拉克、巴林、黎巴嫩、也门、利比亚、埃及、阿富汗等问题上与伊朗争夺影响力。同时，萨勒曼国王调整前任长期敌视“穆斯林兄弟会”势力的政策，改善与卡塔尔和土耳其这两大“穆斯林兄弟会”支持国的关系，在支持叙利亚反对派和对抗伊朗等问题上加强合作。2015年2月和3月，沙特先后邀请卡塔尔埃米尔塔米姆和土耳其总统埃尔多安到访，7月萨勒曼国王亲自接见与“穆斯林兄弟会”紧密相关的巴勒斯坦两大政治力量之一“哈马斯”。与沙特针锋相对，伊朗同样不断出击。2015 年 5 月，伊朗最高精神领袖外事顾问、前外长韦拉亚提访问黎巴嫩和叙利亚，重申对什叶派盟友的支持；9 月，伊朗加入俄罗斯主导、叙利亚和伊拉克参加的反恐情报中心；11 月底，韦拉亚提再度到访大马士革并表示支持叙利亚是伊朗的义务。同时，伊朗抓住国际制裁放松和外部环境改善的有利条件，积极寻求推进改革和发展经济。2016 年初，鲁哈尼政府推出“第六个五年计划（2016—2021）”，力图从油气部门和吸引外资方面实现突破，使年均经济增长达到 8%、失业率和通货膨胀率下降到个位数、石油收入在政府预算中所占比重到 2012 年降低到 22%。由此，沙特与伊朗之间的多方位竞争成为牵动中东地区大国关系和叙利亚等国局势发展的一条主线，使得整个地区范围内形成以沙特、埃及、土耳其、约旦等逊尼派国家和以伊朗、伊拉克、叙利亚、黎巴嫩等什叶派国家为另一方的分野。

在沙特和伊朗角逐的同时，中东地区的另一个重要力量土耳其，在埃尔多安领导的正义与发展党执掌下，不断调整内外政策，持续搅动地区局势发展。[①] 从伊斯兰主义政党脱胎而来的正义与发展党成立于 2001 年，在 2002 年赢得议会选举近 2/3 多数，独立上台执政。之后，该党又连续

① 关于土耳其内政外交面临的问题、挑战及其政策调整，可参阅李秉忠、［英］菲利普·罗宾斯：“土耳其埃尔多安政权的强势治理及其脆弱性”，载于《现代国际关系》2016 年第 11 期，第 31—39 页；唐志超、张瑞华：“迷失在中东旋涡中的大国梦”，载于《当代世界》2015 年第 12 期，第 12—15 页。

在2007年、2011年赢得议会选举胜利，经历2015年6月议会选举中丢失多数党地位的挑战之后，又在当年11月举行的第二次议会选举中重新获得单独组阁权。该党领导人埃尔多安在连续担任两届总理之后，于2014年赢得总统选举胜利而转任总统，然后抓住2016年7月15日军人发动政变未遂这一重要机会，在政界、军界、司法界、文化教育界等进行大规模政治清洗，快速强化权力，并顺势推动土耳其大国民议会于2017年1月21日通过了包含实行总统制在内的宪法修正案。按照此修正案规定，如果该宪法修正案获得全民公投通过而开始实施，那么土耳其的政治体制将从议会制改变为总统制，正义与发展党和埃尔多安总统的权力将得到进一步强化。土耳其将继续朝着埃尔多安和正义与发展党所提出的宏伟目标前进，即在21世纪初“黄金十年”（2002年到2014年，国内生产总值从1960亿美元增加到8100亿美元，人均国内生产总值超过1万美元）的基础上，到土耳其共和国建立100周年（2023年）时，经济进入全球前十名，人均国民收入达到2.5万美元等。在此过程中，土耳其的对外政策，一方面坚持国家利益至上，与美国保持战略伙伴关系；继续争取加入欧盟，但不再强调脱亚入欧；面向亚太，积极发展与中国、印度、日本等国的伙伴关系，积极谋求成为上海合作组织的正是成员，成功主办二十国集团的安纳托利亚峰会。另一方面，埃尔多安政府抓住中东大变局之机，大幅改变之前对周边中亚、高加索、东南欧等国家的睦邻外交和“零问题外交”，转而大力实施“东进”和“南下”战略，积极介入利比亚、埃及、突尼斯、叙利亚等国爆发的危机和伊朗核问题的谈判，力图推销土耳其的世俗民主模式，提升地区大国地位，一度被认为是“‘阿拉伯之春’最大的赢家”，“在阿拉伯事件中扮演了‘最具有建设性的角色’”。[①] 但是，随着地区局势的发展，土耳其除了与美欧围绕难民收留、在叙利亚和伊拉克的军事介入、军事政变引发的引渡居伦和死刑等问题龃龉不断之外，在多个地区问题上陷入窘境，外交经历曲折。在埃及问题上，穆巴拉克政府被推翻之后，“穆斯林兄弟会”及其注册成立的“自由与正义党”支持穆尔西赢得民主选举而出任总统，埃尔多安对此高调予以支持。但穆尔西政府在执政一年之后被国防部长塞西领导的军人二次革命终结，这使土耳其支持埃及“穆兄会”的政策严重受挫。在叙利亚问题上，土耳其完全改变之前对叙关系的“热恋”状态（时任总理埃尔多安称叙利亚总统巴沙尔为兄弟），同沙特等海合会国家采取一致立场，都明确要求巴沙尔总统下台，使土成为叙利亚反对派的大本营，并敦促美欧支持在叙利亚北部沿土耳其边境开通人道主义救援走廊。特别是在2012年其飞机被叙利亚政府军击落，其靠近叙利亚的边境地区遭到来自叙方的炮击之后，土耳其在进行还击的同时，更是摆出要军事干预叙利亚的架势。随着2015

① “2011: Annual Arab Public Opinion Survey”, Survey conducted October 2011 in Egypt, Jordan, Lebanon, Morocco and UAE, Anwar Sadat Chair for Peace and Development, University of Maryland, November 21, 2011, http://www.brookings.edu/reports/2011/1121_arab_public_opinion_telhami.aspx.

年叙利亚北部的库尔德人武装力量壮大及其对土耳其境内库尔德工人党的鼓舞作用增大，从叙利亚涌入的难民高达180万左右并成为激化土耳其与欧盟矛盾的爆发点，埃尔多安政府于2015年7月25日对其认定的叙利亚境内的“伊斯兰国”目标发动空袭。但在2016年7月15日未遂军事政变之后，埃尔多安政府继续保持在叙利亚北部的军事存在，同时调整之前要求巴沙尔政府下台的立场，转而与俄罗斯共同推动叙利亚政府和反对派于2017年2月在哈萨克斯坦阿斯塔纳进行谈判。在俄罗斯积极介入叙利亚危机的问题上，埃尔多安政府与普京政府在巴沙尔总统去留等一系列问题上一直严重对立。2015年9月，俄罗斯扩大对叙利亚危机的军事介入，持续加大对巴沙尔政府的政治和军事支持力度，并联合伊朗和黎巴嫩“真主党”帮助叙利亚政府军逐步扭转战场颓势，打击土耳其支持的叙利亚反对派武装力量，允许土耳其视为恐怖组织的叙利亚“库尔德民主联盟党”在莫斯科开设办公室，这使土俄政治对立持续加重、爆发军事摩擦的危险明显上升。2015年11月24日，土耳其军机击落俄苏－24战斗机，土俄关系跌入谷底，双方围绕制裁与反制裁展开较量。在2016年7月15日未遂军事政变中，普京公开表态支持埃尔多安政府，双方通过外长沟通和元首会晤快速实现关系转圜。在伊朗核问题上，土耳其反对美欧对伊实施石油禁运，公开表示愿意在伊斯坦布尔承办有关伊核问题的“6＋1”（中、美、英、法、俄等安理会五个常任理事国，加上德国）谈判。随着伊核协议签署，特别是在2016年“7·15”军事政变中，伊朗总统鲁哈尼致电埃尔多安明确表示支持，这为土伊进一步改善关系创造了条件。在有关以色列的一系列问题上，土耳其顺应阿拉伯国家民众不断释放张扬的反以情绪和反以的伊斯兰主义力量政治地位上升的趋势，对以色列采取强硬态度，包括2011年明确支持巴勒斯坦谋求加入联合国的努力和成为联合国教科文组织的成员；对以色列拒绝就2010年5月发生的袭击加沙人道主义救援船只事件进行道歉进行惩罚，将土以外交关系由大使级降至二秘级，同时暂停与以色列之间已经签订的所有军事协议等，由此导致土以关系持续恶化。然而，随着2015年土耳其外交困局加重，埃尔多安政府于2016年6月27日与以色列达成协议，实现外交关系正常化。经过这一系列内外政策调整和对外关系举措，土耳其在应对国内重重挑战的过程中，给中东地区造成一波又一波冲击。

在沙特、伊朗、土耳其之外，还有一个重要力量影响着中东地区局势的发展，这就是以色列。面对这场大变局，由右翼强势主导的以色列内塔尼亚胡政府总体上采取不介入、不评论的政策，但对威胁以方安全的力量则坚决打击。一方面，以色列积极寻求美国增加军事援助，不断加强自身国防建设；保持对加沙地带“哈马斯”的经济封锁和军事打击，不顾巴勒斯坦人的反对，不断推进在约旦河西岸的定居点建设；对叙利亚和黎巴嫩的伊斯兰极端势力发展保持高度警惕，不时发射导弹予以精确打击，仅2015年就数次空袭在叙利亚境内活动的黎巴嫩“真主党”武装，铲除对以色列本土的威胁。另一方面，以色列把伊朗核问题视为首要战略威胁，通过加紧军事打击准备和外交努力推动美欧对伊朗实施严厉的全方位制裁；利用沙特与伊朗之间的矛盾，与沙特在遏制伊朗核武野心等方面保持默契与暗中合作。仅从2014年初到2015年6月，以沙两国就进行了五次“秘密会谈”。即使在伊核协议达成之后，这些努力也没有放弃。此外，以色列还积极保持和发展同埃及、约旦、土耳其这三个中东建交国家的关系，力图打造一个“安全稳定带”。对埃及从穆巴拉克政府到穆尔西政府的变换，以色列保持克制；在塞西政府上台之后，以色列抓住时机扩大合作，提供政治、经济、军事支持。同约旦共同启动招标建设“红海—死海”输水管道建设工程，在供水保障问题上加强合作。对土耳其，内塔尼亚胡总理2013年3月就2010年发生的人道主义救援船事件向土耳其表示道歉，赢得土耳其总理埃尔多安的接受，推动对以土关系改善，并如前所述最终于2016月6月实现关系正常化。

总之，在沙特、伊朗、土耳其、以色列这四个重要力量纷纷调整政策和积极开展地区外交的背景下，中东呈现沙、伊、土、以四国交互联动、纵横捭阖、多重折冲、主导地区格局走向的态势。由于沙特、土耳其和以色列在不同程度上均为美国的盟友，尽管他们与美欧存在各种分歧并不时激化矛盾，但他们在应对地区大变局的过程中，总体上都寻求与美欧相互借助和展开合作，美欧等则支持这些地区伙伴在地区事务中发挥更大的作用，特别是充分利用它们的力量来应对伊朗构成的严重挑战和打击“伊斯兰国”等极端主义势力。这就使得沙特、伊朗、土耳其、以色列等重要地区国家的影响力不断上升，与美欧等区域外国家的介入意愿、决心和力度明显减弱形成了鲜明对比。但是，由于这些地区主要国家相互之间仍存在多种严重分歧，这又使得他们不可能彼此协调而形成合力，从整体上制约了他们在地区格局的变动中发挥更大的作用。

第四章　大变局背景下美国中东战略的调整

在中东大变局持续六年多的演变过程中，美国的中东战略始终是一个重要因素。一方面，由于美国自1991年海湾战争以来就独步中东，长期在该地区拓展和维护其“至关重要”的利益，特别是小布什总统在2001年“9·11”事件后推行“民主改造”政策，从政治、经济、社会、文化和军事等多个方面，极力推动中东国家发展民主，所以美国因素在一定程度上被认为是引发中东大变局的重要外部因素。另一方面，中东大变局在持续冲击该地区各国发展方向和冲刷地区政治版图的同时，同样对在该地区广泛存在的美国多方面利益持续造成重大影响。2012年6月，美国前国务卿康德多莉·赖斯把这场大变局（美国认为是反独裁和反暴政的民主运动，称之为“阿拉伯之春”），同“9·11”事件、全球经济和金融危机并列为进入21世纪以来国际体系和美国遭受的“三次重大冲击”。[①] 综合这两个方面，可以说，美国的中东战略及其持续调整与中东大变局息息相关，在经受地区局势变动冲击的同时又影响地区

① Condoleezza Rice, “Leadership: America's Critical Foreign Policy Role”, http://www.heritage.org/research/lecture/2012/06/leadership-americas-critical-foreign-policy-role.

局势的变动。

一、 美国在中东具有重大的战略利益

美国在中东广泛而深刻的存在及其政策始于美国在这个地区所具有的重大战略利益。

美国在中东的重要战略利益由来已久，自第二次世界大战结束前后全面进入中东，其在该地区的利益就不断扩展增大。冷战结束和苏联解体后，美国成为世界唯一超级大国并在1991年海湾战争之后确立了其独步中东的地位。中东在美国全球战略中的重要价值逐步被界定。1990年，老布什政府发表的《美国国家安全战略》报告指出，“自由世界”对中东“这一关键性地区能源供应的依赖，以及我们与这一地区许多国家的密切关系，继续构成美国的重要利益”。[1] 1999年，克林顿政府发表的第二份战略报告即《新世纪国家安全战略》，充分体现了经过冷战后近10年繁荣发展而达到权力顶峰的美国的全球霸权思想。该报告明确指出，中东等地区的发展局势将深刻影响美国的未来；将决定以色列和阿拉伯国家之间能否实现公正、持久的和平；将深刻影响这些地区的国家是否会全面加入美国打击恐怖主义和贩毒的斗争；将深刻影响这些地区的国家是否会同意停止扩散大规模杀伤性武器（WMD）。[2]

---

① 梅孜：《美国国家安全战略报告汇编》，时事出版社，1996年版，第158页。

② *A National Security Strategy for a New Century*, The White House, December 1999, pp. 41 - 42.

进入21世纪，特别是“9·11”事件后，美国对中东地区的重视程度进一步提升。小布什政府在其执政的八年期间，一直明确把中东乃至“大中东”（包括阿富汗和巴基斯坦）视为美国国家安全战略的重点所在。2009年奥巴马总统在金融危机的背景下上台，他在积极寻求推进国内“变革”的同时，把“负责任地结束伊拉克战争并将注意力重新集中到范围更为广阔的中东”作为“重振美国在世界上的领导地位”的优先事项。[①] 2010年5月，奥巴马签署发表的《国家安全战略》报告明确指出，美国在中东地区存在重大利益，包括：“与亲密盟友以色列在众多事务上的广泛合作，以及对以色列安全所做的坚定承诺；满足巴勒斯坦人民实现建国、获得机遇等合法诉求，发挥巴人民的卓越潜能；伊拉克的安全、统一以及建立民主和重新融入地区社会；促使伊朗改变谋求拥核、支持恐怖主义、威胁邻国的政策；防扩散；推动反恐合作、获得能源并使该地区融入国际市场”。[②] 由此看来，自冷战结束以来，美国在中东地区的利益界定变得越来越清晰而且具体，实现这些利益目标的基本路径也相应变得比较清楚。2012年1月，奥巴马总统亲自参与修改并签署发表了美国国防部制定的报告《维护美国全球领导地位：21世纪的国防优先次序》。该报告指出，美国在中东地区的目标是“打击暴力激进主

① Barack Obama, “Renewing American Leadership”, *Foreign Affairs*, July/August 2008, p. 4.

② *National Security Strategy* [R], *May* 2010, http: //www. whitehouse. gov/sites/default/files/rss viewer/national security strategy. pdf, p. 24.

义者和对抗破坏稳定的威胁，同时继续履行对其盟友和伙伴的义务。美国一个特别重要的关切是弹道导弹和大规模杀伤性武器的扩散（WMD）。为此，美国的政策将强调海湾地区的安全，将在适当的时候与海湾合作委员会国家合作，阻止伊朗发展核武器能力，制约其破坏稳定的政策。与此同时，美国将履行帮助维护以色列安全和促进全面中东和平的义务。为了实现这些目标，美国将在该地区范围内及该地区周边的伙伴国家的支持下，继续注重保持美国和盟友军事力量的存在”。[①] 2013 年 9 月，奥巴马总统在联合国大会上发表讲话，宣布美国在中东拥有四个方面的核心利益（Core Interests），即抵御外部对盟友和伙伴的侵犯、确保能源从中东地区自由流向全世界、铲除恐怖主义网络、防止大规模杀伤性武器扩散。这些利益是美国准备使用包括军事力量在内的所有力量手段保卫的利益。[②] 2014 年 3 月，美国国防部发表的《四年防务评估报告》从安全角度指出，“美国在中东具有持久的利益，将为其在该地区的伙伴的安全履行全面的义务。美国将在海湾地区保持强有力的军事存在，以便能够迅速对危机做出反应，威慑侵略，使盟友和伙伴放心，同时还要确保美军持续增强应对新威胁的能力。”“美国加强全球安全，不仅是要确保盟友和伙

① “*Sustaining U. S. Global Leadership: Priorities for 21st Century Defense*”, http: //www. defense. gov/news/Defense_ Strategic_ Guidance. pdf.

② *Remarks by President Obama in Address to the United Nations General Assembly*, 美国政府白宫的网站, http: //www. whitehouse. gov/the-press-office/2013/09/24. remarks-president-obama-address-united-nations-general-assembly.

伴的安全，增强它们的能力；而且是要通过在像中东和北非那样的地区慑止冲突和加强稳定，来保护美国本土的安全。美国把力量投放到像也门、阿富汗、马里那么遥远的地方去打击恐怖主义的能力，增强帮助伙伴反恐和反大规模杀伤性武器扩散的能力，都有助于降低美国本土遭受这些威胁的可能性。”①

从上述对有关文献的梳理可以清楚地看出，美国不同时期的不同政府对其在中东地区利益的表述和轻重缓急的优先顺序有所差异，强调的重点有所变化，比如小布什政府第一任期和第二任期的首要任务分别是反恐和结束伊拉克战争；奥巴马政府上台之初把推进以巴和平进程和撤出伊拉克放在更为优先的位置上，中东大变局发生之后则更加重视整个地区的政权更替情况、更加重视其盟友和伙伴的安全状况、海湾地区的安全和伊朗问题等。但概而言之，从正面意义上看，美国在中东的利益主要包括石油的出口、以色列的安全、阿拉伯盟友的稳定和安全、防止大规模杀伤性武器扩散、推广自由民主共五个方面；从反面意义上看，美国在中东面临的威胁主要来自恐怖主义、伊斯兰主义、阿拉伯国家的不稳定和内部冲突等三个方面。正由于此，在过去 70 年左右的时间里，对于任何一位美国总统来说，中东都“一直是个重要挑战，在几乎所有情况下，不仅是一个地缘政治威胁的根源，而且是一个使人感到沮丧的长期因素，更不用说还是在美国

① *Quadrennial Defense Review* 2014，美国国防部的网站，http：//www. defense. gov/pubs/2014 – Quardrennial_ Defense_ Review. pdf.

国内政治斗争中要加以管理的极其困难而敏感的问题”。[①] 再进而言之，美国在中东的利益和面临的威胁集中于地缘、能源、安全三个方面。地缘政治因素是美国构建其全球战略最基本的依据。从这个方面看，中东是美国全球战略的支轴所在。能源因素同地缘因素紧密关联，既是美国自身霸权的支撑点，也是主要大国战略角逐的焦点。从这个方面看，中东能源是美国维护全球霸权的战略杠杆。安全因素是指大规模杀伤性武器扩散和恐怖主义相结合，这直接危及美国在中东的切实利益乃至美国的海外利益和本土安全，并最终动摇美国全球霸权的根基。美国在中东地区的最终目标不仅在于实现和确保其在该地区的上述利益目标，更在于藉此获得对欧盟、日本、俄罗斯、中国、印度等其他战略力量的显著优势甚至制约手段，以维护和巩固其全球霸权地位。所以，尽管近年来由于美国内政和地区局势的变化，美国在中东的利益的侧重点以及不同利益点的重要性和轻重缓急程度发生变化，但总体利益考量尚未发生重大变化。从战略层面看，美国若要想继续维护其“全球领导地位”，就难以不重视中东。

二、 美国重大战略利益遭受挑战

由于上述重大战略利益的存在，冷战后美国历届政府从老布什到克林顿再到小布什，无论是主动出击还是被动

① Kenneth M. Pollack, *A Path Out of the Desert: A Grand Strategy for America in the Middle East*, Random House, New York , 2008, p. x.

卷入，都不得不对中东事务给予高度重视。奥巴马政府也不例外，2009 年上台执政不久就出访中东。2010 年底，正当奥巴马政府分阶段从伊拉克撤走全部美军作战部队，积极寻求推动以巴和谈，以及美国、英国、法国、俄罗斯、中国等联合国安理会五个常任理事国加上德国与伊朗（5 + 1 + 1）就核问题展开新一轮谈判之时，中东大变局首先从突尼斯爆发，紧接着就迅速席卷其他阿拉伯国家乃至更为广阔的地区。尽管从小布什政府开始，美国就持续致力于通过政治施压、经济援助利诱、军事打击、文化输出等多种手段推动中东地区实现“民主变革”，这场变局部分也是美国推动的结果，美国对变局的发生也有所预见，但总体看，这场变局发生的时机、形式、烈度和随后带来的效应仍然出乎美国政府的预料。因此，当这场大变局在 2010 年 12 月开始时，美国在中东地区的上述重大战略利益和政策议程还是首当其冲地遭受了严重挑战。从六年多来局势的演变看，美国在中东的现实利益有四个方面所受损失或挑战比较突出：

第一，阿拉伯盟友的稳定与安全遭到破坏，与美国的分歧不断扩大。在中东的阿拉伯国家中，海湾地区的沙特、科威特、阿联酋、巴林、也门、阿曼、卡塔尔和“后萨达姆时代”的伊拉克等国，以及地中海东部的约旦和北非的埃及、摩洛哥、突尼斯等国堪称美国的盟友，或至少是与美国等西方国家保持友好合作关系的国家。其中，沙特、巴林、埃及、约旦和伊拉克等对美国的重要性相较于其他国家尤显重要。突尼斯的本·阿里政府1987年上台以来就一直奉行“亲西方”的政策，被欧美视为新自由主义的“好学生”和北非国家学习的典范。利比亚卡扎菲政府2003年底用主动放弃大规模杀伤性武器换来与欧美关系的改善，2005年开始与美国恢复外交关系，2008年美国对利派出大使，利比亚甚至被塑造成接受美国布什政府“改造”的“好榜样”。美国要推行其中东战略和维护其主导地位，需要得到这些友好程度不同的阿拉伯国家的支持和配合。为此，奥巴马总统上台执政之初，就在2009年6月访问埃及期间，于首都开罗发表了旨在改善与伊斯兰国家关系的演讲。在演讲中，奥巴马总统明确表示，美国将积极推动巴以和谈以回应中东温和阿拉伯国家的呼吁，来争取它们对美国的中东战略给予更多的支持。[①]

然而，在中东大变局的冲击下，这些国家政权发生更替，经济社会发展困难重重，政局持续动荡，这首先动摇了美国对中东地区政策实施所赖以支撑的基础。其中，埃及的政局变化对美国的影响尤显重要。对美国来说，埃及是阿拉伯国家联盟中的重要成员，穆巴拉克政府作为美国长期提供大量援助（包括每年超过13亿美元军事援助）的盟友下台，无疑是一个重大挫折。正如奥巴马总统和希拉里国务卿所指出的，“埃及在许多关键问题上一直是盟友”，“向来是美国在广泛的区域议题上的重要伙伴”，“穆巴拉克

① *Remarks by the President on a New Beginning*, Cairo University, Egypt, 美国政府白宫的网站, http://www.whitehouse.gov/the-press-office/remarks-president-cairo-university -6-04-09.

总统在中东的一系列问题上有很大帮助”。[1] 穆巴拉克政府被推翻之后，曾经长期受其打压的“穆斯林兄弟会”所支持的“自由与正义党”所主导的穆尔西政府上台执政，尽管其明确表示将继续遵守与以色列的和平条约，并继续发展与美国的合作关系，但其加强与伊朗等地区国家改善关系的举动表明，其对外政策的独立性将进一步凸显，美国对埃及走向施加影响的空间将被压缩。2011 年，美国向在埃及开展活动的 68 家非政府组织（包括前国务卿奥尔布赖特任主席的“民主捐赠基金会”和麦凯恩任主席的“国际共和协会”的分支机构等）提供了 12 亿埃镑（约合 2 亿美元）的资金支持，使之成为美国保持存在和施加影响的重要途径。随后，埃及政府宣布取缔这些组织，马上招致美国政府的强烈反对，双方为此展开磋商。这个事件表明美国与埃及的密切关系已经终结。穆尔西执政下的埃及经济和社会发展持续下滑，导致民众不满上升。加上“正义与发展党”不断强化其主导地位，与其他政治力量矛盾上升，在此背景下，埃及军方 2013 年 7 月借助民主力量的支持罢黜了民选总统穆尔西，逮捕了“穆兄会”领导人，没收其财产，并在 11 月对穆尔西进行了首次审讯。穆尔西支持者与政府及其支持者持续对抗，埃及政局动荡不止。在此过程中，奥巴马政府不愿过深卷入，在两派之间寻求平衡，导致各派对美国的不满均不同程度上升。

---

① 美国国务院国际信息局 2011 年 1 月 28 日发表的奥巴马总统和国务卿希拉里有关埃及局势的讲话，http：//www. state. gov/r/pa/prs/ps. 2011/01/index. htm.

与此同时，美国与沙特关系也面临新的挑战。沙特作为美国在中东最重要的阿拉伯盟友，其国王阿卜杜拉对奥巴马政府最终抛弃埃及穆巴拉克政府感到不满，对美国的离心倾向彰显。在奥巴马政府停止对叙利亚巴沙尔政府实施军事打击，与伊朗在核开发问题上实现历史性突破之后，沙特对美国的不满进一步上升。尽管沙美之间不断扩大的分歧不足以根本改变两国之间的盟友关系，但相互之间的分歧呈扩大加深之势已是不争的事实。

至于那些前述正在通过政治、经济和社会变革来实现稳定的阿拉伯国家（如沙特、阿联酋和约旦等），他们的改革进程同样面临诸多不确定性。实行君主专制的国家面临向君主立宪制转变的压力，实行君主立宪制的国家面临扩大和完善选举的压力，已经实现政权更替国家则面临国家重建的艰巨任务。在这种情形之下，这些阿拉伯国家作为美国在中东地区推行其政策的盟友和伙伴，不仅难以为美国提供足够的配合，相反还需要美国给予更多帮助。如果美国不能回应他们的诉求，那么他们与美国之间的分歧势必扩大，这对美国来说同样构成压力。

第二，伊朗在核开发问题上开始调整政策，使奥巴马政府转变有关政策的压力增大。从1979年伊斯兰革命以来，伊朗对美国构成的威胁一直呈上升态势。2003年伊拉克战争爆发和伊朗夙敌萨达姆政权被推翻之后，伊朗不仅没有收敛，相反进一步扩张势力。2010年底中东大变局发生以来，特别是随着伊斯兰主义力量在多国的政治地位崛起，伊朗利用其在什叶派穆斯林网络和伊斯兰主义网络这两个方面的特殊资源和渠道进一步提升地位及扩大影响。2006年7月，黎巴嫩“真主党”与以色列发生持续30多天的武装冲突，被视为伊朗支持的结果；2010年伊朗时任总统内贾德访问“真主党”控制的黎南部地区时受到领袖般的欢呼，这些均堪为例证。在中东地区此轮大变局之后，受伊朗支持的“真主党”所主导的“3·8联盟”提名候选人米卡提出任黎巴嫩总理，获得成功。特别是随着叙利亚问题发展渐入僵局，伊朗公开表示要为解决叙危机出力，凸显自己对对叙问题的影响力，并得到联合国秘书长潘基文、联合国—阿盟的前后三位联合特使安南、卜拉西米和德米斯图拉等的重视。在伊朗看来，这些变化将促使中东地区格局进一步朝有利于它的方向发展。于是，伊朗在对外关系上采取攻势，其军舰自1979年伊斯兰革命后两度过境苏伊士运河，其利用作为轮值主席国的机会高调举办不结盟运动会议，彰显自己在解决地区问题上不断提升的重要作用和不结盟运动的反美反霸立场；宣布自己是掌握核聚变等技术并已经能够生产纯度为20%的浓缩铀的国家，希望与其他国家积极开展核技术合作，包括出售核技术，这在美国和以色列看来显然具有核扩散嫌疑。在美国和以色列看来，所有这些新事态都在从多个方面反复证明和强化“伊朗政权依然是地区安全最重要威胁”的判断。[①] 2013年

① *The National Military Strategy of the United States of America*, http://www.jcs.mil/content/files/2011-02/020811084800_2011_NMS_-08_FEB_2011.pdf.

6月，伊朗举行总统大选。8月，新总统鲁哈尼上台执政后，就通过给美国总统奥巴马写信、在《华盛顿邮报》上发表文章等方式，释放有意调整政策的信息。但是，美国国内对伊朗威胁的看法没有发生改变。甚至到美中英法俄德六方与伊朗围绕核问题在2013年11月24日达成临时协议、2015年7月21日达成最终协议之后，美国国内多数政要和学者对伊朗能否严格执行协议依然保持怀疑，对伊朗威胁的认知依然没有发生明显变化。

第三，阿拉伯多国动荡和伊朗对外展开攻势这两个方面的共同作用导致美国在中东最重要的盟国以色列的安全环境变得越来越复杂。这就对美国在中东地区的重要利益之一造成了损害。“以色列在美国人的心目中以及美国的政治、文化和对外政策上都占有突出位置。对于数百万美国人来说，无论是犹太人还是非犹太人都一样，与以色列基于共同价值观、对历史上遭受反犹主义迫害的犹太人的同情、对以色列危险的安全处境的支持等方面的强有力关系，已经成为美国故事不可分割的一部分。”[①] 因此，自以色列1948年建国以来，历届美国总统都不得不设法维护与以色列的“特殊关系”，无论这种关系实际上对美国的利益和价值观有利还是有害。目前这场大变局对美国的挑战在很大程度上就是对以色列的挑战，反之亦然。由于以色列身处这个地区，所受挑战和威胁更为直接、切实和紧迫，其对

① Aaron David Miller, “Getting right with Israel”, *International Herald Tribune*, November 27, 2008.

威胁的感知和认识将直接影响美国的相关判断。对于以色列来说，阿拉伯世界的亲西方的温和力量受到削弱就等于有利的安全因素减少。在以色列南面，穆巴拉克政府被推翻之后，埃及作为最早与以色列实现和平的阿拉伯国家陷入动荡，过渡政府和之后选举产生的穆尔西政府放松了在加沙地带对“哈马斯”的封锁，激进势力在西奈半岛坐大。在穆尔西总统被埃及军方废黜甚至塞西当选总统之后，极端组织“耶路撒冷支持者”在西奈半岛等地制造了多起恐怖袭击。这些变化使得以色列感到来自埃及国内和“哈马斯”执政的加沙地带的极端主义威胁在上升。在以色列北面，2013 年叙利亚巴沙尔政府在美国威胁实施军事打击和国际舆论的共同压力下，把化学武器交由联合国禁化武组织加以销毁，这使得以色列对化学武器落入极端主义和恐怖主义势力之手的安全担忧有所下降。但是，随着叙利亚危机经过六年多的发展依然看不到出路，俄罗斯向叙利亚提供了包括 S－300 型导弹和 S－400 型导弹在内的战略武器，伊朗和黎巴嫩“真主党”在叙利亚扶持的什叶派民兵力量增大，这使以色列感到来自叙利亚的安全威胁在增大。如果叙利亚危机持续演化，造成的移民难民大规模逃离、极端主义和恐怖主义势力继续发难等问题进一步向黎巴嫩、约旦和巴勒斯坦等外溢，那将给以色列的周边安全环境造成更多的不确定性。

此外，在以色列看来，伊朗的威胁同样在上升。2013 年 6 月大选之后上台的鲁哈尼政府为了缓和经济困难而在核问题上采取灵活政策，有关伊核问题的谈判在联合国五个常任理事国加上德国同伊朗（“5+1+1”）的共同努力下，于2015年7月21日取得历史性突破，达成了最终协议。这使以色列感到伊朗通过谈判争取核开发时间、通过签署协议换取美欧取消经济制裁进而获得继续开发核武器的资源的战术可能得逞，内塔尼亚胡总理认为有关各方与伊朗达成的协议不是一个历史性协议，而是一个历史性错误。所有这些地区事态的发展都使以色列感到其安全环境变得越来越复杂。对此，以色列一方面加强自身军备建设，增强应对局势变化的能力；另一方面通过犹太院外集团等渠道寻求美国更多、更强有力的支持，希望美国发挥作用以影响局势；此外，以色列越来越注重加强与俄罗斯、中国、印度、日本等其他大国的合作，为美国对其支持减弱做准备。在此过程中，以色列内塔尼亚胡政府与美国奥巴马政府的分歧变得越来越明显。2014年12月，以色列内塔尼亚胡政府连续做出决定，批准在约旦河西岸巴勒斯坦被占领土和东耶路撒冷修建新的犹太定居点，美国奥巴马政府担心这将激化以巴矛盾甚至引发新一轮冲突，所以均表示反对。2015年3月，以色列总理内塔尼亚胡到美国国会发表演讲，奥巴马避而不见。同年7月，在伊核协议签署之前，美国曾经表示为以色列提供一批先进武器，作为“战略补偿”，遭到以方拒绝；在伊核协议签署之后，奥巴马总统亲自致电内塔尼亚胡，希望以色列接受美国的援助，又被内塔尼亚胡拒绝。这些摩擦和龃龉充分表明美以分歧加重，增大了两国关系的复杂性。由于以色列在美国的中东战略中占据重要地位，美以矛盾扩大自然考验奥巴马政府中东政策的可持续性。

第四，伊斯兰主义力量影响力不断上升，温和力量和激进力量均对美国构成挑战。如前所述，随着曾经反对和弹压伊斯兰主义的突尼斯、埃及、利比亚和也门等国政府在大变局中相继垮台，沙特、约旦、摩洛哥、科威特、阿尔及利亚等其他国家被迫开始不同程度地推进政治、经济和社会改革，议会和政府的组建、政府内外政策选择等都越来越多地受到民意和舆论的制约。这种政治环境的历史性变化，为具有良好民意基础的伊斯兰主义力量提供了扩大政治影响力甚至上台执政的比较有利的外部条件。在此背景下，中东多国伊斯兰主义的温和力量纷纷加快政党化步伐，加紧调整内外政策，寻求以政党的身份和形象参与政治重建和变革进程，谋取政治权力，实现长期被压制的政治理想。突尼斯的“伊斯兰复兴党”、埃及的“穆斯林兄弟会”及其组建的“自由和正义党”、摩洛哥的“正义与发展党”、利比亚的“公正与建设党”、阿尔及利亚的“穆斯林兄弟会”等的政治地位和影响力一度上升。与此同时，“伊斯兰马格里布‘基地’组织”、“阿拉伯半岛‘基地’组织”、利比亚“伊斯兰战斗团”、索马里“伊斯兰青年党”等激进力量也在利用这轮变局带来的混乱和动荡壮大力量，不断制造暴恐事件。

其中，“伊斯兰国”等极端组织在叙利亚和伊拉克交接地区持续坐大，对美国构成的挑战尤为突出。2014 年 9 月 24 日，奥巴马总统在联合国安理会有关国际反恐的会议上指出，“美国的情报机构估计，近年已经有来自世界 80 个国家超过 1.5 万人的外国恐怖分子进入叙利亚。”[①] 之后，该组织在中东乃至更广地区的发展超出国际社会的预料。他们在叙利亚境内占据了叙东北部大部分地区甚至直逼大马士革，在伊拉克境内夺占了伊拉克西北部大片地区，并向北非和阿拉伯半岛等地渗透蔓延。根据美国白宫提供的数据，到 2015 年 2 月，已有来自世界 90 多个国家的 2 万多人（至少 3400 人来自西方国家）到达叙利亚加入“伊斯兰国”。综合其他资料来源，“伊斯兰国”的武装力量规模已超过 5 万人；占据的地盘横跨伊拉克和叙利亚，达到 30 万平方千米左右。2015 年 10 月，美国非洲司令部官员表示已有多达 8000 人左右的极端分子进入利比亚。盘踞埃及西奈半岛的“耶路撒冷支持者”等极端暴恐组织纷纷宣布效忠，这使得“伊斯兰国”的影响在整个地区持续扩大，并刺激鼓动其他极端暴恐势力不断制造恐袭，导致整个地区呈现恐袭多点齐发、彼此呼应、相互助长态势。截至 2016 年 11 月，在美国支持的伊拉克政府军、“叙利亚民主军”、伊拉克和叙利亚的库尔德人武装、“国际联盟”等多股力量的联合打击下，“伊斯兰国”在伊拉克摩苏尔和叙利亚拉卡等地遭受严重损失，呈现溃败之势。其在败退过程中向整个西

---

① *Remarks by the President at U. N. Security Council Summit on Foreign Terrorist Fighters*, United Nations, New York，美国政府白宫的网站，http：//www. whitehouse. gov/the-press-office/2014/09/24/remarks-president-un-security-council-summit-foreign-terrorist-fighters.

亚北非地区转移扩散，并不断制造暴恐活动，加上极端思想的持续传播，这对中东乃至更广阔地区安全局势的影响不容低估。与此同时，美国、英国、法国、德国、比利时、瑞士、加拿大、澳大利亚等国内伊斯兰激进分子的威胁持续抬头，要求限制来自伊斯兰国家移民和难民的呼声明显上升，促使这些国家纷纷开始收紧移民政策。

三、美国对中东有限干预和离岸平衡趋势突出

面对上述多层面和多维度的冲击，以及美国国内政治、经济、社会问题因金融危机影响而不断凸显的挑战，加上美国在亚太等其他地区的战略考量，奥巴马政府对中东地区明显采取不同于前任的政策。

回溯历史，从冷战结束到奥巴马政府上台执政这20年左右的时间里，美国对中东地区的战略经历了三个阶段：一是老布什时期的缔造“中东新秩序”战略；二是克林顿时期的“西促和谈、东遏两伊”战略；三是小布什时期的“民主改造大中东”战略。这些战略的一个共同特点就是，作为世界唯一超级大国的美国，按照自己的意愿在中东地区打造新的秩序，进行新的战略安排。如今，奥巴马政府的抉择开始变得审慎甚至是“小心翼翼”。总体上，奥巴马政府认为，“阿拉伯觉醒（Arab Awakening）既提供了机遇也带来了挑战。政权的更替以及承受改革压力的国家内部

关系的紧张和国家间关系的紧张，都给未来造成了不确定性。但是，从长远角度看，这些变化也可能促使有关国家的政府对其民众的合法诉求做出更多的回应，并由此成为美国更加稳定和可靠的伙伴”。[①] 因此，奥巴马政府应对这场大变局的总体目标迄今为止依然是，既要继续保持美国在该地区的主导地位，又要避免像在阿富汗和伊拉克那样再度深陷其中。据此，奥巴马政府对这场大变局采取的基本战略就是，在按既定政策于2011年结束伊拉克战争和准备从阿富汗撤军的同时，对中东大变局采取高举支持民主的旗帜，站在反对现政府的政治力量和民众一边，通过各种手段推动中东地区各国向民主过渡。但实际上，在具体的政策实施过程中，美国则根据不同国家的不同情况，以确保美国在不同国家的不同利益不受损害作为标准，采取多种不同的对策。总体上，奥巴马治下的美国中东战略已经从20世纪90年代的全面主导塑造转变成如今的有限干预和整合，对中东这场变局加以塑造的意愿和能力已经明显下降。这在奥巴马政府对埃及局势、叙利亚危机、伊朗核开发、巴以和谈、横跨伊拉克和叙利亚的“伊斯兰国”等极端组织这五个焦点问题的政策变化上得到了比较充分的体现。

第一，对埃及，在动态中寻求平衡。在2011年2月，穆巴拉克政府在民众大规模抗议示威的压力之下变得岌岌

① “*Sustaining U. S. Global Leadership: Priorities for 21st Century Defense*”, http://www.defense.gov/news/Defense_Strategic_Guidance.pdf.

可危时，奥巴马政府经过反复权衡，选择既维护美国支持民主发展的形象和声誉，又力图通过埃及军队来影响埃及政局演变的政策。之后，美国一方面调整对“穆斯林兄弟会”的看法和政策，与经由选举上台执政的穆尔西政府积极发展关系；另一方面同埃及各派政治力量保持接触，包括军方和改革派等，为可能出现的变局准备转圜空间和条件。2013 年 7 月，面对埃及军方罢黜民选的穆尔西政府的第二次政局突变，美国一方面乐见埃及军方罢黜与美国分歧上升的穆尔西政府，既没有把这种罢黜认定为军事政变，更没有予以谴责；同时表示美国承认穆尔西是民主选举产生的总统，要求埃及当局释放遭软禁的穆尔西，以便建立“包容和可持续的民主”，力图继续维护美国支持民主的形象。综合两个方面的考量，美国的立场和政策趋于模糊化和中立化。在 7 月 3 日穆尔西被罢黜的当天，奥巴马总统发表声明说，尽管美国认为埃及未来最终只能由埃及人民决定，但他仍对埃及军方宣布解除穆尔西职务并中止现行宪法“深感担忧”。7 月 15—16 日，副国务卿伯恩斯访问开罗，会见埃及临时政府领导人，并与埃及各党派、民间和商界领袖会面，表示美国将“帮助埃及早日结束暴力革命，让埃及人民通过选举建立起民主政府”。与此同时，美国继续力图使用援助这个杠杆来影响埃及政局发展。奥巴马政府继续提出在 2014 财年向埃及提供总价值为 15.5 亿美元的援助，包括 13 亿美元的军事援助和 2.5 亿美元的经济援助。在 2013 年 8 月埃及军方支持的过渡政府持续对穆尔西支持者进行弹压之后，美国国务院宣布将暂停向埃及运送大型军事装备，包括2.6亿美元现金援助和3亿美元贷款。美国在埃及变局中的这种处境和相关政策考虑，奥巴马总统在2013年9月24日的联合国大会上进行了比较全面的阐述，他说："美国被这种内部冲突的各方所攻击，同时被批评说支持穆斯林兄弟会上台执政，之后又操纵剥夺他们的权力。事实上，美国一直在故意回避选边站。在过去这几年，我们最重要的利益一直是鼓励埃及政府合法地反映埃及人民的意愿，承认真正的民主要尊重少数人的权利、法治、言论和集会自由，要有一个强大的公民社会。如今，这些仍然是我们的利益所在。未来，美国将与促进美国核心利益（诸如《戴维营协议》和反恐）的过渡政府保持建设性关系，将继续在直接有利于埃及民众的教育等领域提供援助。但是，我们尚未继续输送某些武器系统。我们的援助将取决于埃及在民主道路上的进展情况。"[①] 埃及过渡政府对美国暂停某些军事援助表示不满，并积极寻求扩大与俄罗斯的军事合作，塞西为此两次出访莫斯科。在此情况下，美国国内主流意见担心如果不保持对埃及的援助，就可能削弱对埃及的影响力。于是，美国2014年4月宣布恢复向埃及交付10架"阿帕奇"攻击直升机，但在6月8日塞西总统的就职仪式上又只派出国务卿的高级顾问出席以便保持一定压力，同时宣布把主要盘踞在西奈半岛的"耶路撒冷

① *Remarks by President Obama in Address to the United Nations General Assembly*，美国政府白宫的网站，http：//www. whitehouse. gov/the-press-office/2013/09/24. remarks-president-obama-address-united-nations-general-assembly.

支持者”列为恐怖组织并加以制裁。

第二，对叙利亚，从一度准备动武迅速转为寻求政治解决。2011年以来，美国支持以海合会为代表的阿盟为在其框架内解决该问题做出多方面努力，采取诸如中止叙利亚阿盟成员资格、实施经济制裁、派驻观察团、提出调解倡议等措施，并在联合国安理会、联合国大会、联合国人权理事会等场合提出议案供讨论和表决，把通过全方位施压迫使巴沙尔下台作为首要政策选项，同时逐步加大对叙利亚反对派的扶持。但到2013年6月，随着美国国内包括国务卿克里等人在内的要人纷纷表示有证据表明巴沙尔政府触碰到美国此前划定的“红线”即使用了化学武器，以色列对叙境内所谓储藏准备转运给黎巴嫩真主党的伊朗导弹的地点实施了两次空袭，联合国叙利亚调查委员会公报宣布尚未获得能够确认叙利亚冲突各方使用化学武器的证据，叙利亚的局势变得益加复杂。8月21日叙利亚爆发大规模化学武器危机，美国奥巴马政府认定这是叙利亚巴沙尔政府所为，宣布要进行惩戒性的有限打击。但随后俄罗斯提出叙利亚交出化学武器换取美国停止军事打击的方案，得到叙利亚和美国赞同。叙利亚巴沙尔政府于10月14日正式签署联合国《禁止化学武器条约》，并开始依照安理会通过的关于叙利亚化武问题的第2118号决议，与禁止化学武器组织合作，消除化武。叙利亚危机从一度即将爆发的外部军事干预，转入以各方寻求政治解决为主，同时政府与反对派军队对抗继续发展，来自世界80多个国家和地区伊斯兰激进分子纷纷涌入并不断壮大的复杂状态。根据安理会决议要求，叙利亚任何一方都不得使用、开发、生产、获取、储存、保留或转让化学武器，要在2014年上半年完成对所有化学武器物料和设备的销毁。同时，美国、俄罗斯以及联合国—阿盟特使卜拉西米等各方加紧斡旋，推动于2014年1月在日内瓦召开国际会议，为政治解决这场危机寻找方案。但随着“伊斯兰国”等极端组织异军突起，美国尽管没有放弃推翻巴沙尔政府这个目标，显然已经逐步转向反恐。2014年9月，奥巴马政府在宣布对叙利亚境内的“伊斯兰国”和“呼罗珊”等极端组织实施军事打击的同时，获得国会批准对叙利亚境内的温和反对派提供5亿美元的援助，以便尽快扶持他们成长壮大起来。至此，美国对叙利亚的政策可以简单概括为打击极端势力，扶持温和力量，继续推翻现政府。

然而，从2015年9月开始，俄罗斯高举帮助叙利亚“反恐”的旗帜，大规模重返中东，主要在五个方面采取行动：一是从政治、外交和军事上加大支持叙巴沙尔政府的力度，包括邀请巴沙尔总统访俄，用大规模空袭支持叙政府军收复失地；在叙军事存在力图从塔尔图斯海军基地和拉塔基亚巴西勒·阿萨德机场扩展到中部哈马省；除S-300型导弹导弹之外部署S-400型导弹；联合伊朗和土耳其共同推动叙利亚政府同反对派于2017年2月在哈萨克斯坦阿斯塔纳举行谈判。二是同伊朗、伊拉克、叙利亚形成了打击“伊斯兰国”的信息中心；三是寻求与伊朗加强经贸和政治安全合作，2015 年 11 月普京访问伊朗，2016 年 11 月俄方表示要与伊朗商谈价值约 100 亿美元的武器采购协议；四是推进与沙特、土耳其、埃及、阿联酋等国的核电站建设合作；五是以土军事政变为契机，在 2016 年 10 月实现了普京对安卡拉的访问，改善了因土击落俄军机事件而陷入危机的两国关系。这些努力大幅提升了俄罗斯在中东的力量存在和实际影响，对苏联解体以来美国在中东的主导地位构成明显挑战。这在客观上迫使美国加大应对叙利亚危机的外交和军事力度，不仅在 2015 年 12 月推动联合国安理会通过了有关叙利亚问题的决议，规定了由三个阶段组成的和谈路线图；而且两次增派特种部队共计 300 人左右进入叙利亚，帮助叙境内美欧支持的库尔德武装力量打击“伊斯兰国”。由此，美国与俄罗斯在叙利亚围绕解决危机进程和打击极端势力等问题展开激烈博弈，并与美俄在中东欧围绕乌克兰危机的博弈交织影响。

第三，对伊朗，以压促变，推动核问题实现历史性突破。2009 年奥巴马政府上台以来，在基本延续小布什政府在伊核问题上的“大棒加胡萝卜”的双轨政策框架同时，从小布什政府偏重使用“大棒”调整为“大棒”和“胡萝卜”并重，在明确划出对实施军事打击的“红线”（即伊朗决定制造核武器）之后，更多强调使用政治、经济、外交手段，对伊朗全方位施压，包括在秘密战线加紧进行“暗战”，加大情报搜集和渗透力度，实施网络攻击以迟滞伊朗核技术开发进程；持续加强对伊朗与核技术开发项目相关的个人、机构、公司和金融机构，以及其他国家有关联的公司和金融机构的经济制裁力度，通过经济和外交施压等多种手段促使其他国家一起减少从伊朗的石油进口；加大对以色列的军事支持力度，不断推进与海合会国家的军事安全合作；不断推动联合国安理会五个常任理事国（美、英、法、俄、中）加上德国与伊朗围绕其开发核技术的问题展开谈判（即 5 +1 +1 机制）；对伊朗国内社会发展施加影响，为其民主变革力量提供帮助。受此影响，伊朗的经济社会发展面临的困难不断加重，石油收入每天减少 1.33 亿美元左右，照此计算年度将损失 450—500 亿美元，[①] 官方公布的 2012 年的通货膨胀率高达 40%，汽油产品等价格上涨，首都德黑兰的房价上涨了 3 倍；里亚尔对美元的贬值甚至超过 70%，富人纷纷购买黄金；进口大幅减少，政府转而扩大国内生产以满足民众需求。面对美国一轮又一轮经济制裁，伊朗一方面继续保持强硬姿态，通过加快研制导弹和无人机、频繁军演等加强军事防卫能力，增加核技术开发设施，威胁封锁霍尔木兹海峡和对以色列及美国在中东的利益目标实施先发制人的打击；另一方面又保持战略克制，继续与国际原子能机构保持接触并表示愿意与美、英、法、俄、中、德等六国就核问题继续进行谈判等，给通过政治和外交谈判解决问题留有一定余地。

在此背景下，2013 年 8 月正式上台执政的伊朗总统鲁

---

① “以色列‘唱衰’伊朗经济 称伊朗经济处于崩溃边缘”，新华网，http：//news.xinhuanet.com/world/2012 -10/02/c_ 123784946.htm。

哈尼为了发展经济，不断通过给奥巴马总统写信、公开讲话以及在美国《华盛顿邮报》等主流媒体发表文章，释放愿意在核开发等一系列问题上调整政策，与美国等寻求改善关系的信号。美国随即顺势做出积极反应，表示如果伊朗新政府选择实质性地和认真地履行自己国际义务，寻找和平解决问题的办法，那么美国将是其真诚的合作伙伴。正如奥巴马总统本人所说："自从就任以来，我已经在给伊朗最高领导人和最近给鲁哈尼总统的信件中表明，虽然我们决心阻止伊朗发展核武器，但美国选择与伊朗和平地解决彼此的关切。我们不寻求更迭政权。我们尊重伊朗人民和平利用核能的权利。相应地，我们坚持要求伊朗政府履行《不扩散核武器条约》和联合国安理会决议所要求的义务。同时，伊朗最高领导人发布了禁止研制核武器的宗教法令，总统鲁哈尼最近也已反复阐明伊斯兰共和国决不研制核武器。我们各自政府的这些声明应该为双方达成有意义的协议提供了基础。我们应该能够找到一个解决办法，这个办法既尊重伊朗人民的权利，又使世界相信伊朗的核项目是和平的。我想阐明的是，鲁哈尼总统获得伊朗人民的授权来推行一条比较温和的路线，这使我们感到鼓舞。鉴于鲁哈尼总统公开表明愿意达成一个协议，我指示克里国务卿在与欧盟、英、法、德、俄、中的密切合作下，同伊朗政府一起为达成协议而努力。前面的障碍可能最终证明是很大的，但我坚信外交途径必须一试。现状只会加深伊朗的孤立。伊朗如果真的愿意走一条不同的道路，那将对地区乃至世界有利，将有助于伊朗人民实现他们在商业与文化、科学与教育等方面巨大潜力。”① 这就为有关伊朗核问题的谈判实现突破提供了条件。2013 年 11 月 24 日达成第一阶段协议，在 6 个月内，伊朗停止纯度 5% 以上的铀浓缩，已有的 5% 以上的浓缩铀以稀释等方式“处理”到 3.67% 以下，以防用于制造核武器；伊朗不得扩建或新建铀浓缩设施，可用于提取核武器材料钚的阿拉克重水反应堆停止建设；伊朗允许国际原子能机构核查人员进入更多设施。相应地，美国和欧洲等有关国家不再对伊朗追加制裁，暂停对伊贵金属、汽车零部件和石化制品的禁运，允许少量伊朗石油出口，解冻伊朗留学生资金，放宽对伊食品和药品进口限制。这使该问题朝着政治外交解决方向迈出了重要的一步。然而，到初步协议所要求的 2014 年 7 月，有关伊核问题的谈判没有达成全面协议，同意继续谈判到 2014 年 11 月。到 2014 年 11 月，有关各方依然没有达成协议，同意将谈判再度延期到 2015 年 7 月，其间需在 2015 年 3 月争取达成政治性框架，6 月底完成所有技术细节和草案。经过一年多的谈判，焦点问题逐渐集中于伊朗如何限制铀浓缩的规模和能力，特别是应该保有多少台铀浓缩离心机；美欧等如何制定解除对伊朗制裁的时间表。美伊双方自 2014 年 9 月在纽约联合国总部开启两国外长第一次直接会谈之后，在“5 +1 +1”机制之外不断接触谈判。由

---

① *Remarks by President Obama in Address to the United Nations General Assembly*，美国政府白宫的网站，http：//www. whitehouse. gov/the-press-office/2013/09/24. remarks-president-obama-address-united-nations-general-assembly.

此，有关伊核问题的谈判呈现双边与多边两个轨道交织并行、相互促进的态势。经过有关各方的共同努力，2015 年 7 月 21 日，伊核问题“全面协定”最终达成，涉及伊朗行动计划、结束制裁、核查详细规定等方面的重要内容。美国实现了既让伊朗保有核技术，又阻止伊朗获得核武器的防扩散目标。这就是奥巴马在总统任期结束时的芝加哥告别演讲中所说的，“没有开一枪就阻止了伊朗的核武器计划”。[①] 他视之为美国中东政策的一大胜利。

第四，对巴以冲突，力图推动和谈有所进展。巴以冲突是二战以来中东持续时间最久和矛盾最复杂的问题。2009 年，奥巴马政府上台不久，就在埃及开罗大学发表讲话，表示要帮助解决巴以问题。然而，2010 年底从突尼斯开始并迅速蔓延至埃及、利比亚并席卷整个地区的地区大变局，不仅迫使奥巴马政府转而应对变局而无法继续推动巴以和平进程，而且使得以色列安全环境恶化和巴勒斯坦“哈马斯”地位提高，特别是使得以色列内塔尼亚胡政府与美国奥巴马政府之间的分歧大幅上升，加上奥巴马政府对外战略的注意力在亚太增多，这些因素导致美国推动巴以和谈的动力减弱和难度上升，巴以关系紧张，和平进程陷入停滞。2013 年以来，在美国总统奥巴马第二任期首访就到达以色列的推动下，内塔尼亚总理明确表示愿意做出历史性妥协，同意巴勒斯坦人民建立一个与以色列为邻的非

① *President Obama delivered his Farewell Address in Chicago on January* 10，2017，美国政府白宫的网站，https：//www. whitehouse. gov/farewell。

军事化国家。民调显示半数以上以色列人支持巴勒斯坦建国。巴勒斯坦方面表示，赞同阿拉伯国家联盟提出的新倡议。美国国务卿克里连续9次出访斡旋，力促巴以双方在9个月期限内达成和平协议。在美国的积极推动下，以色列和巴勒斯坦于7月在华盛顿重启直接谈判。经过10余轮的秘密谈判，克里于12月宣布谈判取得实质性进展。到2014年元旦克里国务卿第10次到访以色列和巴勒斯坦时，美方曾提议以巴就最终和平协议的框架大纲进行讨论，涉及以巴未来国界、安全力量部署、巴勒斯坦难民安置等重大问题，以便在2014年4月底完成和谈。但谈判没能按美预期在4月底取得重大突破。随后，以色列与巴勒斯坦“哈马斯”由于犹太青年失踪案而陷入长达50天的武装冲突（如前所述），停火之后又陷入新一轮较量：巴勒斯坦继2011年10月成为联合国教科文组织正式会员国，2012年11月经第67届联大批准获得联合国观察员国地位，2013年1月“巴勒斯坦民族权力机构”更名为巴勒斯坦国之后，在巴以和谈9个月期限结束（即2014年4月）之后重新开始申请加入联合国其他机构乃至更多国际组织；以色列则通过在约旦河西岸和东耶路撒冷扩建犹太人定居点来加以报复，以巴和谈由此再度陷入困境。奥巴马政府坦承以巴和谈前景黯淡，美国仍将不会放弃促和努力，但要推动谈判取得进展显然面临诸多难题。在美以分歧由于伊朗核问题谈判取得历史性突破而空前凸显之后，奥巴马政府一方面派出副总统拜登、国防部长卡特和国务卿克里等高官访问以色列，不断公开表示“以色列是美国中东战略的基石”，坚定重申保护以色列安全的义务承诺，力图安抚和消除以色列的担忧。另一方面增加对以色列的军事援助，双方于2016年9月14日在美国国务院由总统安全事务助理苏珊·赖斯和以色列代理国家安全顾问雅各布·内格尔签署了为期10年的军事援助协议。根据该协议，美国将在2019年至2028年之间，把原来每年提供的30亿美元军事援助提高至33亿美元，外加每年5亿美元用于增强以色列导弹防御系统的援助，每年共计38亿美元，10年共计380亿美元。尽管这并没有满足之前以色列提出的30年的援助期限和每年100—150亿美元的援助金额要求，双方长达数月的谈判结果也比较充分地表明了两国的特殊关系。苏珊·赖斯在签字仪式上表示，这标志着现有资金得到很大的增长，将确保以色列获得它行使自我防卫所需的支持，并保持其质量上的军事优势。美国和以色列之间的联系是钢铁铸成的。雅各布·内格尔也承认，有关军事援助的一揽子协议在两国的需要与能力之间找到了正确的平衡点。这将使得以色列有能力更好地保卫自己。

第五，对“伊斯兰国”等极端组织，组建全球反恐联盟，实施有限军事打击。如前所述，面对在伊拉克和叙利亚境内不断肆虐的“伊斯兰国”等极端组织，2014年8月7日（华盛顿时间），奥巴马总统宣布为了保护美国外交人员和其他利益目标，以及应伊拉克政府发出的提供人道主义保护的请求，开始对伊拉克境内的“伊斯兰国”等极端组织实施空袭。[1] 9 月 22 日（华盛顿时间），奥巴马总统宣布对叙利亚境内的“伊斯兰国”和“呼罗珊”等极端组织实施空袭。9 月 24 日，奥巴马在联合国大会上系统阐述了美国应对这个挑战的政策，主要集中在四个方面：一是必须挫败并最终消灭“伊斯兰国”这个恐怖集团。为此，美国将组建一个广泛联盟（截至当时已有 40 多个国家加入）来共同铲除这个“死亡网络”，包括切断恐怖资金来源，阻止恐怖分子进出该地区等。奥巴马宣布，美国“不会派兵去占领外国领土”，但将使用军事力量实施空袭以阻遏“伊斯兰国”的进攻，并将通过提供培训和装备支持伊拉克和叙利亚人发动地面进攻，收复失地。二是全世界尤其是穆斯林应该鲜明、有力、一以贯之地反对“基地”和“伊斯兰国”等极端组织的意识形态。为此，所有宗教均应决不容忍那些“所谓的神职人员”号召伤害无辜者，全世界不同信仰的人应该联合起来铲除导致战争的最基本的根源，阻止暴力的意识形态毒害年轻人的思想，包括抢占被恐怖分子占领的互联网和社交媒体等空间。三是解决恐怖分子赖以存在的冲突尤其是部族教派冲突。正是中东地区逊尼派与什叶派之间以及不同部族之间的代理人战争、暴力冲突等，为恐怖分子招募人员和实施恐怖活动提供了有利的

---

① *Statement by the President*，美国政府白宫的网站，http：//www. whitehouse. gov/the-press-office/2014/08/07/statement-president；Statement by the President on Iraq，美国政府白宫的网站，http：//www. whitehouse. gov/the-press-office/2014/08/09/statement-president-iraq；*Remarks of President Barack Obama*，*Weekly AddressThe White HouseAugust* 9，2014，美国政府白宫的网站，http：//www. whitehouse. gov/the-press-office/2014/08/09/weekly-address-american-operations-iraq.

土壤，所以中东地区的政治领导人、宗教领袖和社会精英均应反对教派和部族冲突。四是阿拉伯国家乃至整个穆斯林世界必须发挥民众尤其是年轻人的巨大潜力，美国将作为一个建设性的伙伴帮助促进他们公民社会的发展，形成不利于恐怖主义存在和发展的经济社会环境。① 与这个政策框架相一致，2014 年 9 月 11 日，美国与沙特、阿联酋、科威特、卡塔尔、约旦、阿曼、巴林、伊拉克、埃及、黎巴嫩等 10 个阿拉伯国家共同决定建立反“伊斯兰国”联盟，支持阿拉伯国家发挥关键作用。同时，美国敦促伊拉克接替马利基政府的阿巴迪政府加快建立包容性政府，实现逊尼派、什叶派、库尔德人之间的民族和解，合力打击“伊斯兰国”。克里国务卿曾经到访沙特，敦促其采取措施阻止包括资金、武器等在内的支持流向“伊斯兰国”等极端组织。此外，美国还推动土耳其政府在加强边境控制的同时派出地面武装，从土叙边界发动进攻，加入军事打击行列。截至 2014 年底，美国联合英、法、加、澳、沙特、阿联酋、卡塔尔、约旦等国对伊拉克和叙利亚境内的“伊斯兰国”等极端组织实施近 5000 余次空袭，这虽然基本遏制了“伊斯兰国”等极端组织的攻势，但并未使美国等在战场上取得明显优势。2015 年，美国号称组建了由 65 个国家构成的“全球反恐联盟”，推动英、法、德等西方盟友和地区伙伴

① *Remarks by President Obama in Address to the United Nations General Assembly*, United Nations General Assembly Hal, New York City, New York, 美国政府白宫网站, http: //www. whitehouse. gov/the-press-office/2014/09/24/remarks-president-obama-address-united-nations-general-assembly.

加大打击“伊斯兰国”的力度。克里国务卿曾经到访沙特，敦促其采取措施阻止包括资金、武器等在内的支持流向“伊斯兰国”等极端组织。此外，美国还推动土耳其政府在加强边境控制的同时派出地面武装，从土叙边界发动进攻，加入军事打击行列。2016 年 10 月，美国向伊拉克增派的特种部队已经增加到 5200 人左右，支持伊拉克政府军和库尔德人武装等力量，在经过较长时期的外围战场准备之后，打响了从“伊斯兰国”手中收复“摩苏尔”的战争。随后，美国与英法等国支持“叙利亚民主联军”，加大了围攻“伊斯兰国”行政中心拉卡的打击力度。奥巴马政府力图在卸任之前取得打击极端势力的里程碑胜利。在此过程中，美国国内一直有主张认为应该与叙利亚巴沙尔政府、伊朗等加强合作，对“伊斯兰国”形成共同打击态势。俄罗斯政府出于通过反恐合作牵动对美关系的考虑，普京也不断公开发出类似主张。但由于沙特、阿联酋、卡塔尔等逊尼派国家从教派之争的角度出发反对美国如此行为，美国国内反俄力量掣肘，所以奥巴马政府一直没有进行相应的政策调整。加上，美欧俄以及中东地区主要国家和不同教派、民族之间的各种矛盾纠结在一起，使得有关各方难以形成打击极端主义的合力，严重影响打击成效和地区安全局势好转。

综上所述，在中东大变局持续演化的过程中，美国奥巴马政府所采取的措施，无论是使用外交手段，或者实施经济制裁，还是使用武力，都完全不同于小布什的单边主义做法。概而言之，奥巴马政府的“中东战略底线包括：防止大规模战争爆发、阻止大规模杀伤性武器扩散、制止暴恐失控、避免将美国卷入下一场战争”，[①] 在具体政策实践上“离岸平衡”的特点突出，更加注重利用中东地区内部的逊尼派与什叶派之间的矛盾，阿拉伯人、波斯人、土耳其人、犹太人、库尔德人之间的民族矛盾，沙特、伊朗、土耳其、以色列、埃及等主要国家之间的矛盾；更加注重通过多边机制和借助国际力量，力求推动联合国安理会、联合国大会、联合国人权理事会、北约、阿拉伯国家联盟等机制发挥作用，鼓励和支持英、法、加等西方盟友以及海湾合作委员会所代表的地区伙伴，甚至呼吁和支持中国、俄罗斯等国际角色在变局应对过程中发挥重要作用。如果这种政策趋势持续发展，美国和中东国家的关系以及彼此战略互动，以及整个地区的国际政治生态都可能呈现新样态。

① 中国现代国际关系研究院：《国际战略与安全形势评估（2015/2016）》，时事出版社，2016 年 2 月版，第 304 页。

第五章　中东大变局背景下亚洲的整体性崛起

美国奥巴马政府对中东大变局进行塑造的意愿和能力之所以明显下降，对这个地区的政策从之前的全面主导塑造转变成有限干预和整合，其中一个重要原因就是要把更多的资源和力量投放到亚太地区。与之相关联，中东国家据此认为，美国作为主导该地区的域外大国的地位和作用有所下降，与亚太国家发展更紧密关系的需求明显上升。这两个趋势性因素的共同作用，加上亚太原本就在发展的促进区域整合的多个因素影响，使得包括中东和亚太在内的整个亚洲及其关联的西太平洋和印度洋作为一个地缘板块的整体性崛起态势变得越来越突出。

一、美国“再平衡”中东与亚太

超越中东，从更为广阔的视角看，奥巴马政府的战略关注在一只眼睛紧盯中东的同时，另一只眼睛注视着亚太；两只眼睛投向的目标是继续维护美国全球领导地位。为此，美国要谋求掌控从西太平洋和东亚延伸到印度洋和南亚的弧形地带，进而掌控整个亚洲。而为了主导这个弧形地带，美国就在中东（西亚和西南亚等）和亚太之间进行“再平衡”（rebalance）或“转轴”（pivot）。一方面，奥巴马政府坚定不移地推进从伊拉克和阿富汗撤出作战部队的既定政策，对中东大变局中发生动荡和爆发危机的阿拉伯国家采取以局势不失控为底线的有限介入政策，减少小布什时期过多投入的力量，但不离开该区域。另一方面，奥巴马政府增加对亚太的关注和投入，持续强化与日本、韩国、澳大利亚、菲律宾、泰国等国的安全同盟关系，推进与新加坡、印尼、文莱、马来西亚、越南等伙伴国家的外交联系、经贸往来、安全合作，寻求改善和发展同缅甸、柬埔寨、老挝等国的关系，以确保美国在该区域的存在和主导地位不受严重削弱。其中，奥巴马政府特别着力打造的一个支点就是中东与亚太之间的连接部位即中亚。为此，奥巴马政府提出并推进“新丝绸之路倡议”。

美国“新丝绸之路计划”的实施促进了南亚和中亚的联系。该计划着力整合南亚和中亚，由时任国务卿希拉里于2011年7月的演讲中首次提出。当年9月，美国、德国、阿富汗三国外长在联合国大会期间共同主持了30多国外长参加的“新丝绸之路部长会议”，这标志着该进程启动。该计划旨在构建一个以阿富汗为核心，囊括中亚的哈萨克斯坦、吉尔吉斯斯坦、土库曼斯坦、塔吉克斯坦、乌兹别克斯坦等国，以及南亚的印度、巴基斯坦、孟加拉等国的次区域合作机制，以便加强南亚和中亚之间的联系，重新确立阿富汗作为欧亚大陆十字路口的历史地位，进而以此为支撑，形成美国所支持甚至主导，印度发挥重要作用，向东连接东亚，向西经阿塞拜疆、格鲁吉亚、土耳其连接欧洲的区域经济一体化机制。[①] 此前，美国国务院已经于2006年1月将原来属于欧洲局管理的中亚五国事务划归新成立的中亚南亚局负责，这为该计划的推进提供了保障。该计划主要从两个方面推进：一是使中亚、南亚的交通、通讯、能源基础设施联通，并与东亚、中东和欧洲连接；二是使贸易、交通和通讯领域的惯例、规则、法律、协议等相互衔接统一，以便货物和服务能够有效流通，使中亚丰富的油气和水电资源帮助满足南亚不断增长的能源需求。根据美国国务院负责南亚中亚局的助理国务卿帮办里勒·特雷希2013年10月讲话，美国为此首先对阿富汗的基础设施建设进行直接投资，包括为能源输送管线、电厂等投入了20亿美元，已经修建和改建了3000多公里长的公路，帮助阿富汗建立国家铁路局并制定了国家铁路修建计划，提供技术支持帮助阿富汗修建了4000公里长的光缆。同时，美国支持国际金融机构和私营公司建设联接中亚和南亚的基础设施项目，包括支持世界银行和伊斯兰发展银行投资建设预计于2014年开工的代号为“中亚南亚-1000”（CASA-1000）的输变电工程，以便塔吉克斯坦和吉尔吉斯斯坦将

① “Economic Integration in South and Central Asia”, remarks by Geoffrey Pyatt, Principal Deputy Assistant Secretary, Bureau of South and Central Asian Affairs, Afghanistan Security Days, Organization for Security and Cooperation in Europe Vienna, Austria, March 12, 2013, http://www.state.gov/p/sca/rls/rmks/2013/205973.htm.

夏天剩余的水力发电输送到阿富汗和巴基斯坦，投资总金额约为10亿美元，预计于2018年或2019年建成输电，其中“吉—塔”段长477千米、“塔—阿—巴”段长750千米；推动建设连接土库曼斯坦、乌兹别克斯坦、塔吉克斯坦、阿富汗、巴基斯坦的电线线路（TUTAP）工程，以及连接土库曼斯坦、阿富汗、巴基斯坦、印度的天然气管线（TAPI）工程，全长1735公里，预计投资80亿美元、2018年完工。[①] 此外，美国还一直在推动乌兹别克斯坦与阿富汗签署铁路项目合作协议，协议有效期为3年，金额为每年1900万美元，计划由乌兹别克斯坦帮助阿富汗运营、维护、管理从海拉顿到马扎里沙里夫的铁路，这是阿富汗境内的第一条铁路、全长75公里、由乌兹别克斯坦国家铁路公司承接修建；推动修建塔吉克斯坦—阿富汗—土库曼斯坦铁路（TAT），全长400公里。[②] 2014年随着美国加快从阿富汗撤军，奥巴马政府继续把丝绸之路计划与撤军安排，把南亚与中亚作为一个整体联系起来加以推进，使这两个次区域之间的整合进一步加强。2015年11月，国务卿克里访问中亚五国，在乌兹别克斯坦的撒马尔罕举行了首次“C5＋1”（中亚五国＋美国）外长会，就加强经济领域、生态和气候变化问题、安全问题等方面的合作达成共识，

---

① Lynne M. Tracy, Deputy Assistant Secretary, Bureau of South and Central Asian Affairs, “The United States and the New Silk Road”, Washington DC, October 25, 2013, *http://www.state.gov/p/sca/rls/rmks/*2013/215906. *htm*.

② 参阅邵育群：“美国‘新丝绸之路’计划的实施前景”，载于《南亚研究》2016年第3期，第38—52页。

安抚和推动中亚国家继续与美国进行合作，防止他们全面倒向俄罗斯。2016 年 8 月，该机制在华盛顿再次会晤，美国承诺提供 1500 万美元帮助中亚五国发展清洁能源。由此，美国在联接中亚与南亚的同时，把中东与亚太也连接起来，不仅在客观上促进了亚洲东西南北之间的内在联动，而且增强了亚洲的整体性，推升了亚洲作为一个整体的崛起。

受美国战略调整的刺激和推动，欧盟、澳大利亚等纷纷强化与亚洲国家的多方面关系。欧盟《2020 年战略》、2016 年 6 月推出的联合战略文件《欧盟对华新战略要素》、2016 年 7 月初推出的全球战略《共同愿景、共同行动：一个更强大的欧洲》，都强调重视与亚洲国家的关系，英、法、德等国均越发重视并不断推进与东北亚、东南亚、南亚国家关系，负责外交事务和安全政策的欧盟委员会副主席阿什顿曾于 2013 年首次访问蒙古，诸如此类的例子都是证据。欧洲对外关系委员会专家明确指出，亚洲各国对于欧洲的重要性是决定性的；无论欧洲愿意与否，其安全问题都与亚洲发生的一切息息相关。澳大利亚更是越来越重视加强与亚洲的联系，扩展在亚洲的利益。吉拉德政府在 2012 年 10 月制定并发表了《亚洲世纪中的澳大利亚》白皮书认为，亚洲成为世界经济龙头的进程势不可挡，而且加快了步伐；澳大利亚要在 2025 年前变得更加繁荣、更有活力并分享新机遇，进而成为亚洲世纪的赢家，就要成为一个更了解亚洲、更具能力的国家；要有明确的计划，抓住即将涌现的经济机遇，应对将要出现的战略挑战。[①] 2013年9月上台执政的阿博特政府更是明确表示，将把与亚洲的关系放在第一位，认为“影响国家利益的决策将在雅加达、北京、东京和首尔产生。”[②] 2016年2月发布的澳大利亚国防白皮书，再度强调了对亚太地区的重视和应对亚太变局的准备。这表明澳大利亚将继续保持强化与亚洲国家关系的态势。这些国家的战略调整部分是亚洲整体性崛起带来的结果，反过来又由外向内进一步推举了亚洲的整体性崛起态势。

二、海湾合作委员会“向东看”拉近西亚与东亚

如前所述，在大变局的演变过程中，美国作为区域外主要力量的主导意愿和能力相对减弱，这既为中东地区主要力量（诸如沙特、伊朗、土耳其、以色列等）发挥更大作用提供了空间，也促使他们在美国之外寻求其他可借助甚至倚重的力量，拓展战略空间。于是，他们纷纷把对外政策的注意力更多地投向亚太。其中，海湾合作委员会国家的对外政策调整比较突出。

又如前所述，海湾合作委员会成立于1980年，成员国

① http：//asiancentury. dpmc. gov. au/sites/default/files/white-paper/translations/asian_century_white_paper_foreword_chinese. pdf.

② “澳大利亚新总理阿博特：将首先访问中国等亚洲国家”，2013年9月9日，http：//news. ifeng. com/world/detail_2013_09/09/29423272_0. shtml。

有六个，即沙特阿拉伯、阿联酋、卡塔尔、科威特、阿曼、巴林。在中东大变局的快速发展过程中，该组织成员国特别是沙特不仅凭借比较强大的经济实力和相互支持，通过推进政治、经济和社会改革，基本保持了自身的稳定，而且以此为支撑，一方面顺势扩员，进一步加强一体化建设。2011 年 5 月，海合会在沙特首都利雅得首脑会议上决定，在已有的六个成员国基础上，吸纳约旦为正式成员，与摩洛哥建立伙伴关系。由此，海合会从海湾伸展到地中海东岸甚至伸展到北非地区，从次区域性机制向区域性机制发展，成为中东君主制国家和逊尼派国家加强合作、应对地区变局的一个重要平台。另一方面，对外积极开展外交活动，对整个西亚地区局势的走向施加影响，地位明显提升。在巴林和也门政局稳定、叙利亚危机、巴以和谈、伊朗核问题等方面的作用都不同程度地有所增大。在此过程中，海合会持续推进与东亚国家的合作。2014 年 3 月，海合会在沙特首都利雅得举行的第 130 届外长会议决定重新启动对外自贸区谈判，其中包括与中国、日本的自贸区谈判。海合会与中国的自贸区谈判在 2004 年宣布启动，双方于 2005 年在沙特首都利雅得举行了首轮谈判，谈判内容涵盖货物贸易、服务贸易和经济技术合作等方面。经过五轮谈判和两次工作组会议之后，该进程于 2009 年中断。2014 年 3 月，沙特王储副首相访华表示将推动海合会与中国的自贸区谈判重启。该进程如果实现突破，那将使西亚与东亚的联动大幅增强。同时，海合会继续加强与日本长期保持的、以能源合作为主的关系。2014 年 2 月，海合会最重要的成员沙特王储访日，希望日本在中东发挥更大作用，双方签署了在投资、核能、石油等领域加强合作的协议。2014 年 11 月，卡塔尔埃米尔塔米姆访问中国，表示高度重视发展与中国的战略伙伴关系，将坚定努力推动海湾合作委员会与中国的自贸区谈判早日完成，并希望与中国在能源、基础设施建设、反恐、人文等领域加强合作。在沙特和卡塔尔等国的推动下，海湾合作委员会不仅通过内部一体化建设和对外拓展提升了自身在整个中东地区的地位和作用，而且使西亚作为亚洲大陆一个次区域的内部联动得以强化，并在此基础上带动和促进了西亚与东亚之间的联系与合作。

三、 亚太内部联动持续增强

在美国从中东向亚太推进“再平衡”战略以及海湾合作委员“向东看”把西亚向东亚拉近的同时，东亚和中亚的区域合作机制一方面加强自身建设，另一方面也在向西亚辐射和延展。加上横跨欧亚、亚太和整个亚洲的地区机制进一步发展，这使得亚洲板块内部不同层面和不同领域的联动显著增强。在板块内部不同层面和不同领域的多种联动中，表现最为突出、牵动力最大的当数五个主要的区域或次区域合作机制，这些机制从五个不同方位，各有侧重和特点，在不断推动次区域合作的同时，促进了整个地区范围内部的联动，增强了整体性的凸显。

第一，东南亚方向的东盟（东南亚国家联盟，ASEAN）从加强自身一体化建设向牵引亚洲地区整合方向发展。东盟自1967年成立，经过十年的发展之后，于2007年制定了《东盟宪章》，并据此着力增强凝聚力、提高整体实力和国际地位，朝着2015年建成以安全、经济和社会文化共同体为支柱的共同体目标推进。2012年4月和11月两次首脑会议先后通过了《金边宣言》《主席声明》《金边议程》《2015年建立东盟无毒品区宣言》《“全球温和派行动组织”概念文件》《东盟人权宣言》《东盟社会文化共同体建设中期回顾报告》《消除针对妇女儿童暴力的宣言》《关于鼓励年轻人创业和就业的宣言》等一系列重要文件，启动了旨在维护东盟地区和平与稳定的“和平与和解机构”，决定在柬埔寨建立东盟地区排雷行动中心，并将2015年12月31日设为建立东盟共同体的最后期限。目标是到2015年，形成拥有6亿人口、均衡发展、经济上具有很强竞争力并高度融入全球经济的单一市场，进而形成以安全共同体、经济共同体和社会文化共同体三大支柱共同支撑的共同体。在加强内部整合的同时，东盟早于2011年11月就提出了《东盟地区全面经济伙伴关系（RCEP）框架》，并于2012年11月正式启动该进程，目标是把之前东盟与中国、日本、韩国、澳大利亚、新西兰、印度等六国达成的5个“10＋1”自由贸易区整合在一起，达成一个现代、全面、高质量和互惠的经济伙伴关系协定，形成全球最大规模的自由贸易区，覆盖约34亿人口，相关国家国内生产总值达

20万亿美元，贸易总额达10万亿美元。2013年5月有关该框架建设的首轮谈判在文莱启动，正式组建商品贸易、服务贸易和投资三方面的工作委员会，并决定于2015年内完成谈判。2013年9月，第二轮谈判在澳大利亚举行，各国针对开放市场的方式，有关商品、服务和投资等协议章节的内容，组建其他工作委员会的时间等进行了协商，并在市场准入减让表模式等核心问题上取得一定进展。2014年1月，第三轮谈判在马来西亚举行，十六方在继续围绕货物贸易、服务贸易和投资领域的技术性议题展开磋商的同时，决定成立知识产权、竞争政策、经济技术合作和争端解决等四个工作组。此外，各方还就部分成员提出的新领域进行了信息交流，并分别召开了知识产权、服务与投资的关系等两场研讨会。随着这个框架的谈判和建设进程取得进展，以东盟为中心的多个次区域之间的联系和整合进一步得到强化。2015年12月31日，东盟共同体宣告正式成立，标志着亚洲首个次区域共同体建成。加上以东盟为中心东亚峰会（EAS）和东盟地区论坛（ARF）等机制的发展，这些机制形成了彼此联动、相互促进之势。

第二，上海合作组织稳步发展，此区域整合和向外辐射力不断增强。如果说“全面经济伙伴关系框架”（RCEP）的启动和推进是把东亚、东北亚、东南亚、南亚和西太平洋更加紧密地连接在一起，那么上合组织作为亚洲中心地带最重要的多边合作机制持续10余年的发展，及其对成员国之间合作的磨合和对外辐射影响，就是在促进东亚、中亚与南亚之间的联系。上合组织从20世纪的“上海五国”机制吸收乌兹别克斯坦壮大而成。自2001年成立以来，经过十余年的发展，该组织已经形成了由正式成员、观察员、对话伙伴国、主席国客人四个层次构成的框架。在2012年北京峰会上，阿富汗被升级为观察员，土耳其被吸收成为对话伙伴国，上合组织在持续推进安全和政治合作的同时，还进一步谋划和启动了接下来10年成员国之间在能源、贸易、交通、金融、人文等方面的合作。2013年9月13日，在吉尔吉斯斯坦首都比什凯克举行的元首理事会明确指出，上合组织将有效应对各类全球性威胁和挑战，确保上合组织地区社会经济可持续发展，尤其是将有针对性地进一步完善在应对国际恐怖主义、分裂主义、极端主义，跨国有组织犯罪，非法贩运毒品、精神药物及其前体，走私武器、弹药及爆炸物，信息安全威胁，非法移民等领域开展合作的法律基础，积极切实落实《打击恐怖主义、分裂主义和极端主义上海公约》《上海合作组织反恐怖主义公约》《上海合作组织成员国打击恐怖主义、分裂主义和极端主义2013年至2015年合作纲要》《上海合作组织成员国保障国际信息安全政府间合作协定》《上海合作组织成员国关于合作打击非法贩运麻醉药品、精神药物及其前体的协议》《2011—2016年上海合作组织成员国禁毒战略》及其落实行动计划各项条款。之后，在11月塔什干举行的成员国政府首脑（总理）理事会第十二次会议则就世界和地区经济发展的广泛议题，以及发展上合组织框架内的经贸和人文合作问题交换了意见，达成十五项共识。在此次会议上，俄方呼吁更加积极有效地探讨成立上合组织能源俱乐部事宜，并将其打造成各国开展能源项目对话的平台。2014 年 4 月，中国在塔吉克斯坦举行的上合组织国防部长会议上提议，除了现已在乌兹别克斯坦塔什干设立的地区反恐机构之外，还将在上合组织框架内成立新的反恐中心。2014 年 9 月，上海合作组织在杜尚别峰会上通过了该组织扩员的章程，支持该组织按照章程接纳新成员，同意研究建立上合组织基金和银行，同时与同欧亚经济共同体（有俄白哈吉塔五个成员和亚美尼亚、乌克兰、摩尔多瓦三个观察员）、欧亚经济联盟等区域合作组织加强合作。2015 年 7 月，上海合作组织在乌法峰会上通过了《上海合作组织 2025 年前发展战略》。2016 年 6 月，该组织在乌兹别克斯坦首都塔什干举行成员国元首理事会，总结过去 15 年的发展，并对未来发展进行规划，吸收印度和巴基斯坦成为正式成员。随着这些议程得到落实，上合组织内部的联动及其对周边的带动和辐射作用将进一步增强。

第三，欧亚经济联盟建设促进前苏联成员之间的合作。这是俄罗斯力推的跨区域合作。该机制经时任总理普京 2011 年 10 月 4 日在俄《消息报》上撰文发起，由时任总统梅德韦杰夫当年 11 月和哈萨克斯坦总统纳扎尔巴耶夫、白俄罗斯总统卢卡申科在克里姆林宫内签署欧亚经济联盟一体化新阶段系列文件而启动。根据普京的构想，该机制由前苏联加盟共和国组成，将是一个类似欧盟的、有效连接欧洲和亚洲太平洋地区的超国家实体，其作用主要是协调成员国的经济和货币政策，周边国家也可申请加入。该机制以2012年启动的俄、白、哈关税同盟为基础，在世界贸易组织的原则和标准基础上开始一体化新阶段，争取于2015年1月1日前正式创建统一经济空间。该空间将对其他国家开放，其最终目标是建立统一的政治、经济、军事、海关和人文空间的欧亚经济联盟。为此，俄、白、哈三国领导人2011年11月18日签署了《欧亚经济一体化宣言》《欧亚经济委员会条约》以及《欧亚经济委员会工作章程》等文件。根据这些文件，自2012年1月1日起，俄、哈、白三国之间的商品、劳务、资本和劳动力开始实现自由流动；欧亚经济委员会作为超国家常设管理机构正式挂牌办公，主要负责关税同盟以及统一经济空间框架内的一体化进程。委员会内设两个级别的机构即委员会理事会和委员会全体会议，前者由9人组成，3个成员国各出一名副总理及两名官员，按协商一致原则负责总体协调关税同盟和统一经济空间内的一体化进程；后者为执行机构，负责具体研究一体化的相关问题。而统一经济空间的最高机构则是欧亚经济委员会最高理事会，由各成员国国家元首和政府首脑组成。欧亚经济委员会将执行最高委员会的决定，并可依据最高委员会的授权签署国际条约或向第三国和国际组织派驻代表。2013年11月20日，欧亚经济委员会理事会会议在莫斯科召开。除俄白哈三国代表以外，会议还特别邀请了乌克兰、吉尔吉斯和亚美尼亚的代表与会。会议审议通过了吉尔吉斯加入关税同盟的“路线图”，决定成立关于亚美尼亚加入关税同盟的工作组，以启动亚方“入盟路线图”的编制工作。按照俄罗斯的外交政策构想，其最终目标是超越欧亚经济同盟，打造从葡萄牙里斯本到符拉迪沃斯托克的共同经济和人文空间。为此，普京在2014年1月俄罗斯—欧盟布鲁塞尔峰会上提议探讨在2020年之前建立欧盟与欧亚经济联盟自贸区的可行性。然而，在2月克里米亚问题和乌克兰危机急剧爆发，俄与美欧在中东欧地区战略角力加剧的背景下，普京这个构想的宏大程度将遭受考验，但仍将继续推进该进程。2014年亚美尼亚加入联盟，2015年吉尔吉斯斯坦加入联盟。按照俄罗斯的外交政策构想，其最终目标是超越欧亚经济同盟，打造从葡萄牙里斯本到符拉迪沃斯托克的共同经济和人文空间。在此基础上，2016年6月17日，普京总统在圣彼得堡国际经济论坛全体会议上呼吁建立一个由欧亚经济联盟、印度、中国、独联体各国和其他国家参加的大欧亚伙伴关系，在灵活的一体化结构框架内加强协作。

第四，亚太经合组织开启自由贸易区建设进程，推升亚太地区合作水平。该组织自1989年成立以来，一直在探索促进区域合作。2014年11月，中国作为亚太经合组织成员国和第二十二次领导人非正式会议主办国，与各成员在北京峰会上共同批准了《北京纲领》和《共建面向未来的亚太伙伴关系——亚太经合组织成立25周年声明》两份成果文件，为亚太发展方向、目的和举措以及巩固该组织在亚太经济合作中的地位和进一步发挥引领协调作用提供了强有力的战略指引。会议决心发扬互信、包容、合作、共赢的精神，共同构建面向未来的亚太伙伴关系，打造发展创新、增长联动、利益融合的开放型亚太经济格局，为亚太地区长远发展和共同繁荣勾画新愿景、指引新方向、注入新动力；决定启动亚太自由贸易区进程，并批准相关路线图；决定实施全球价值链、供应链的领域合作倡议；批准“经济创新、发展改革与增长共识”等一系列重大合作倡议，决定以经济改革、新经济、创新增长、包容性支持、城镇化作为五大支柱，加强宏观经济政策协调，推进务实合作、经验分享、能力建设；决心共同探索适合自身实际的发展道路和发展模式；决心大力推动亚太反腐败合作，建立亚太经合组织反腐败执法合作网络；批准《互联互通蓝图》，确立在2025年前实现加强软件、硬件和人员交流互联互通的远景目标，承诺按照蓝图的构想，加大投入，构建全方位、多层次的复合型亚太互联互通网络，为实现亚太发展繁荣，夯实互联互通的基础。此外，开启“加强互联互通伙伴关系”进程，积极推动在已经启动的亚洲基础设施投资银行和“丝路基金”框架下深化区域金融合作和完善区域金融安全网络，为亚洲国家参与互联互通合作提供投融资支持。2016年11月19日至20日，亚太经合组织（APEC）第二十四次领导人非正式会议在秘鲁利马举行，会议围绕围绕“高质量增长和人类发展”的主题发表了《利马宣言》。该宣言重申与会各方将保持市场开放并反对一切形式的贸易保护主义，同意将不采取新的贸易保护措施的承诺延长到2020年，要求取消损害贸易、迟滞全球经济复苏的保护主义和贸易扭曲措施。宣言重申与会各方将继续携手致力于支持亚太地区自由开放的贸易和投资、可持续经济增长和共同繁荣，将致力于推动亚太自贸区的最终实现，并以此作为进一步深化APEC区域经济一体化的主要手段。宣言还就高质量增长和人类发展、区域互联互通、粮食安全、气候变化、获取水资源等各个方面提出了共同愿景和工作重点。与会各方批准发布《亚太自贸区利马宣言》，并再次承诺亚太自贸区应建立在正在开展的区域安排基础上，包括通过《跨太平洋伙伴关系协定》（TPP）、《区域全面经济伙伴关系协定》（RCEP）等可能路径加以实现。

第五，亚信会议发展进入新阶段，推动亚洲地区形成共同安全架构。亚信会议最初由中亚国家哈萨克斯坦于1992年发起，中间曾由土耳其主办过。中国作为亚洲相互协作与信任措施会议（亚信）2014—2016年的主席国，积极推动该机制以其22年发展为支撑，进一步提升成为覆盖全亚洲的安全对话合作平台，并在此基础上探讨建立地区安全合作新架构，开创亚洲安全合作新局面。为此，中国提出一系列建议，包括适时适当增加亚信外长会乃至峰会频率，加强政治引领和发展蓝图规划；加强亚信能力和机制建设，完善秘书处职能；建立成员国防务磋商机制及各领域信任措施落实监督行动工作组，深化各领域交流合作；

举办非政府论坛，建立亚信各方民间交流网络，为广泛传播亚信安全理念、提升亚信影响力、推进地区安全治理奠定坚实社会基础；增强亚信的包容性和开放性，既要加强同本地区其他合作组织的协调和合作，也要扩大同其他地区和有关国际组织的对话和沟通，共同为维护地区和平稳定作出贡献。中国既积极倡导，也坚定实践，将不断加强同各方的安全对话和合作，共同探讨制定地区安全行为准则和亚洲安全伙伴计划；建立常态化交流合作机制，共同打击“三股势力”；建立亚洲执法安全合作论坛、亚洲安全应急中心等，深化执法安全合作，协调地区国家更好应对重大突发安全事件；倡议通过召开亚洲文明对话大会等方式，推动不同文明、不同宗教之间的交流互鉴、取长补短、共同进步。

这五个主要机制多数从软性的经济层面的合作着手，事实上均涉及政治、经济、安全等多个方面。它们从东南亚、中亚、西亚、南亚、横跨欧亚等五个方位出发，加上2013 年 9 月和 10 月中国国家主席习近平先后在访问哈萨克斯坦和印度尼西亚的过程中提出的建设“丝绸之路经济带”和“21 世纪海上丝绸之路”的构想及其推进，以及李克强总理访问印度和巴基斯坦期间提出的中印缅孟经济走廊建设和中巴经济走廊建设，使得亚洲大陆呈现多重交织的联动。尽管各个合作机制联动的领域存在差异，但总体看，联动的领域主要从五个方面展开，即高层的政治会晤和磋商（如东盟系列峰会、上海合作组织成员国元首理事会、海湾合作委员会首脑会议等）、基础设施的互联互通、贸易投资往来、军事安全合作、人文社会交流，这成为拉紧亚洲内部合作的五大纽带。其中，最能体现也最直观的纽带仍然是经济内部的联系。从21世纪初到2014年这十余年间，区内贸易已经从8000亿美元增长到3万亿美元，贸易依存度超过50%；区内已经签署的自贸协定从2002年的70个快速增加到2013年初的250多个，成为全球自贸区建设最活跃的地区；大多数国家的入境游客80%以上来自亚洲内部。中国与亚洲国家之间的经贸联系更是日趋紧密，已经成为许多亚洲国家的最大贸易伙伴、最大出口市场和重要投资来源地，前十大贸易伙伴中1/2来自亚洲，对外投资约70%投向亚洲。截至2012年底，在亚洲国家开设了66所孔子学院和32所孔子课堂，互派留学生近50万人；同亚洲国家人员往来超过3000万人次，入境中国内地的亚洲国家人员达1500多万人次，占入境外国人总数的57%，外国人入境人数前十位的国家中有7个是亚洲国家。①

其中，对地区格局牵动力最强，影响最深远，也最为引人注目的是基础设施的互联互通。在这个方面，迄今已有的主要是三条横跨欧亚的大铁路和三条油气管线网络。大铁路包括第一欧亚大陆桥，东起俄罗斯符拉迪沃斯托克（海参崴），西至荷兰鹿特丹，横贯俄罗斯、哈萨克斯坦、白俄罗斯、波兰、德国、荷兰六个国家，全长1.3万千米；

---

① 刘振民：“坚持合作共赢 携手打造亚洲命运共同体”，《国际问题研究》2014年第2期，第4—10页。

第二欧亚大陆桥，东起中国连云港，经新疆进哈萨克斯坦、俄罗斯、白俄罗斯、波兰、德国，同样西抵荷兰鹿特丹港，全长1.09万千米。第三条是渝新欧国际铁路联运大通道，东起中国重庆，经新疆进哈萨克斯坦、俄罗斯、白俄罗斯、波兰，德国，西至比利时安特卫普，全长11381千米。

已经建成的油气管线网络主要分为三部分：第一部分是前苏联成员国之间的油气管线网络；第二部分是中俄原油管道，西起俄罗斯远东管道斯科沃罗季诺分输站，东至中国大庆，全长近1000千米，2011年1月开始通油，每年向中国供应1500万吨原油，合同期限为20年。第三部分是中国—哈萨克斯坦天然气管道。该管道分一期和二期两个工程项目，一期工程为中亚天然气管道过境哈萨克斯坦的管道，西起阿姆河右岸的土库曼斯坦和乌兹别克斯坦边境，经乌兹别克斯坦中部，从奇姆肯特进入哈萨克斯坦南部，从哈过境与中国的霍尔果斯相连。其中，土库曼斯坦境内长188千米，乌兹别克斯坦境内长530千米，哈萨克斯坦境内长1300千米，管道分AB双线铺设，单线长1833千米。天然气进入中国境内后与西气东输工程二线相接，输往东部沿海地区。2009年12月，一期工程中A线竣工并试运行，开始向中国境内输气。2010年8月23日，一期工程中的B线实现氮气和天然气置换，一期工程正式实现双线运营[①]。二期工程为哈萨克斯坦境内管道，始于哈国西部曼格

① 中亚天然气管道向中国内地输气突破百亿立方，http：//www.chinanews.com/ny/2011/06-03/3087222.shtml。

斯套州的别伊涅乌，在南哈萨克斯坦州的奇姆肯特与中亚天然气管道相连，全长 1475 千米，于 2013 年实现管线通气和压气站投产。

拟建设的跨国基础设施项目还有美国在其新丝绸之路计划下设想的土库曼斯坦—阿富汗—巴基斯坦—印度（TA-PI）油气管道，中国国家主席习近平主席 2013 年 9 月访问土库曼斯坦期间提议加快推进建设的中国—中亚天然气管道 C 线和尽早启动建设的 D 线，俄罗斯总统普京提议的俄罗斯—朝鲜—韩国甚至延伸到日本的油气管道，中国—吉尔吉斯斯坦—乌兹别克斯坦铁路，习近平主席 2014 年 2 月与巴基斯坦总统侯赛因会晤确认进行改扩建的中巴喀喇昆仑公路等等。这些纵横交错的基础设施犹如一条条现实的和潜在的经络，在持续强化着整个地区的联系沟通的同时，不断培育和增进整个地区的内在联系的紧密程度、共同意识和共同关切感。

四、 地区格局盘整错综　复杂性显著增加

在上述因素的共同作用下，囊括西亚（中东）、中亚、南亚、东亚在内的亚洲的整体性崛起态势变得越来越突出。这种整体性崛起，是从综合性和全方位角度而言，既包括地缘战略角度的板块隆升，又强调政治、经济、军事实力和影响力等方面的提升，还强调是由多个国家的显著发展甚至不同程度的崛起所共同支撑。作为世界格局变动的一

个重大趋势，亚洲的整体性崛起态势，可以从世界发展的纵与横两个方向来加以界定。

就纵向而言，亚洲 48 个国家和超过 40 亿人口，在 20 世纪 80 年代之前，除日本外，其余均为发展中国家和地区。此轮整体性崛起是亚洲一大批发展中国家继 20 世纪五六十年代民族独立解放运动实现民族解放和政治独立之后，在经济全球化进程中，利用资本和技术的全球性流动、产业的全球性扩展、贸易的全球性发展等条件，实现经济发展和政治影响力提升的综合体现。从这个角度看，此轮整体性崛起应该说是开始于 20 世纪 80 年代亚洲“四小龙”（韩国、新加坡、中国香港、中国台湾）的快速发展和工业化的实现，以及 90 年代亚洲“四小虎”（泰国、马来西亚、印度尼西亚、菲律宾）的快速发展开始显现，在进入 21 世纪尤其是2008 年金融危机之后，加上中国、印度、俄罗斯、土耳其、哈萨克斯坦等国的快速发展的撑托而变得越来越突出。这种凸显在经济、政治、军事等多个维度上均有体现。在经济维度上，亚洲地区国家的国内生产总值、进出口贸易、吸引外资和对外投资等都呈现快速增长态势，2013 年底世界国内生产总值前十位国家有四个在亚洲（中国第二、日本第三、印度第八和俄罗斯第九），整个地区的经济规模占世界 1/3。① 亚洲开发银行预测，亚洲经济占世

① “李克强在博鳌亚洲论坛 2014 年年会开幕式上的主旨演讲”，2014 年 4 月 10 日，新华网，http：//news. xinhuanet. com/politics/2014 －04/10/c_ 1110191764. htm。

界比重到2035年将升至44%，到2050年将进一步上升到52%。[①] 在政治维度上，泰国、菲律宾提供了亚洲国家采取西方民主制度之后的发展范例，韩国、新加坡、中国香港和中国台湾提供了儒家文化圈国家和地区工业化、民主化的例子，马来西亚、印尼、和土耳其等提供了伊斯兰国家对现代化的发展路径探索，俄罗斯、哈萨克斯坦、吉尔吉斯斯坦等则提供了前苏联成员国转型的经验和教训。就横向而言，此轮亚洲整体性崛起是相对于18世纪中期第一次工业革命后的欧洲崛起和第一次世界大战后的北美崛起，以及2008年以来美欧在阿富汗战争、伊拉克战争特别是金融危机的冲击下综合实力和国际影响力有所下降等这些变化来说的。换言之，正是在美欧近250年以来长期享有的强势走弱的国际大背景下，亚洲整体性崛起的态势才显得愈加突出，对世界的冲击才变得更为强烈。

在亚洲整体性崛起态势持续凸显和地区内部联动不断加强的带动下，从全球范围内看，世界权力重心向亚洲聚合的趋势进一步发展，亚洲及其关联的太平洋在国际格局中的重要性变得越发突出。正如美国时任常务副国务卿伯恩斯2014年4月8日在亚洲协会顺应这种大趋势而新成立的政策研究所讲话中所指出，展望21世纪，从西南亚横贯到美国西海岸的亚太地区“对于全球体系的未来将是最重要的”。这个地区拥有世界超过一半的人口和规模不断扩大

① 刘振民：“坚持合作共赢 携手打造亚洲命运共同体”，《国际问题研究》2014年第2期，第6页。

的中产阶级，在近几十年里取得了人类历史上空前的经济发展成就和脱贫成就，在全球经济产值中和全球贸易中都分别占到了一半。这个地区对世界很重要，海湾国家的石油出口正越来越多地向东输送以满足东亚不断增长的需求，欧洲国家的经济复苏也越来越与亚洲的经济增长息息相关。与此同时，这个地区还存在各国军力增强、海洋争端、核扩散、环境问题、民族主义情绪高涨等重大挑战。①

从地区范围内看，多股力量、多重矛盾、多种趋势竞相发展，分化重组明显加剧，在特定区域和一定程度上造成了一种碎片化趋势，使得格局盘整演变的复杂性和不确定性变得越来越突出。

首先，区域外撕扯加重。美欧等区域外力量卷入增多，在推动亚洲崛起的同时，由于他们主要寻求从亚洲崛起分取红利，势必给亚洲的内聚和内部联动造成牵制甚至羁绊。美欧通过北约框架与中亚国家推进各种伙伴关系计划，从西面消减亚洲内部的粘合作用。美国在“再平衡”政策框架下加强与亚太地区传统盟国和新兴伙伴的关系，尤其是大力推进“跨太平洋伙伴关系协定”（TPP）谈判，这不仅给亚洲面向内部的整合增添了新的变数，更重要的是从东面牵制了韩国、日本、菲律宾甚至澳大利亚进一步向亚洲聚拢，对亚洲内部的整合造成了分化甚至瓦解作用。在他

---

① The transcript of the remarks delivered by Deputy Secretary of State William J. Burns in his appearance at the Asia Society Policy Institute's launch event on April 8, 2014. http://www.asiasociety.org/policy-institute/transcript-amb-william-j-burns-asia-society-policy-institute-launch.

们的吸引和促推之下，亚洲边缘地带的国家在推进与地区内部的联动的同时，也越来越注重向地区外扩展，加强与区域外国家的关系，进一步扩展利益和提升地位。这一方面对区域的内部联动造成了消减效果，另一方面增加了区域边缘地带上的国家对区域整体性崛起的影响权重，中亚的哈萨克斯坦、西亚的土耳其、东南亚的印度尼西亚等国均属此列。这些国家近些年来积极开展的多方位外交（如土耳其在继续寻求加入欧盟的同时推行“南下”和“东向”外交等），同样给地区的整体性崛起造成了方向散乱的作用。特别是在此背景下，亚洲关联海域西太平洋和印度洋日益受到相关国家的重视，美国、日本、印度、澳大利亚、菲律宾等国围绕这些海域加强经济合作和安全合作，以及潜在的竞争蕴积，这在提升关联海域形势发展对地区格局演变影响，并从海洋方向促进亚洲内部联动及其整体性崛起的同时，也在客观上形成了海洋国家合作对陆地国家合作的牵制。

其次，地区合作机制相互抵消作用上升。区域内多个合作机制交织并存，在从多个方向簇拥亚洲崛起的同时，相互之间的竞争和碰撞也增大了区域内部的冲销耗损，削弱了地区崛起的内在支撑。前述亚洲存在的以东盟为中心的系列机制（包括区域全面经济伙伴关系框架、东盟地区论坛、东亚峰会等）、上海合作组织及其相关机制、海湾合作委员会、欧亚经济联盟、美国版的丝绸之路计划、亚洲相互协作与信任措施会议（亚信）等，在从不同角度和不同次区域促进亚洲内部联动的同时，由于各自追求目标、议程轻重缓急顺序和运转方式等方面的差异，使得这些机制在客观上相互掣肘。特别是美、俄、日、印等大国都不同程度地有加强对亚太、东南亚、中亚、南亚、西亚等地区的战略主导地位的重要考量，并且都纷纷加紧推行各自的战略，力图按照自己的意愿强化对次区域合作机制的塑造。例如，美持续加强与东盟的政治、经济、军事关系，俄加强与印度、日本、越南、韩国等国的经济、安全关系，日本持续推进与东盟、中东、中亚的经济和安全关系，印度加强与日本、菲律宾、越南、澳大利亚以及伊朗等中东国家的关系。这在增进以某个战略力量为中心的次区域整合的同时，由于各中心国家的战略目标和战略实施之间存在竞争和冲突，使得这些合作机制要跨越次区域界线而在整个地区范围内实现联动受到不同程度的分割、阻隔和削弱。如果地区主要国家不能从亚洲全局出发，求大同存小异，积极促进各个次区域合作机制的相互开放、互补共荣甚至彼此融合，那么整个亚洲的内部联动将受到分化抑制。

再次，地区挑战考验整体性强化和凸起。亚洲长期存在多个地区热点难点问题，目前有五个亟待解决。东北亚的朝鲜核问题由于朝鲜进行第三次核试验并且确立了经济建设和增强核及导弹能力并重并进的双轨战略，而使局势处于表面缓和，实际危险继续酝酿的状态。连接中亚和南亚的阿富汗问题随着总统选举以及美国和北约在 2014 年撤离大部分作战部队，重建进程进入新阶段。之后，北约在阿富汗保留约1．3万名驻军，其中美军约9800人。按照奥巴马政府此前提出的计划，驻阿美军人数将于2015年底降至约5500人，2016年底降至约1000人。但是到2015年3月，奥巴马政府宣布，由于阿富汗安全局势没有明显改善，驻阿美军将放缓撤离步伐，继续维持现有9800人的规模到年底。随后美国再度改变计划，奥巴马2016年7月6日在白宫宣布，由于塔利班威胁依然存在，而阿富汗安全部队尚不足够强大，美国将在阿富汗留驻大约8400人，直至2017年其总统任期结束。如前所述，西亚的伊朗核问题在2015年7月达成达成全面的永久性协议之后，美国宣布取消对伊朗与核问题相关的制裁，尤其是允许伊朗银行接入国际银行电汇系统（SWIFT）并获取海外油款；同时又宣布对伊朗实施与导弹问题相关的制裁，严禁伊朗染指美国金融系统，由此美伊围绕导弹开发和支持恐怖主义等问题的博弈继续。叙利亚危机在巴沙尔政府军重新赢得战场优势，俄罗斯、土耳其、伊朗等力量对叙局势走向的主导影响日显突出的情况下，美国、以色列和沙特等国是否甘处劣势仍有疑问。以色列和巴勒斯坦在美国的推动下历经2013年7月到2014年4月的十余次谈判以及长达50天的冲突之后，保持了较长时间的相对平静。在2017年特朗普就任美国总统并与2月会晤内塔尼亚胡总理时表示，只要以色列和巴勒斯坦双方愿意，他对以“一国方案”还是“两国方案”实现巴以和平都能够接受。这就动摇了解决以巴问题的基本原则，埋下了激发激烈冲突的引线。这些热点难点问题一方面促使有关国家加强合作，另一方面如果长期无法解决甚至再度升温和引发严重危机或冲突，那将给所在次区域的和平稳定发展造成严重冲击，拖累整个亚洲的崛起。此外，中日在东海钓鱼岛的争端以及中国与有关东南亚国家在南海的争端同样存在引发局势紧张的可能性。如果围绕这些问题，有关国家能够积极互动，超越分歧展开合作，通过多边谈判对话寻找到解决方案，并以此为牵引促进相互合作，甚至在此基础上形成了次区域合作框架（例如在朝核问题六方会谈框架基础上形成东北亚安全合作机制），这将进一步推升亚洲整体性崛起态势。反之，如果有关国家依然沿用零和博弈思维，甚至把这些问题作为牵制对手的地缘战略工具使用，消极互动，那不仅不利于这些问题的解决，还将破坏地区稳定，严重阻碍亚洲整体性崛起。

这几个方面的效应在提升亚洲在世界格局演化中的地位和权重的同时，增添了亚洲内部地区格局盘整的难度，使亚洲的整体性崛起态势无法定格而继续处于进程当中。未来整个地区的崛起越来越取决于能否防止上述开始显露苗头的碎片化趋势进一步扩大，以及能否整拾各个次区域的合作进而增进合力，共同推动完成亚洲的整体性崛起进程。

中国作为亚洲重要国家的快速发展既是亚洲整体性崛起的重要动力，也深受亚洲整体性崛起效应所影响。不仅世界主要战略力量因应亚洲崛起而进行的政策调整不同程度地有应对中国快速发展的因素，中国与各主要战略力量的互动对亚洲崛起前景和效应的影响越来越大；而且整个地区范围的联动和整合围绕中国展开的成分也在不断增加，中国在各个次区域合作机制中的作用对整个地区内部联动和整合的促进抬升越来越突出。[①] 这在给中国进一步快速发展提供有利态势和地区支撑的同时，也给中国所处的地区环境增添了越来越多的复杂变数，使中国在大国关系、周边外交、区域合作、热点难点问题解决等多个方面面临越来越大的压力。

① 关于中国对地区安全合作机制的理念和实践，参阅 2017 年 1 月 11 日中华人民共和国国务院新闻办公室发表的《中国的亚太安全合作政策》白皮书，新华社，http://news.xinhuanet.com/world/2017-01/11/c_1120290045.htm。

第六章　大变局背景下中国与中东关系的发展

在中东大变局的演进过程中，美国之所以不愿意过多过深再度陷入中东，转而在中东和亚太之间推行“再平衡”战略，其中重要原因之一就是为了把更多的资源和能力用于应对中国的崛起及其带来的亚太格局的变动。海湾合作委员会等中东国家之所以越来越“向东看”，更加注重发展与亚太国家关系，其中一个重要原因同样是为了拓宽和加深同中国在各领域的合作。亚太多个区域次区域合作机制日趋活跃，对包括西亚在内的整个地区的辐射力和拉动力不断增强，其中一个重要因素还是中国在其中的作用不断增大。特别是中国不断扩大“向西开放”，加快推进“丝绸之路经济带”和“21 世纪海上丝绸之路”建设，这从东向西，推动亚太扩大与中亚、东南亚、南亚、中东的关联，并向欧洲和非洲延展。正是在这个背景下，中国与大变局持续深入发展的中东的关系迎来了新形势和新发展。

一、 中国与中东相互战略需求上升

中国与中东地区的友好交往历史悠久。汉朝使臣张骞和班超出访西域以及“丝绸之路”的开通曾经西抵中东。20世纪中叶以来，中国与中东国家关系一直呈现平等、友好、合作、相互支持、相互帮助的特点，无论是50年代的“从陌生到熟悉”和60年代的“从起伏到停滞”，还是70年代的“从恢复到发展”以及改革开放以来的“全方位外交”，都是如此。中国与中东大多数国家的正式外交关系，始于20世纪70年代之后。20世纪90年代以来，中国与中东国家的政治、经济、军事、文化关系日益增多。1992年中国与以色列正式建交，为中国在中东平衡推进与阿拉伯国家和以色列的关系提供了有利条件。进入21世纪，特别是“中阿合作论坛”及相关工作机制2004年启动以来，中国与中东国家在政治、经济、安全、文化和社会之间的交流合作不断扩大。这为当今中国与中东国家进一步加强合作奠定了良好基础。

近年来，中国与中东国家加强相互关系的内在需求不断扩大。

从中东国家方面看，“9·11”事件后，他们与美国的关系龃龉不断。特别是如前所述，自2010年底和2011年初中东大变局发生以来，美国的中东政策从20世纪90年代的全面主导塑造转变成如今的有限干预和整合，对中东大变局施加重大影响甚至操控的意愿和能力明显下降。这导致以色列、沙特等国越来越强调自身内外战略的独立自主，与美国的分歧明显扩大、摩擦增多，转而加大对俄罗斯等其他战略力量的借助力度，推进对华关系的动力和意愿持续增强，对中国的期待明显上升。

更重要的是，中国在中东的利益存在持续扩大。这些利益涵盖政治、经济、能源、安全等多个方面。从战略视角看，能源利益、地缘政治利益和经贸人文交流合作等方面的重要性、切实性和紧迫度不断提升。

就能源利益而言，中国1993年开始成为石油净进口国，到2012年石油对外依存度已经达到56.7%，2013年底进一步增长为58%，成为仅次于美国的世界第二大石油消费国和仅次于美国、日本的第三大石油进口国。国际能源署（IEA）甚至估计，到2020年，中国将成为全球最大石油进口国，石油对外依存度将达到75%—80%。根据美国传统基金会的统计表计算，中国对中东石油的依存度，在2000年和2001年分别为53.6%、56.2%，2006年和2007年分别为45.2%、44.6%，2011年为51.5%。[①] 根据中国国土资源部发布的数据统计，2012年中国从中东进口的石油已经占中国进口石油的60%左右（从2007年到2015年的数据如下图所示）。

① The Heritage Foundation, "China Global Investment Tracker Interactive Map", http://www.heritage.org/research/projection/China-Global-Ivestment-Tracker-Interactive-Map, 转引自牛新春："中国在中东的利益与影响力分析"，《现代国际关系》2013年第19期，第45页。

中国自中东国家进口原油量（单位：万吨）

	2007 年	2008 年	2009 年	2010 年	2011 年	2012 年	2013 年	2014 年	2015 年
沙特	2633. 22	3636. 84	4195. 31	4463. 00	5027. 77	5390. 06	5389. 90	4966. 19	5054. 20
伊朗	2053. 68	2132. 24	2314. 72	2131. 95	2775. 66	2200. 96	2144. 12	2746. 13	2661. 59
伊拉克	144. 21	186. 01	716. 30	1123. 83	1377. 36	1568. 47	2351. 38	2858. 04	3211. 41
科威特	363. 23	589. 63	707. 58	983. 39	954. 15	1049. 19	934. 69	1062. 04	1442. 81
阿曼	1367. 99	1458. 46	1163. 84	1586. 83	1815. 32	1957. 38	2548. 18	2974. 34	3206. 42
阿联酋	365. 09	457. 59	330. 67	528. 51	673. 52	874. 37	1027. 58	1165. 22	1256. 97
也门	323. 68	413. 22	256. 21	402. 11	309. 81	358. 45	245. 25	249. 96	155. 58
卡塔尔	28. 27	87. 78	61. 48	56. 02	70. 70	99. 55	13. 08	36. 10	26. 70
苏丹	1030. 95	1049. 92	1219. 14	1259. 87	1298. 93	250. 59	246. 21	177. 33	139. 35
南苏丹							349. 10	644. 38	660. 62
利比亚	290. 58	318. 96	634. 45	737. 33	259. 17	730. 70	239. 45	96. 55	214. 55
阿尔及利亚	161. 28	89. 76	160. 50	175. 40	217. 23	257. 19	183. 52	89. 34	30. 82
合计	8759. 48	10420. 71	11760. 21	13448. 23	14779. 62	14736. 91	15672. 46	17065. 61	18061. 30
全年总量	16317. 55	17889. 30	20378. 89	23931. 14	25254. 92	27109. 12	28214. 40	30835. 77	33549. 13

资料来源：国家海关总署，转自田春荣：《2015 年中国石油和天然气进出口状况分析》，《国际石油经济》，2016，Vol. 24，No. 03，第 47—48 页。

在未来中国的快速发展过程中，中东无论从世界重要产油区角度还是从国际重要能源通道角度，对中国能源安全乃至整个国民经济发展的影响都将进一步上升。基于此，中国希望中东地区保持和平、稳定和发展。

就地缘战略而言，中东在世界地缘战略格局中长期占据重要地位，是任何具有一定全球利益的国家都无法忽视的地区。随着中国利益边界不断向外延展，中国越来越重视周边环境的经略和塑造。2013 年 10 月召开的中央周边外交工作座谈会和 2014 年 11 月召开的中央外事工作座谈会，综合考量地理方位、自然环境、相互关系等多方面因素，确认周边在中国发展大局和外交全局中具有极为重要的战略意义。换言之，如今周边在中国对外战略布局中最为重要，切实运筹好大国关系和构建健康稳定的大国关系框架始于周边，扩大同发展中大国合作和切实加强同发展中国家团结合作始于周边，切实推进多边外交以及推动国际体系和全球治理改革同样始于周边。中国周边外交战略目标相应明晰，那就是服从和服务于实现“两个一百年”奋斗目标和中华民族伟大复兴中国梦，坚持与邻为善、以邻为伴，坚持睦邻、安邻、富邻，贯彻“亲、诚、惠、容”理念和正确义利观，全面发展同周边国家关系，巩固睦邻友好，深化互利合作，维护和用好中国发展的重要战略机遇期，在坚定维护国家主权、安全、发展利益同时，努力使周边同中国政治关系更加友好、经济纽带更加牢固、安全合作更加深化、人文联系更加紧密，使命运共同体意识在周边落地生根，使周边成为中国和平发展的巩固战略依托。在此背景下，中国周边战略地缘范围自然大幅扩展到西亚并进一步向北非辐射，中东在中国国际战略中的重要性日渐上升，中国与中东的互动日趋紧密。特别是在美国奥巴马政府在中东和西太之间推行“再平衡”战略，并减少在中东的资源投入，增加对亚太力量投放以便更好应对“中国崛起”的背景下，中东在中国周边战略的谋划实施以及运筹大国关系尤其是中美关系方面的重要性变得越来越突出。推进与中东国家的关系不仅是中国营造有利于国家发展的周边环境的题中应有之意，而且将与中国进一步加强与中亚、南亚、东南亚等此区域国家的关系形成呼应，为中国在亚太地区更好推进有关政策提供更为广阔的战略空间。特别是在当前和今后相当长时期内朝鲜半岛局势和钓鱼岛问题等有关局势复杂演变的情况下，中国如果能把与中东国家的关系同与亚太国家的关系放到同一个更广范围的战略运筹中来加以推进，使之积极联动、相互支撑，那将对中国塑造积极有利的周边环境，进而在整个亚洲大陆、印度洋和西太平洋地区格局的演变过程中处于主动地位产生特殊的重要影响。

就经贸合作和人文交流而言，从2013年到2014年，中国提出并积极推动建设“一带一路”加“四个走廊”，实现“三位一体”的互联互通。所谓“一带”就是“丝绸之路经济带”，重在贯通亚欧大陆，关键是通过上海合作组织的不断扩大及其框架下的全方位合作实现中国—中亚—西亚的整合，通过“中东欧十六国与中国”（16+1）框架下的务实合作以及欧亚经济联盟与丝绸之路经济带的对接来联通亚欧。中国主张用创新的合作模式，从加强政策沟通、加强道路联通、加强贸易畅通、加强货币流通、加强民心相通等五个方面先做起来，横跨欧亚大陆，以点带面，从线到片，逐步形成近30亿人的区域大合作，使中国与欧亚各国经济联系更加紧密、相互合作更加深入、发展空间更加广阔，以新的形式把中国同欧亚国家的互利合作不断推向新的历史高度。为此，中国视中亚各国为外交优先方向，希望同中亚国家一道，坚持世代友好，做和谐和睦好邻居；坚定相互支持，做真诚互信好朋友；大力加强务实合作，做互利共赢好伙伴；以更宽胸襟、更广视野拓展区域合作，促进共同发展繁荣。所谓“一路”就是“21世纪海上丝绸之路”，重在联通太平洋和印度洋，关键是通过深入扩展“东盟—中国”（10+1）、“东盟—中日韩”（10+3）、澜沧江—湄公河对话机制等框架下的合作，通过“中国—中南半岛经济走廊”、“孟中印缅经济走廊”、“中巴经济走廊”等的建设，通过缅甸胶漂和实兑港、斯里兰卡科伦坡和汉班托塔港、巴基斯坦瓜达尔港、吉布提等印度洋沿岸的支点建设，实现中国与东南亚、南亚、太平洋与印度洋的联通，带动沿线国家和地区的务实合作与共同发展。为此，中国愿同作为重要枢纽的东盟国家加强海上合作，使用好中国—东盟海上合作基金，发展好海洋合作伙伴关系；倡议筹建亚洲基础设施投资银行，致力于加强同东盟国家的互联互通，支持本地区发展中国家基础设施联通建设。中国愿在与东盟战略伙伴关系的第二个10年里，同东盟国家坚持讲信修睦，商谈缔结睦邻友好合作条约，进而与更多地区国家探讨达成睦邻友好法律文件；坚持合作共赢，提高自贸区水平，使自身发展更好惠及东盟国家；坚持守望相助，深化非传统安全领域合作，始终坚持以和平方式和通过平等对话及友好协商妥善处理分歧和争议；坚持心心相印，促进民间和社会友好交流合作；坚持开放包容，积极借鉴彼此及其他地区发展经验，欢迎域外国家发挥建设性作用。所谓“四个走廊”，就是前面所提到的中印缅孟经济走廊、中巴经济走廊、中国—中南半岛经济走廊，加上中国—蒙古—俄罗斯经济走廊。这“四个走廊”建设本身就是“一带一路”建设的重要组成部分，起到重要补充作用。所谓“三位一体”的互联互通就是交通基础设施的硬件联通，规章制度、标准、政策的软件联通，以及增进民间友好互信和文化交流的人文联通。这些联通以亚洲国家为重点方向，优先关注和实现亚洲的互联互通；以陆路经济走廊和海上经济合作为依托，建立亚洲互联互通基本框架；以交通基础设施为突破，实现亚洲互联互通早期收获；以人文交流为纽带，夯实亚洲互联互通的社会根基。这些联通犹如亚洲腾飞两只翅膀的血脉经络，与“一带一路”这两只翅膀，相融相近、相辅相成。伴随“一带一路”和“两个走廊”的共商、共建、共享的推进，以及亚洲互联互通建设推进，沿线国家的政治互信、经济合作、民间往来、文化交流都将达到新水平，东亚、中亚、东南亚、南亚和西亚作为一个整体的合作发展将获得更多资源、更强动力、更大空间。中国作为倡议者、推动者和建设者，在以自身的发展促进整个亚洲地区乃至更广阔范围发展的同时，把自身的发展寓于地区发展之中，依托和借助整个地区的发展实现自身发展的跃升。其中，中东既是“一带一路”向西延伸的交汇点和通往非洲和欧洲的重要环节，也是中印缅孟经济走廊和中巴经济走廊建设向西的自然延展，当然还是“三位一体”互联互通的重要部分。到2013年底，中国与中东阿拉伯国家的经贸额已经达到2400亿美元。2014年，中国国家核电技术公司、美国西屋公司和土耳其国有发电公司（EUAS）签署合作备忘录，启动在土耳其开发建设4台核电机组的排他性协商，使用技术是中国具有自主知识产权的三代核电技术（CAP1400）。中国铁路建设股份有限公司、中国机械及出口公司同土耳其两家公司共同承建的土耳其安卡拉到伊斯坦布尔高铁158千米（全长533千米）完工并投入营运。截至2016年底，已经有100多个国家和国际组织积极响应支持，40多个国家和国际组织同中国签署合作协议，中国企业对沿线国家投资达到500多亿美元。[①] 2017年5月，中国将在北京主办“一带一路”国际合作高峰论坛，共商合作大计，共建合作平台，共享合作成果，为解决当前世界和区域经济面临的问题寻找方

① 习近平主席在世界经济论坛2017年年会开幕式上的主旨演讲（全文），2017年1月18日，新华社，http://news.xinhuanet.com/world/2017-01/18/c_1120331545.htm。

案，为实现联动式发展注入新能量，使“一带一路”建设更好造福各国人民。

对于中国与中东国家加强合作的积极意愿和行动，特别是2013年提出“丝绸之路经济带”和“21世纪海上丝绸之路”建设的构想，阿拉伯国家普遍表示欢迎，期待与中国由此扩大各个领域的合作。2014年6月5日，阿盟秘书长阿拉比在中阿合作论坛第六届部长级会议后的联合记者会上表示，同中国开展“一带一路”合作一定会使所有阿拉伯国家受益，这种关系是互利双赢的，愿同中国建立战略性合作关系。[①] 2014年11月，来华访问的卡塔尔埃米尔塔米姆表示，卡方高度赞赏中国在国际上一贯秉持客观公正立场，愿意同中方共同努力，维护中东地区安全稳定；认为中国提出的建设“一带一路”倡议，为两国能源、基础设施建设等领域合作提供了重要机遇。[②] 12月，埃及总统塞西在访华之前接受采访时，同样高度赞赏建设“一带一路”的战略构想；认为这个宏伟蓝图是对伟大的古丝绸之路的复兴，为中埃合作提供了良好契机；埃及作为实施这一战略构想的“支点”，愿意积极参与，发挥重要作用。[③] 塞西在到访中国与习近平主席会谈时表示，埃中友好交往源远流长。埃及是最早同新中国建交的阿拉伯和非洲国家，

---

① “阿盟秘书长称中国是唯一一直支持第三世界发展中国家的大国”，中华人民共和国外交部网站，http：//www. cascf. org/chn/ltdt/t1162902. htm。

② “习近平同卡塔尔埃米尔塔米姆举行会谈”，新华网，http：//news. xinhuanet. com/politics/2014－11/03/c_ 1113098100. htm。

③ “埃及愿进一步发展中埃战略合作关系——访埃及总统阿卜杜勒—法塔赫·塞西”，新华网，http：//news. xinhuanet. com/world/2014－12/19/c_ 1113709971. htm。

这体现了埃及对中国重要国际地位的认同和赞赏。埃方感谢中方一贯给予的支持和帮助，特别是对近年来埃及人民变革诉求给予的理解。埃及正在努力实现国家稳定和经济发展，决心同中方发展全面战略伙伴关系，加强政治、经济、人文、军事、安全等领域友好合作。他特别指出，埃及希望同中方合作开发苏伊士运河走廊和苏伊士经贸合作区等项目，创造更好条件，吸引中国企业赴埃及投资；希望更多埃及学生来中国留学、更多中国公民到埃及旅游；愿意同中方加强在重大国际和地区问题上协调配合，共同应对恐怖主义等挑战。[①] 在双方的共同努力下，中国与中东国家的合作动力不断增强，全方位合作持续展开。

二、 中国建设性参与解决中东热点难点问题

在上述动力的促进下，随着中国在中国共产党第十八次全国代表大会之后国际战略和对外关系的新一轮谋划和实践逐步展开，中国对中东事务的关注度明显上升，外交投入逐步增多，外交活动日益活跃。从 2013 年以来，围绕巴以问题、叙利亚危机、伊朗核问题、打击“伊斯兰国”等极端主义和恐怖主义势力这四个中东地区的重要热点难点问题，中国明确提出了解决问题的一系列主张和建议，

① “习近平同埃及总统塞西举行会谈 共同决定将中埃关系提升为全面战略伙伴关系”，中国网，http：//www. gov. cn/xinwen/2014 －12/23/content_ 2795608. htm。

进一步建设性参与解决这些重要问题。

关于巴以问题。2013 年 5 月，中国邀请以色列总理内塔尼亚胡和巴勒斯坦总统阿巴斯访华，习近平主席提出了中方关于解决巴勒斯坦问题的四点主张，即应该坚持巴勒斯坦独立建国、巴以两国和平共处这一正确方向；应该将谈判作为实现巴以和平的唯一途径；应该坚持“土地换和平”等原则不动摇；国际社会应该为推进和平进程提供重要保障。中国外长王毅 12 月访问中东五国，其核心任务就是推动落实这四点主张，进一步做巴以双方的劝和促谈工作。2014 年 7 月以色列对加沙地带实施“护刃行动”之后，王毅外长 8 月在访问埃及时表示，中国愿与国际社会一道，为结束以巴冲突作出自己的贡献，提出了解决以巴冲突的五点看法：一是以巴双方应从维护人民安危和地区和平出发，立即实现全面停火，包括空袭、地面军事行动、发射火箭弹等行为都应停下来。任何滥用武力、造成平民伤亡的行为都不可接受，任何以暴制暴的作法都必须摈弃。二是中方支持埃及等国家提出的停火倡议。以巴都应放弃以武力手段寻求单方面诉求，通过负责任谈判，寻找实现共同安全的方案，并为此建立必要保障机制。在此进程中，以色列应解除对加沙地区封锁，释放在押巴勒斯坦人。同时，以色列的合理安全关切也应予以重视。三是以巴冲突的根源在于巴勒斯坦问题长期得不到公正、合理的解决。中方一贯支持巴勒斯坦人民独立建国的正当要求和合法权利。以巴有关各方应把和谈作为不可动摇的战略选择，相互释放善意，尽快恢复和谈。和谈要相向而行，不能背道而驰，尤其要避免和谈破裂导致紧张升级，对抗加剧。四是以巴冲突事关国际和平与安全，联合国安理会应为解决以巴冲突承担必要责任，尽快就此形成共识，发挥应有作用。国际社会要相互配合，形成推动以巴和平的合力。五是高度重视并有效缓解巴勒斯坦特别是加沙地区的人道主义局势。国际社会应及时提供必要的帮助和支持。中方将向加沙人民提供150万美元紧急人道主义现汇援助，中国红十字会也向加沙人民提供了人道援助。

关于叙利亚问题。2013年10月，王毅外长强调政治途径解决叙利亚问题是唯一现实出路，认为应该从叙国内、地区、国际三个层面作出努力，推动举行第二次叙利亚问题日内瓦会议，全面落实日内瓦公报，并表示中国继续为叙问题政治进程和销毁化武工作并行推进提供支持。2014年1月，王毅外长就政治解决叙利亚问题提出五点主张，即政治解决叙利亚问题应该履行“五个坚持”：一是坚持通过政治手段解决叙利亚问题；二是坚持由叙利亚人民自主决定国家的未来；三是坚持推进包容性政治过渡进程；四是坚持在叙利亚实现全国和解和团结；五是坚持在叙利亚及周边国家开展人道救援。

关于伊核问题。中方明确主张伊朗不应拥有核武器，其合理的安全及经济利益要求应该予以考虑，其和平利用核能的权利应该得到保证；反对谋求以武力解决该问题。2013年11月19日，习近平主席与伊朗总统鲁哈尼就此通过电话深入交换意见，提出中方建议。此前在该问题的多轮谈判过程中，中国同样发挥积极沟通协调作用，包括就有关焦点问题提出建议和解决方案以弥合各方分歧，与美国、俄罗斯、欧盟、伊朗等各方举行双边会晤以探讨有效推进谈判等，这些努力都为伊核沿着政治外交解决轨道取得突破起到了促进作用。特别是在2014年有关伊核问题的全面协议谈判进程开始之后，中国在2月就全面解决该问题提出“五点主张”，以推动尽早达成协议。第一点是坚持走六国与伊对话道路。中方认为，伊核问题第一阶段协议谈判的成功实践证明：对话谈判是解决伊核问题的正确道路，六国与伊对话是解决伊核问题的有效机制。这条道路不会一片坦途，还会遇到各种困难。各方均应从维护中东地区和平稳定的大局出发，坚持对话谈判，充分发挥六国与伊对话机制的作用，坚持共同参与、平等协商，和平解决伊核问题。第二点是寻求全面、公平、合理的长期解决方案。中方指出，伊朗核全面协议将是一个历史性协议，必须经得起历史的检验。要实现这一目标，关键是要平衡处理各方关切。伊应全面解决国际社会对伊核计划的关切，履行《不扩散核武器条约》规定的义务。同时，伊发展与民生需求亦应得到保障。六国应充分尊重伊和平利用核能权利，并逐步解除所有对伊单、多边制裁，同伊开展广泛领域的合作。第三点是秉持分步对等原则。中方提出，下步谈判将触及伊核计划和解除对伊制裁相关核心问题，关乎各方的重大利益，更加复杂敏感。希望伊方显示更多灵活，在限制核计划方面采取更多切实措施，六国也应与伊相向而行，在解除对伊制裁方面予伊相应回报，逐步积累政治互信，为最终实现突破创造条件。第四点是营造有利的对话谈判气氛。中方认为伊核问题的和谈积极势头来之不易，但也十分脆弱。下一步谈判还将面临各种困难和阻力。各方均应体现善意和诚意，从大处着眼，坚定信心，保持耐心，千方百计地维护对话气氛。中方反对任何一方采取对抗施压等破坏谈判气氛的做法。第五点是寻求标本兼治、综合治理。中方指出，伊核问题的根子在于有关各方缺乏政治互信，未能破除过时的旧安全观。六国与伊寻求达成全面协议，不仅要着眼于解决伊核问题本身，还要秉持互信、互利、平等、协作的新安全观，致力于发展更具建设性的双边关系，开展广泛领域的合作，在国际和地区事务中寻求共赢。中国这些主张以及据此做出的外交努力对后来的谈判都起到了积极的促进作用。

关于打击“伊斯兰国”等极端主义和恐怖主义势力。中国认为“伊拉克和黎凡特伊斯兰国”和“支持阵线”等恐怖组织已经对中东乃至世界的和平与安全构成严重威胁。中国支持联合国安理会 2014 年 8 月 15 日一致通过的第 2170 号决议，呼吁国际社会加大力度，切实采取措施切断极端和恐怖组织的资金和人员来源，希望国际社会高度重视恐怖组织通过互联网和社交媒体获取人员、武器和资金等问题，并做出相应制裁规定。加强合作共同打击网络恐怖主义，遏制其蔓延势头。2014 年 9 月，王毅外长在联合国安理会反恐峰会上指出，中国主张遵循国际法和国际关系准则，协调一致、多措并举、统一标准，加大反恐信息收集与分享，加强网络反恐，切断恐怖主义资金和人员流动，推进去极端化；同时宣布，中国坚定支持中东地区国家的反恐努力，支持伊拉克加强反恐能力建设，愿在情报交流、人员培训等方面同各方加强合作，向伊拉克包括库尔德地区提供6000万元人民币的紧急人道援助。[①]

在围绕上述中东地区热点焦点问题提出解决方案的同时，中国还积极展开外交斡旋，推动落实有关主张和建议。2013年12月17—26日，中国外长王毅出访巴勒斯坦、以色列、阿尔及利亚、摩洛哥和沙特五国，行程跨越西亚北非，指出中国始终从战略高度和长远角度看待和推进与阿拉伯国家关系，支持阿拉伯国家坚定走自己选择的道路，支持阿拉伯国家通过政治手段解决热点问题，支持阿拉伯国家与中国加强合作、共同发展，支持阿拉伯国家维护自身的正当权益。王毅外长还表示，中方认为阿拉伯国家要发展，发展是解决一切的基础和钥匙；阿拉伯国家要稳定，稳定是实现发展的必要前提；阿拉伯国家要团结，只有团结才有力量，才能更好地维护阿拉伯国家的根本和长远利益。在阿拉伯国家发展、稳定、团结进程中，中国将与阿拉伯国家站在一起。2014年7月，中国中东问题特使先后访问伊拉克、巴勒斯坦、以色列等国，就伊拉克安全局势、

---

① 王毅："共同应对恐怖主义新威胁——在联合国安理会反恐峰会上的发言"，中华人民共和国外交部外交部网站，http：//www.fmprc.gov.cn/mfa_chn/wjb_602314/wjbz_602318/zyjhs/t1194518.shtml。

巴以冲突等问题与有关各方进行沟通，推动各方为实现地区和平稳定做出努力。

三、“一带一路”框架下中国与中东关系新进展

如前所述，“一带一路”建设作为新时期中国扩大全方位对外开发以及积极参与完善地区和全球治理的重大举措，为中国与中东国家推进合作提供了新动力和新平台。中国在不断扩大建设性参与解决中东地区热点难点问题的同时，在“一带一路”建设的框架下，推动与中东国家的关系取得新进展。

2014 年 6 月，中国国家主席习近平在中国—阿拉伯国家合作论坛第六届部长级会议上表示，未来 10 年是中阿实现各自民族振兴的共同使命和挑战的关键时期，希望双方弘扬丝绸之路精神，促进文明互鉴，尊重道路选择，坚持合作共赢，倡导对话和平，以共建丝绸之路经济带和 21 世纪海上丝绸之路为新机遇新起点，不断深化全面合作、共同发展的中阿战略合作关系。为此，习近平主席提出，中阿双方应该坚持共商、共建、共享原则，打造中阿利益共同体和命运共同体。既要登高望远、也要脚踏实地，构建“1 +2 +3”的合作格局，即以能源合作为主轴，以基础设施建设、贸易和投资便利化为两翼，以核能、航天卫星、新能源三大高新领域为新的突破口。未来 10 年，争取把中

阿贸易额从2013年的2400亿美元增至6000亿美元，把中国对阿非金融类投资存量从2013年的100亿美元增至600亿美元以上，加快协商和推进中国—海湾阿拉伯国家合作委员会自由贸易区、阿拉伯国家参与亚洲基础设施投资银行，争取早期收获。中阿应该依托并增进中阿传统友谊，双方决定把2014年和2015年定为中阿友好年，将举办一系列友好交流活动。今后3年，中方将为阿拉伯国家再培训6000名各类人才。未来10年，中国将组织1万名中阿艺术家互访交流，推动并支持200家中阿文化机构开展对口合作。

2014年11月，习近平主席在与来华访问的卡塔尔埃米尔塔米姆会谈时表示，中方支持卡塔尔主权和领土完整，支持卡塔尔为维护国家安全稳定所作努力，支持卡塔尔在地区事务中发挥独特作用；中方欢迎卡方参与丝绸之路经济带和21世纪海上丝绸之路建设，愿意同卡方建立上下游一体、长期稳定的能源伙伴关系，同时扩大基础设施建设、通信、金融等各领域合作，促进相互投资，并研究在第三国开展联合投资；双方要加强两军交流和安全执法合作，共同打击恐怖主义；希望卡方在作为海湾合作委员会轮值主席国期间，推动加快中国—海湾合作委员会自由贸易区谈判；支持举办2016中卡文化年，促进人文交流。中卡决定将两国关系提升为战略伙伴关系，从战略高度规划好全方位合作。埃米尔塔米姆表示，卡方高度赞赏中国在国际上一贯秉持客观公正立场，愿意同中方共同努力，维护中东地区安全稳定；认为中国提出的建设“一带一路”倡议，为两国能源、基础设施建设等领域合作提供了重要机遇。[①] 2014 年 12 月，埃及总统塞西在访华之前接受采访时，同样高度赞赏建设“一带一路”的战略构想；认为这个宏伟蓝图是对伟大的古丝绸之路的复兴，为中埃合作提供了良好契机；埃及作为实施这一战略构想的“支点”，愿意积极参与，发挥重要作用。塞西在到访中国与习近平主席会谈时表示，埃中友好交往源远流长。埃及是最早同新中国建交的阿拉伯和非洲国家，这体现了埃及对中国重要国际地位的认同和赞赏。埃方感谢中方一贯给予的支持和帮助，特别是对近年来埃及人民变革诉求给予的理解。埃及正在努力实现国家稳定和经济发展，决心同中方发展全面战略伙伴关系，加强政治、经济、人文、军事、安全等领域友好合作。他特别指出，埃及希望同中方合作开发苏伊士运河走廊和苏伊士经贸合作区等项目，创造更好条件，吸引中国企业赴埃及投资；希望更多埃及学生来中国留学、更多中国公民到埃及旅游；愿意同中方加强在重大国际和地区问题上协调配合，共同应对恐怖主义等挑战。抵达北京之后，习近平主席在与塞西总统举行会谈时指出，埃及是阿拉伯、非洲、伊斯兰和发展中大国，中埃始终相互理解和尊重，相互信任和支持，两国关系是中阿、中非关系和南南合作的典范；中方高度重视同埃及的关系，十分关注埃

---

① “习近平同卡塔尔埃米尔塔米姆举行会谈”，新华网，http：//news. xinhuanet. com/politics/2014 -11/03/c_ 1113098100. htm。

及局势发展，坚定支持埃方积极探索符合本国国情的发展道路，相信埃及政府和人民有智慧、有能力处理好前进中遇到的各种问题，实现稳定和发展；中埃共同决定将两国关系提升为全面战略伙伴关系，这是一个重要里程碑，将有力推动两国各领域合作迈上更高水平。习近平主席表示，中埃双方要密切政党、立法机构和民间交流，分享治国理政经验。中方愿意将共建丝绸之路经济带和21世纪海上丝绸之路的倡议同埃方重大发展规划对接，加强基础设施建设、核电、新能源、航天等领域合作，并辅之以适当的投融资安排。双方还可以共同开展面向阿拉伯和非洲国家的三方合作。中方愿意推进两军交流，深化执法安全领域合作，共同打击恐怖主义和跨国犯罪。中埃都是文明古国，中方支持2016年两国互办“文化年”，扩大人文交流。两国要在国际和地区事务中加强相互支持，维护共同利益。①

2016年1月19日至23日，习近平主席对沙特、埃及、伊朗进行国事访问，并访问阿盟总部，取得一系列重要成果：一是加深传统友好和提升政治关系，与沙特从战略友好关系提升为全面战略伙伴关系，与埃及发表了加强全面战略伙伴关系的五年实施纲要，与伊朗宣布建立全面战略伙伴关系。二是通过共建“一带一路”拓宽合作通道，与三国分别签署关于共建“一带一路”的谅解备忘录，共签署52个项目合作文件，还与沙特签署了加强“网上丝绸之

① “习近平同埃及总统塞西举行会谈 共同决定将中埃关系提升为全面战略伙伴关系”，中国网，http：//www.gov.cn/xinwen/2014－12/23/content_2795608.htm。

路”建设合作的谅解备忘录，合作领域涵盖经贸、能源、金融、通信、航空航天、气候变化等诸多领域，务实合作的广度和深度大为拓展。三是与海湾合作委员会重启自贸区谈判，并原则上结束货物贸易的实质性谈判，商定努力于年内达成自贸区协定，开辟中海经贸互利合作的新前景。四是弘扬文明互鉴，筑牢民意支撑，强调通过中华文明和伊斯兰文明这两大传统文明的交流对话，传播重和平、尚和谐、去极端、求真知的理念，特别是要共同抵制宗教极端思想，反对把恐怖主义同特定民族、宗教、教派挂钩。[①] 五是全面系统阐释中国新时期的中东政策，规划未来中阿关系发展蓝图，提升中阿集体合作水平。出访前夕，中国政府发表了第一份对阿拉伯国家政策文件，系统阐述了中国对占中东国家绝大多数的阿拉伯国家基本政策，规划了在政治、投资贸易、社会发展、人文交流、和平与安全等多个领域全面加强中阿合作的设想，总结和展望了中阿合作论坛及其后续行动以及中国与阿拉伯区域组织的关系。[②] 习近平主席在阿盟总部的重要演讲，针对“向何处去”这一中东之问，围绕和平与发展两大突出问题，提出了标本兼治、综合施策的中国方案；强调双方要抓住未来五年的关键时期共建“一带一路”，确立和平、创新、引领、治理、交融的行动理念，做中东和平的建设者、中东发展的

① “外交部长王毅谈习近平主席访问沙特、埃及、伊朗和阿盟总部”，2016 年 1 月 24 日，新华社，http：//news. xinhuanet. com/world/2016 －01/24/c_ 1117875177. htm。

② “中国对阿拉伯国家政策文件（全文）”，2016 年 1 月 13 日，新华社，http：//news. xinhuanet. com/2016 －01/13/c_ 1117766388. htm。

推动者、中东工业化的助推者、中东稳定的支持者、中东民心交融的合作伙伴，实施好共建“一带一路”的四大行动计划。习近平主席特别强调，中国在中东不找代理人，而是劝和促谈；不搞势力范围，而是推动大家一起加入“一带一路”朋友圈；不谋求填补“真空”，而是编织互利共赢的合作伙伴网络。这些思想和主张充分体现了中国坚持发展导向、以发展促和平的深刻理念，提供了促进地区稳定和发展的系列公共产品，树立了中国负责任、重行动、建设性的大国形象。①

通过这一系列重大外交努力和切实政策举措，中国积极推进与中东国家关系，在中东事务中主持公道、敢于担当、积极负责的形象更加凸显，中国与中东国家的互动由此进入新的发展阶段，提升到新的发展水平，呈现一个全新的积极态势。

① “外交部长王毅谈习近平主席访问沙特、埃及、伊朗和阿盟总部”，新华社，2016年1月24日，http：//news. xinhuanet. com/world/2016－01/24/c_ 1117875177. htm。

后　记

当本书完稿时，窗外雪花飘落，漫天飞舞。这是2017年初春的第一场雪，久旱盼甘霖，令人惊喜。如此看来，本书的面世还伴随着大自然别样的问候。

这本书是我学习和研究中东问题二十余年又一阶段的总结。回顾过去的历程，我对中东问题的观察和思考，起初集中于这个地区本身的国际关系等问题，后来把美国这个最大的外部因素纳入，出版了第一本专著《冷战后美国的中东政策》。“9·11”事件后，美国与伊斯兰世界的矛盾快速上升，成为影响世界发展和国际格局走向的重大问题，我的研究随之扩展到整个伊斯兰世界，出版了第二本专著《美国与伊斯兰世界》。其间，在2003年小布什政府发动伊拉克战争之前，我和同事们合作推出了一本应景之作《全球变局：美国与伊拉克》，以飨时需。2010年12月，中东新一轮大动荡开始了，至今仍在演进之中。我的中东研究随之步入新的阶段。

在我持续学习和关注中东问题的过程中，中国因素从淡入到凸显、从彼此陌生到紧密相关、从具体细小的利益关联到全球战略层面的互动作用，变得越来越突出而重要。我越来越多地把美国、中东、中国联系起来观察，把美欧所代表的西方、中东所代表的伊斯兰世界、中国所体现的东方放到一起来思考，甚至开始越来越多地从人类文明交流变迁和世界体系互动演变的角度来思考。这种个人研究视角的变化，在一定程度上是世界本身的演进使然，在相当程度上更是中国快速发展和国际地位提升的需求牵引使然。刚刚完成的这部书稿，把新一轮中东大变局放到全球大变局的框架下，从分析新一轮中东大变局的主要进程、影响因素、地区效应开始，进而分析到美国中东政策的调整、亚洲和西太平洋地缘板块的变动、中国与中东关系的发展，正是我的中东研究视角变化的集中体现。

本书中有关美国的内容，其实就是对奥巴马政府八年中东政策的总体分析。特朗普政府就任以来，从其竞选言论、执政团队思想倾向尤其是初期政策表达看，美国的中东政策即将发生新的重要变化。从第一个月的施政情况看，特朗普政府中东政策的调整及其影响可能超过冷战结束以来的所有前任，这都留待未来研究。本书主要内容涉及的时间界限大多起于2010年12月，截止到2016年，有的提早至2015年，有的稍近至2017年2月。

本书也是我承担的国家社科基金2012年度项目“大变局下美国中东战略的调整、影响与我国对策研究”（项目批准号12BGJ019）的研究成果，谨此致谢国家社科基金规划办。在我完成书稿乃至近些年来所有的研究过程中，西安工业大学马克思主义学院周意岷博士和中国外文局对外传播研究中心研究人员许启启协助查找了很多资料。本书的参考文献部分，均由周意岷博士搜集梳理。没有他们的大力支持，这项研究恐难如此顺利。在此亦表示衷心感谢。之前两本拙著《美国与伊斯兰世界》和《全球变局：美国与伊拉克》均由时事出版社出版，此番又得到社长王基建总编辑的热情帮助和认真审校把关，深表谢意。

在拙著的研撰中，始终有家人默默支持陪伴。当我完稿时，十岁的儿子高瑞泽趴在肩头观阅，可谓本书未定稿之第一位读者。

拙著奉上，请各位同行和专家不吝雅正！

高祖贵

于颐和园北大有庄

丁酉年正月二十五

参考文献

一、中文文献

(一) 专著

［1］［美］爱德华·W·萨义德．文化与帝国主义［M］．北京：生活·读书·新知三联书店，2003.

［2］［美］奥兰·扬 著，陈玉刚，薄燕 译．世界事务中的治理［M］．上海：上海世纪出版集团，2007.

［3］［美］保罗·肯尼迪 著，陈景彪 等译．大国的兴衰［M］．北京：国际文化出版公司，2006.

［4］［美］伯纳德·里奇．大国在中东［M］．纽约：普林格出版社，1987.

［5］楚树龙 主编．跨世纪的美国［M］．北京：时事出版社，1997.

［6］［美］戴维·S·兰德斯 著，门洪华，安增才，董素华，孙春霞 译．国富国穷［M］．北京：新华出版社，2010.

［7］［美］丹尼尔·布尔斯廷．美国人：开拓里程（中译本）［M］．北京：美国大使馆新闻文化处，1987.

［8］［美］丹尼尔·耶金 著，艾平 等译．石油大博弈

[M]．北京：中信出版社，2008.

[9] 方金英．穆斯林激进主义：历史与现实 [M]．北京：时事出版社，2015.

[10] 方连庆，刘金质，王炳元 主编．战后国际关系史 [M]．北京：北京大学出版社，1999.

[11] 高祖贵 主编．全球变局：美国与伊拉克 [M]．北京：时事出版社，2003.

[12] 高祖贵．冷战后美国的中东政策 [M]．北京：中共中央党校出版社，2001.

[13] 高祖贵．美国与伊斯兰世界 [M]．北京：时事出版社，2005.

[14] [英] 哈尔福德·麦金德著，林尔蔚，陈江 译．历史的地理枢纽 [M]．北京：商务印书馆，1985.

[15] [美] 海伦·米尔纳 著，曲博 译．利益、制度与信息 [M]．上海：上海世纪出版集团，2010.

[16] [美] 汉斯·摩根索 著，徐昕，郝望，李保平 译．国家间政治 [M]．北京：北京大学出版社，2006.

[17] [美] 亨利·基辛格 著，顾淑馨、林添贵 译．大外交 [M]．海南：海南出版社。1998.

[18] [美] 亨利·基辛格 著，胡利平，林华，杨韵琴、朱敬文 译．论中国 [M]．北京：中信出版社，2012.

[19] [英] 杰弗里·帕克著，李亦鸣，徐小杰，张荣忠 译．二十世纪的西方地理政治思想 [M]．北京：解放军出版社，1992.

［20］［美］肯尼思·华尔兹 著，信强 译．人、国家与战争［M］．上海：上海世纪出版集团，2012.

［21］［美］肯尼思·华尔兹 著，张睿壮，刘丰 译．现实主义与国际政治［C］．北京：北京大学出版社，2012.

［22］［美］肯尼斯·沃尔兹 著，信强 译．国际政治理论［M］．上海：上海世纪出版集团，2008.

［23］［美］罗伯特·基欧汉 著，苏长和 等译．霸权之后：世界政治经济中的合作与纷争［M］．上海：上海世纪出版集团，2006.

［24］［美］罗伯特·杰维斯著，李少军，杨少华，关志雄 译．系统效应：政治与社会生活中的复杂性［M］．上海：上海世纪出版集团，2008.

［25］马晓霖 主编．阿拉伯剧变：西亚、北非大动荡深层观察［C］．北京：新华出版社，2012.

［26］［美］迈克尔·克莱尔 著，孙芳 译．石油政治学［M］．海南：海南出版社，2009.

［27］［美］曼纽尔·卡斯特著，曹荣湘 译．认同的力量［M］．北京：社会科学文献出版社，2006.

［28］梅孜．美国国家安全战略报告汇编［M］．北京：时事出版社，1996.

［29］［英］娜菲兹·摩萨迪克·艾哈迈德 著，谭春霞 译．文明的危机［M］．北京：新华出版社，2012.

［30］［美］尼克松．超越和平［M］．北京：世界知识出版社，1995.

[31]［法］皮埃尔·塞林格、［法］埃里·洛朗. 海湾战争：秘密档案［M］. 北京：世界知识出版社，1991.

[32]［美］乔治·布什，［美］布伦特·斯考克罗夫特. 重组的世界：1989—1991 年世界重大事件的回忆［M］. 江苏：江苏人民出版社，2000.

[33]［美］塞缪尔·亨廷顿 著，欧阳景根 译. 第三波［M］. 北京：中国人民大学出版社，2013.

[34]［美］塞缪尔·亨廷顿 著，王冠华，刘为 等译. 变化社会中的政治秩序［M］. 上海：上海世纪出版集团，2008.

[35]［美］塞缪尔·亨廷顿 著，周琪，刘绯，张力平，王园 译 文明的冲突与世界秩序的重建［M］. 北京：新华出版社，2010.

[36] 斯塔夫里阿诺斯 著，吴象婴，梁赤民，董书慧，王昶 译. 全球通史［M］. 北京：北京大学出版社，2006.

[37]［英］苏珊·斯特兰奇 著，肖宏宇，耿协峰 译. 权力流散［M］. 北京：北京大学出版社，2005.

[38]［英］苏珊·斯特兰奇 著，杨光宇 译. 国家与市场［M］. 上海：上海人民出版社，2006.

[39] 唐志超. 中东库尔德民族问题透视［M］. 北京：社会科学文献出版社，2013.

[40]［美］特伦斯·K. 霍普金斯，［美］伊曼纽尔·沃勒斯坦 等著，吴英 译. 转型时代［M］. 北京：高等教育出版社，2002.

［41］涂龙德，周华．伊斯兰激进组织［M］．北京：时事出版社，2010.

［42］［法］托克维尔著，冯棠 译．旧制度与大革命［M］．北京：商务印书馆，2012.

［43］［美］托马斯·巴尼特 著，王长斌，汤学武，谢静珍 译．五角大楼的新地图［M］．北京：东方出版社，2007.

［44］［美］托马斯·弗里德曼，［美］迈克尔·曼德鲍姆 著，何帆 等译．曾经的辉煌［M］．湖南：湖南科学技术出版社，2012.

［45］王京烈 主编．当代中东政治思潮［M］．北京：当代世界出版社，2003.

［46］王京烈．动荡中东多视角分析［M］．北京：世界知识出版社，1996.

［47］王京烈．解读中东：理论构建与实证研究［M］．北京：世界图书出版公司，2011.

［48］王绳祖 主编．国际关系史（第八卷）［M］．北京：世界知识出版社，1995.

［49］王晓德．美国文化与外交［M］．北京：世界知识出版社，2000.

［50］吴云贵．当代伊斯兰教法［M］．北京：中国社会科学出版社，2003.

［51］［美］西·内·费西尔．中东史［M］．北京：商务印书馆，1979.

[52] 肖宪 主编. 1945年以来的中东［M］. 北京：中国社会科学出版社，2004.

[53] 肖宪. 当代国际伊斯兰潮［M］. 北京：世界知识出版社，1997.

[54]［古希腊］修昔底德著，徐松岩 译. 伯罗奔尼撒战争史［M］. 上海：世纪出版集团、上海人民出版社，2012.

[55]［美］亚历山大·温特 著，秦亚青 译. 国际政治的社会理论［M］. 上海：上海世纪出版集团，2008.

[56]［美］伊曼纽尔·沃勒斯坦著，吕丹，刘海龙 等译. 现代世界体系［M］. 北京：高等教育出版社，1998.

[57]［美］约翰·罗尔克编著，宋伟 等译. 世界舞台上的国际政治［M］. 北京：北京大学出版社，2005.

[58]［美］约翰·米尔斯海默著，王义桅，唐小松 译. 大国政治的悲剧［M］. 上海：上海世纪出版集团，2008.

[59]［美］约瑟夫·奈 著，王吉美 译. 权力大未来［M］. 北京：中信出版社，2012.

[60] 张士智，赵慧杰. 美国中东关系史［M］. 北京：中国社会科学出版社，1993.

[61]［美］兹比格纽·布热津斯基 著，洪曼，于卉芹，何卫宁 译. 战略远见：美国与全球权力危机［M］. 北京：新华出版社，2012.

[62]［美］兹比格纽·布热津斯基 著，中国国际问题研究所 译. 大棋局：美国的首要地位及其地缘战略［M］.

上海：上海世纪出版集团，2007.

［63］资中筠 主编．战后美国外交史——从杜鲁门到里根［M］．北京：世界知识出版社，1994.

［64］左文华，肖宪 主编．当代中东国际关系［M］．北京：世界知识出版社，1999.

（二）论文

［1］安高乐．从两枝世界政治论看“阿拉伯之春”［J］．国际论坛，2012，14（5）．

［2］安惠侯．阿拉伯国家转型及其走势［J］．阿拉伯世界研究，2014（1）．

［3］安惠侯．阿拉伯世界政治和社会动荡的原因及影响［J］．亚非纵横，2011（6）．

［4］安惠侯．西亚北非政治格局变化及其走向［J］．阿拉伯世界研究，2013（2）．

［5］安惠侯．中东剧变局势分析［J］．阿拉伯世界研究，2015（1）．

［6］安维华．埃及的经济发展与社会问题探索［J］．西亚非洲，2011（6）．

［7］包澄章，刘中民．对中东变局以来中东教派主义的多维透视［J］．西亚非洲，2015（5）．

［8］包澄章．阿拉伯世界对中东剧变的认知变化与反思［J］．阿拉伯世界研究，2016（6）．

［9］蔡伟良．埃及与穆斯林兄弟会［J］．阿拉伯世界研究，2012（1）．

[10] 曾向红，陈亚州．政治妥协与突尼斯的和平政治过渡——基于对突尼斯“伊斯兰复兴运动”的考察［J］．外交评论，2016（2）．

[11] 车效梅，李鑫．中东国家互联网探析［J］．西亚非洲，2010（11）．

[12] 陈沫．中国与海湾合作委员会国家经济关系探析［J］．西亚非洲，2011（8）．

[13] 陈双庆．叙利亚局势及其未来走向［J］．现代国际关系，2012（2）．

[14] 丁工．中东变局与土耳其崛起的前景［J］．外交评论，2013（6）．

[15] 丁隆．阿拉伯君主制政权相对稳定的原因探析［J］．现代国际关系，2013（5）．

[16] 董漫远．“伊斯兰国”崛起的影响及前景［J］．国际问题研究，2014（5）．

[17] 董漫远．“伊斯兰国”外线扩张：影响及前景［J］．国际问题研究，2016（5）．

[18] 董漫远．美伊战略博弈及前景［J］．国际问题研究，2012（5）．

[19] 董漫远．西亚北非变局及影响［J］．国际问题研究，2011（5）．

[20] 董漫远．叙利亚危机政治解决前景研探［J］．国际问题研究，2013（6）．

[21] 董漫远．也门变局及其影响研究［J］．阿拉伯

世界研究，2011（6）.

［22］董漫远．也门乱局：影响及走向［J］．国际问题研究，2015（5）.

［23］房乐宪．北非中东政局对欧盟的挑战及欧盟的政策应对［J］．当代世界，2011（4）.

［24］郭宪刚．阿拉伯世界第三条道路的选择［J］．国际问题研究，2011（5）.

［25］郭宪纲．阿拉伯世界教俗之争新态势［J］．国际问题研究，2013（5）.

［26］郭宪纲．伊斯兰温和力量在阿拉伯世界的崛起［J］．国际问题研究，2012（5）.

［27］哈全安．埃及穆斯林兄弟会的演变［J］．西亚非洲，2011（4）.

［28］韩志斌．阿拉伯国家政治文化的多为考量［J］．西亚非洲，2012（2）.

［29］韩志斌．利比亚政治危机的历史探溯［J］．阿拉伯世界研究，2012（2）.

［30］胡雨．“阿拉伯之春”与中东君主制国家政治稳定［J］．国际论坛，2014（2）.

［31］黄超．金融危机背景下全球治理机制的变革［J］．国际观察，2012（3）.

［32］贾春阳，龚正．“伊斯兰国”当前活动新态势及影响评估［J］．现代国际关系，2016（7）.

［33］蒋灏．试析当代埃及政府与公民社会的互动

[J]. 西亚非洲，2011（6）.

[34] 李秉忠，菲利普·罗宾斯. 土耳其埃尔多安政权的强势治理及其脆弱性 [J]. 现代国际关系，2016（11）.

[35] 李秉忠. 库尔德人建国活动的进展及其面临的挑战 [J]. 现代国际关系，2014（12）.

[36] 李秉忠. 土耳其与以色列关系恶化的原因及启示 [J]. 现代国际关系，2011（12）.

[37] 李繁杰. 地缘权衡：美欧应对中东时局渐显疲态 [J]. 当代世界，2011（9）.

[38] 李福泉. 当代阿拉伯什叶派政治发展的特点 [J]. 西亚非洲，2015（1）.

[39] 李福泉. 伊朗与阿拉伯什叶派关系 [J]. 国际问题研究，2015（2）.

[40] 李福泉. 中东伊斯兰教派矛盾的演进与影响 [J]. 国际论坛，2014（6）.

[41] 李捷，杨恕. "伊斯兰国"的意识形态：叙事结构及其影响 [J]. 世界经济与政治，2015（12）.

[42] 李来房. 社交媒体在埃及扮演重要政治角色 [EB/OL]，新华网，2011 年 8 月 16 日. http：//finance. qq. com/a/20110816/004507. htm.

[43] 李绍先. 当前西亚北非地区局势透视 [J]. 阿拉伯世界研究，2014（1）.

[44] 李绍先. 当前中东局势的几个趋势性特点 [J].

现代国际关系，2013（12）．

［45］李伟建．从中东变局透视国际秩序的演变［J］．西亚非洲，2011（9）．

［46］李伟健．对当前中东局势演变的若干思考［J］．西亚非洲，2011（6）．

［47］李伟健．中东安全局势演变特征及其发展趋势［J］．西亚非洲，2015（3）．

［48］李伟健．中东变局中的国际话语权竞争及对中国的启示［J］．阿拉伯世界研究，2013（3）．

［49］李伟健．中国中东外交战略构建研究［J］．阿拉伯世界研究，2016（2）．

［50］李艳芝．中东剧变与穆斯林民主政党的崛起［J］．国际论坛，2013（2）．

［51］李意．阿拉伯国家的抗争政治：动因及结果［J］．外交评论，2012（4）．

［52］李意．从埃及剧变透视中东国家的政治变革［J］．阿拉伯世界研究，2011（4）．

［53］李意．中东国家抗争政治的特点分析［J］．西亚非洲，2012（2）．

［54］李意．中东国家政治转型期的不稳定因素分析［J］．现代国际关系，2011（7）．

［55］廖百智．埃及“穆兄会”垮台原因及前景分析［J］．现代国际关系，2013（8）．

［56］林海虹，田文林．中东转型中的政治伊斯兰运动

分析［J］．现代国际关系，2013（8）．

［57］刘宝莱．2011年中东局势的六大看点［J］．亚非纵横，2012（1）．

［58］刘宝莱．中东伊斯兰国家转型中的“美国因素”［J］．阿拉伯世界研究，2011（6）．

［59］刘月琴．中东剧变中的“大国干预”与中东政治走向［J］．阿拉伯世界研究，2013（6）．

［60］刘中民，李志强．中东变局与伊斯兰政党的新发展［J］．阿拉伯世界研究，2013（6）．

［61］刘中民．伊斯兰的国际体系观——传统理念、当代体现及现实困境［J］．世界经济与政治，2014（5）．

［62］刘中民．中东变局以来中东恐怖主义的新发展及其根源［J］．西亚非洲，2014（6）．

［63］刘中民．中东变局与世界主要大国中东战略的调整——兼论中国的中东外交［J］．西亚非洲，2012（2）．

［64］刘中民．中东变局与中国外交的几个基本问题［J］．国际观察，2012（1）．

［65］柳莉．叙利亚危机与中东格局演变［J］．国际问题研究，2013（4）．

［66］骆明婷，刘杰．“阿拉伯之春”的人道干预悖论与国际体系的碎片化［J］．国际观察，2012（3）．

［67］牛新春．美国中东政策：矛盾与困境［J］．外交评论，2011（2）．

［68］牛新春．选择性介入：美国中东政策调整［J］．

外交评论，2012（2）.

［69］牛新春．伊朗的“经济圣战”：一场政权保卫战［J］．国际问题研究，2013（1）.

［70］牛新春．中东北非动荡凸显美国对中东政策的内在矛盾［J］．现代国际关系，2011（3）.

［71］牛新春．中国在中东的利益与影响力分析［J］．现代国际关系，2013（10）.

［72］钮松．中东剧变以来的东盟与海合会关系研究［J］．阿拉伯世界研究，2012（3）.

［73］钱雪梅．试析政治伊斯兰对中东北非剧变的解读——以伊扎布特为例［J］．国际政治研究，2011（4）.

［74］盛世良．论中东形势对俄罗斯的影响［J］．阿拉伯世界研究，2011（5）.

［75］孙德刚，邓海鹏．美国在沙特军事基地的战略演变［J］．阿拉伯世界研究，2014（6）.

［76］孙德刚．论新时期中国在中东的柔性军事存在［J］．世界经济与政治，2014（8）.

［77］孙德刚．美国应对中东剧变的“奥巴马主义”探析［J］．阿拉伯世界研究，2012（4）.

［78］孙永祥．评析俄罗斯与阿拉伯国家油气开发合作［J］．西亚非洲，2011（7）.

［79］唐宝才．略论沙特阿拉伯政治制度及政治民主化走势［J］．西亚非洲，2007（3）.

［80］唐志超．“阿拉伯之春”背景下的库尔德问题新

动向［J］．和平与发展，2013（3）．

［81］唐志超．美中东战略收缩及其地缘政治影响［J］．现代国际关系，2013（11）．

［82］唐志超．中东剧变及其战略影响［J］．亚非纵横，2011（4）．

［83］唐志超．中东新秩序下库尔德问题走向与中国的角色［J］．西亚非洲，2015（2）．

［84］唐志超．中国新秩序的构建与中国作用［J］．西亚非洲，2014（5）．

［85］田文林．“民主化”为何不能拯救中东［J］．国际问题研究，2014（5）．

［86］田文林．“一带一路”与中国的中东战略［J］．西亚非洲，2016（2）．

［87］田文林．“伊斯兰国”兴起与美国的中东战略［J］．现代国际关系，2014（10）．

［88］田文林．阿拉伯世界权力更替的内在逻辑［J］．现代国际关系，2011（7）．

［89］田文林．地缘政治、中东破碎地带与利比亚战争［J］．阿拉伯世界研究，2011（4）．

［90］田文林．对利比亚战争的解读［J］．现代国际关系，2011（12）．

［91］田文林．新一轮中东动荡期形势评估［J］．阿拉伯世界研究，2015（2）．

［92］田文林．转型中的中东地缘政治格局［J］．阿

拉伯世界研究，2014（2）．

［93］托马斯·班科夫，陈杰．美国中东外交政策与公民宗教［J］．阿拉伯世界研究，2013（4）．

［94］汪波，李立．中东地区当前的宗派地缘政治格局与冲突［J］．国际观察，2014（3）．

［95］王金岩．利比亚战后乱局中的部落因素［J］．阿拉伯世界研究，2016（4）．

［96］王金岩．利比亚战后政治重建诸问题探究［J］．西亚非洲，2014（4）．

［97］王晋．“伊斯兰国”与恐怖主义的变形［J］．外交评论，2015（2）．

［98］王晋．“伊斯兰国”组织在利比亚的扩张及其制约因素［J］．阿拉伯世界研究，2016（3）．

［99］王京烈．解读中东政治危机［J］．西亚非洲，2011（6）．

［100］王京烈．中东地区安全与大国干涉的影响［J］．西亚非洲，2013（6）．

［101］王京烈．转型时期的中东社会和当前政治危机分析［J］．阿拉伯世界研究，2011（6）．

［102］王历荣，时宏远．论印度与中东关系的嬗变［J］．西亚非洲，2011（2）．

［103］王联．论当前中东剧变的国内因素及其国际影响［J］．阿拉伯世界研究，2011（4）．

［104］王猛．阿拉伯国家剧变与“威权政治”［J］．

现代国际关系，2011（7）.

［105］王猛．美国中东霸权的发展演变及启示［J］．西亚非洲，2014（5）.

［106］王锁劳．有关北非中东剧变的几个问题［J］．外交评论，2011（2）.

［107］王泰．国际格局调整与中国的中东战略［J］．西亚非洲，2014（1）.

［108］王彤．浅议沙特阿拉伯王国政治制度［J］．西亚非洲，2003（1）.

［109］韦宗友．非正式集团、大国协调与全球治理［J］．外交评论，2010（6）.

［110］吴冰冰．中东战略格局失衡与中国的中东战略［J］．外交评论，2013（6）.

［111］肖宪．构建中国与土耳其新型战略合作关系［J］．西亚非洲，2011（9）.

［112］徐建山，孙依敏，戴家权．奥巴马“中东新政”影响分析［J］．国际石油经济，2011（5）.

［113］阎学通．权力中心转移与国际体系转变［J］．当代亚太，2012（6）.

［114］颜琳，李开盛．评奥巴马政府在中东—伊斯兰世界的公共外交［J］．现代国际关系，2012（3）.

［115］杨福昌．2013 年中东形势及中国应对政策［J］．西亚非洲，2014（1）.

［116］杨福昌．中东大规模动荡与我国的外交应对

[J]．阿拉伯世界研究，2012（3）．

[117] 杨洁勉．美国实力变化与国际体系重组 [J]．国际问题研究，2012（2）．

[118] 姚匡乙．西亚北非动荡与中国的政策 [J]．国际问题研究，2012（3）．

[119] 姚匡乙．中国在中东热点问题上的新外交 [J]．国际问题研究，2014（6）．

[120] 翟崑，余凯茜．“亚太——中东”联动对奥巴马政府战略重心东移的制约 [J]．国际观察，2015（2）．

[121] 张春宇，唐军．中东政局动荡的经济影响[J]．西亚非洲，2011（6）．

[122] 张健．欧盟对北非、中东政策的走势 [J]．现代国际关系，2011（4）．

[123] 张金平．“伊斯兰国”突起及西亚北非恐怖活动的变化 [J]．国际观察，2015（1）．

[124] 张耀．中国能源安全辨析与及发展战略选择 [J]．国际观察，2011（5）．

[125] 张业亮，王石山．奥巴马政府中东政策走向 [J]．现代国际关系，2011（5）．

[126] 赵建明．穆斯林兄弟会与埃及政治变局 [J]．现代国际关系，2011（6）．

[127] 赵建明．中东变局后沙特外交理念与范式的新变化 [J]．西亚非洲，2015（2）．

[128] 赵军，陈万里．阿盟斡旋中东地区冲突的绩效

评估［J］．国际观察，2013（6）．

［129］周明，曾向红．“基地”与“伊斯兰国”的战略差异及走势［J］．外交评论，2016（4）．

［130］周士新．中国对中东变局的建设性投入［J］．阿拉伯世界研究，2013（2）．

［131］周鑫宇，石江．“伊斯兰国”最新发展趋势探析［J］．现代国际关系，2015（5）．

［132］朱传忠．叙利亚穆斯林兄弟会的演变及其特点［J］．西亚非洲，2012（5）．

［133］朱威烈．中东恐怖主义、全球治理与中国的反恐政策［J］．阿拉伯世界研究，2011（2）．

二、英文文献

（一）专著

［1］Ahmed Rashid, *Jihad: The Rise of Militant Islam in Central Asia*, Yale University Press, 2002.

［2］Akbar S. Ahmed, *Islam Under Siege*, *Living Dangerously in a Post-Honor World*, Polity Press in association with Blackwell Publishing Ltd., 2003.

［3］Albert Hourani, *Islam in Europe Thought*, Cambridge University Press, 1991.

［4］Alexander Wendt, *Quantum Mind and Social Science*, Cambridge University Press, 2015.

［5］Alexander Wendt, *Social Theory of International Poli-*

tics, Cambridge University Press, 1999.

[6] Andrew and Patrick Cockburn, *Out of the Ashes: The Resurrection of Saddam Hussein*, Harper Collins, 1999.

[7] Andrew J. Bacevich, *American Empire: The Realities & Consequences of U. S. Diplomacy*, Harvard University Press, 2002.

[8] Andrew Wheatcroft, *Infidels: A History of the Conflict between Christendom and Islam*, Random House, 2004.

[9] Anthony H. Cordesman, *Saudi Arabia Enters the 21st Century: The Military and International Security Dimensions*, Praeger, 2003.

[10] Bassam Tibi, *The Challenge of Fundamentalism: Political Islam and the New World Disorder*, updated edition, University of California Press, 2002.

[11] Bernard Lewis, *The Crisis of Islam: Holy War and Unholy Terror*, The Modern Library, 2003.

[12] Bernard Lewis, *What Went Wrong? Western Impact and Middle Eastern Response*, Oxford University Press, 2002.

[13] Bryan S. Turner, Orientalism, *Postmodernism and Globalism*, London: Routledge, 1994.

[14] Charles A Kupchan, *The End of the American Era: U. S. Foreign Policy and the Geopolitics of the Twenty-First Century*, Alfred A. Knopf, 2002.

[15] Charles A. Beard, *The Open Door at Home*, Mac-

millan, 1935.

[16] Council on Foreign Relations/*Foreign Affairs*, *The New Arab Revolt: What Happened, What It Means, and What Comes Next*, April 27, 2011.

[17] Dale F. Eickelman and James Piscatori, *Muslim Politics*, Princeton University Press, 1996.

[18] Daniel Pipes, *Militant Islam Reaches America*, W. W. Norton & Company, 2002.

[19] Daniel Yergin, *The Prize: The Epic Quest for Oil, Money & Power*, New York: Free Press, 2008.

[20] Elliott Abrams, ed., *The Influence of Faith: Religious Groups and U. S. Foreign Policy*, Rowman & Littlefield Publishers, Inc., 2001.

[21] Eric Schmidt, Jared Cohen, *The New Digital Age*, John Murray, 2013.

[22] F. Gregory Gause Ⅲ, *Oil Monarchies: Domestic and Security Challenges in the Arab Gulf States*, Council on Foreign Relations Press, 1994.

[23] F. Gregory Gause Ⅲ, *The Foreign Policy of Saudi Arabia, The Foreign Politics of Middle East Sates*, Lynne Rienner Publishers, Inc., 2002.

[24] Fawaz A. Gerges, *America and Political Islam: Clash of Cultures or Clash of Interests?* Cambridge University Press, 1999.

[25] Francis Fukuyama, *The End of History and the Last Man*, Penguin Books, 1992.

[26] George Bush and Brent Scowcroft, *A World Transformed*, *Alfred A. Knopf*, 1998.

[27] Gillbert Chinard, *Thomas Jefferson: The Apostle of Americanism*, Boston, 1929.

[28] Graham E. Fuller and Ian O. Lesser, *A Sense of Siege: The Geopolitics of Islam and the West*, Westview Press, 1995.

[29] Graham E. Fuller, *The Future of Political Islam*, Palgrave Macmillan, 2003.

[30] Henry Kissinger, *Does America Need a Foreign Policy? Toward a Diplomacy for the 21st Century*, Simon & Schuster, 2001.

[31] Henry Kissinger, *World Order*, Penguin Press, 2014.

[32] Henry T. Azzam, *The Arab World Facing the Challenge of the New Millennium*, I. B. Tauris & Co Ltd, 2002.

[33] Ivo H. Daalder and James M. Lindsay, *America Unbound: The Bush Revolution in Foreign Policy*, Brookings Institution Press, 2003.

[34] J. J. Saunders, *A History of Medieval Islam*, Routledge and Kegan Paul, 1965.

[35] James O. Robertson, *American Myth American Reality*, New York, 1980.

[36] James A. Baker, *The Politics of Diplomacy*, Putnam, 1995.

[37] James P. Piscatori, *Islam in a World of Nation-States*, Cambridge University Press, 1986.

[38] Jessica Stern, J. M. Berger, *ISIS: The State of Terror*, William Collins, 2015.

[39] Jochen Hippler and Andrea Lueg, ed. , *The Next Threat: Western Perceptions of Islam*, Pluto Press, 1995.

[40] John J. Mearsheimer, *The Tragedy of Great Power Politics*, W. W. Norton & Company, 2001.

[41] John L. Esposito, *The Islamic Threat: Myth or Reality?* Oxford University Press, 1992.

[42] John L. Esposito, *Unholy War: Terror in the Name of Islam*, Oxford University Press, 2002.

[43] Joseph McMillan, *U. S. Interests and Objectives*, *in The United States and the Persian Gulf*, edited by Richard D. Sokolsky, National Defense University Press, 2003.

[44] Joseph S. Nye Jr. , *The Paradox of American Power: Why the World's only Superpower Can't Go It Alone*, Oxford University Press, 2002.

[45] Judith S. Yaphe, ed. , *The Middle East in 2015: The Impact of Regional Trends on U. S. Strategic Planning*, National Defense University Press, 2002.

[46] Kenneth M. Pollack, *The Persian Puzzle: The Con-*

flict between Iran and America, *Random* House, 2004.

[47] Kenneth M. Pollack, *The Threatening Storm*: *The Case for Invading Iraq*, *Random* House, 2002.

[48] Kenneth R. Timmerman, *Preachers of Hate*: *Islam and the War on America*, Crown Forum, 2003.

[49] Kristian Coates Ulrichsen, *The United Arab Emirates*: *Power*, *Politics and Policy-Making*, Routledge, 2016.

[50] L. Carl Brown, ed., *Diplomacy in the Middle East*: *The International Relations of Regional and Outside Powers*, I. B. Tauris & Co Ltd, 2004.

[51] Larry Diamond, Marc F. Plattner and Daniel Brumberg, *Islam and Democracy in the Middle East*, The Johns Hopkins University Press, 2003.

[52] Larry Diamond, Marc F. Plattner, and Daniel Brumberg ed., *Islam and Democracy in the Middle East*, The Johns Hopkins University Press, 2003.

[53] Lawrence F. Kaplan and William Kristol, *The War over Iraq*: *Saddam's Tyranny and America's Mission*, Encounter Books, 2003.

[54] Lawrence Pintak, *Seeds of Hate*: *How America's Flawed Middle East Policy Ignited Jihad*, Pluto Press, 2003.

[55] Margaret Thatcher, *Statecraft*: *Strategies for a Changing World*, Harper Collins Publishers, 2002.

[56] Mark J. Gasiorowski, *Iran*: *Can the Islamic Repub-*

lic Survive? in The Middle East in 2015：*The Impact of Relional Trends on U. S. Strategic Planning*，edited by Judith S. Yaphe，National Defense University Press，2002.

［57］Max Boot，*The Savage Wars of Peace*：*Small Wars and the Rise of American Power*，Basic Books，2002.

［58］Maxime Fodinson，*Europe and the Mystique of Islam*，I. B. Tauris，1987.

［59］Michael D. Evans，*Beyond Iraq*：*The Next Move*，*Ancient Prophecy and Modern Day Conspiracy Collide*，White Stone Books，2003.

［60］Michael G. Nehme，*Fear and Anxiety in the Arab World*，University Press of Florida，2003.

［61］Michael W. Suleiman，*The Arabs in the Mind of America*，Amana Books，1988.

［62］Michael Weiss，Hassan Hassa，*ISIS*：*Inside the Army of Terror*，Regan Arts，2015.

［63］Patrick J. Buchanan，*The Death of the West*：*How Dying Populations and Immigrant Invasions Imperil Our Country and Civilization*，Thomas Dunne Books，2002.

［64］Paul Berman，*Terror and Liberalism*，W. W. Norton & Company，2003.

［65］Peter J. Katzenstein，ed. *Civilizations in World Politics*：*Plural and Pluralistic Perspectives*，Routledge，2010.

［66］Peter Mandaville，*Transnational Muslim Politics*：

Reimaging the Umma, Routledge of the Taylor & Francis Group, 2001.

[67] Raymond Hinnebusch and Anoushiravan Ehteshami, ed., *The Foreign Policies of Middle East States*, Lynne Rieenner Publishers, Inc., 2002.

[68] Richard D. Sokolsky, *The United States and the Persian Gulf*, National Defense University Press, 2003.

[69] Richard Nixon, *Beyond Peace*, Random House, 1994.

[70] Richard Nixon, *Seize the Moment: America's Challenge in a One-Superpower World*, Simon & Schuster, 1992.

[71] Richard Nixon, *The Real War*, Simon & Schuster, 1990.

[72] Richard W. Bulliet, ed., *Under Siege: Islam and Democracy*, The Middle East Studies of Columbia University, 1994.

[73] Robert B. Satloff, ed., *War on Terror: The Middle East Dimension*, The Washington Institute for Near East Policy, 2002.

[74] Robert Baer, *Sleeping with the Devil: How Washington Sold Our Soul for Saudi Crude*, Crown Publishers, 2003.

[75] Robert D. Kaplan, *Eastward to Tartary: Travels in the Balkans, the Middle East, and the Caucasus*, Vintage

Books, a Division of *Random* House, Inc., 2001.

[76] Robert D. Kaplan, *Warrior Politics: Why Leadership Demands a Pagan Ethos*, *Random* House, 2002.

[77] Robert F. Worth, *A Rage for Order: The Middle East in Turmoil, from Tahrir Square to ISIS*, Farrar, Straus and Giroux, 2016.

[78] Robert Kagan and William Kristol ed., *Present Dangers: Crisis and Opportunity in American Foreign and Defense Policy*, Encounter Books, 2000.

[79] Robert S. Litwak, *Rogue States and U. S. Foreign Policy: Containment after the Cold War*, The Woodrow *Wilson Center* Press, 2000.

[80] Robert Satloff, *U. S. Policy Toward Islamism: A Theoretical and Operational Overview*, Council on Foreign Relations, Inc., New York, 2000.

[81] Samuel Huntington, *The Clash of Civilizations and the Remaking of World Order*, Simonand Schuster, 1996.

[82] Shibley Telhami, *The Stakes: America and The Middle East*, Westview Press, 2002.

[83] Simon W. Murden, *Islam, the Middle East, and the New Global Hegemony*, Lynne Rienner Publishers, Inc., 2002.

[84] Thomas P. M. Barnett, *The Pentagon's New Map: War and Peace in the Twenty-first Century*, G. P. Putnam's Sons,

2004.

[85] Toby Dodge, *Emile Hokayem*, *Middle Eastern Security*, *the US Pivot and the Rise of ISIS*, Routledge, 2015.

[86] Vartan Gregorian, *Islam*: *A Mosaic*, *Not A Monolith*, Brookings Institution Press, 2003.

[87] William McCant, *The ISIS Apocalypse*: *The History*, *Strategy*, *and Doomsday Vision of the Islamic State*, St. Martin's Press, 2015.

[88] Zbigniew Brzezinski, *Out of Control*: *Global Turmoil on the Eve of the Twenty-First Century*, Charles Scribner's Sons, 1993.

[89] Zbigniew Brzezinski, *Power and Principle*: *Memoirs of the National Security Adviser*, 1977 – 1981, Farrar, Straus and Giroux, 1983.

[90] Zbigniew Brzezinski, *The Choice*: *Global Domination or Global Leadership*, Basic Books, 2004.

[91] Zbigniew Brzezinski, *The Grand Chessboard*: *American Primary and Its Geostrategic Imperativs*, Basic Books, 1997.

(二) 论文

[1] Aaron David Miller, "Putin's Move Could Be Costly to U. S. , Middle East," *CNN*, March 5, 2014. http: //edition. cnn. com/2014/03/02/opinion/miller-ukraine-putin-mideast/.

[2] Aaron David Miller, "Spies, Swaps, and Sins of O-mission: Five Ways to Tell the Middle East Peace Process Is in Big Trouble," *Wilson Center*, March 27, 2014. http://www.wilsoncenter.org/article/spies-swaps-and-sins-omission.

[3] Aaron David Miller, "The Islamic State's Home-Field Advantage," *Foreign Policy*, Aug 26, 2014. http://www.wilsoncenter.org/article/the-islamic-states-home-field-advantage.

[4] Aaron David Miller, "Why Obama won't Give (or Get) much in Saudi Arabia," *Wilson Center*, March 25, 2014. http://www.wilsoncenter.org/article/why-obama-won% E2%80%99t-give-or-get-much-saudi-arabia.

[5] Aaron Stein, "Turkey waits for Washington," *Foreign Policy*, May 15, 2013. http://mideast.foreignpolicy.com/posts/2013/05/15/turkey_waits_for_washington.

[6] Aaron Stein, Esin Efe, "Turks Grapple with Syria," *Foreign Policy*, September 5, 2013. http://mideast.foreignpolicy.com/posts/2013/09/05/turks_grapple_with_syria.

[7] Aaron Y. Zelin, "Libya's Jihadists beyond Benghazi," *Foreign Policy*, August 12, 2013. http://mideast.foreignpolicy.com/posts/2013/08/12/libyas_jihadists_beyond_benghazi.

[8] Aaron Y. Zelin, "Maqdisi's disciples in Libya and Tunisia," *Foreign Policy*, November 14, 2012. http://mideast.

foreignpolicy. com/posts/2012/11/14/maqdisi_ s_ disciples_ in_ libya_ and_ tunisia.

[9] Abbas Milani, "Best Frenemies?" *Hoover Digest*, No. 49, 2014.

[10] Abdel-Fattah Mady, "Egypt: A Country Awaits a Revolution," *Wilson Center*, Viewpoints No. 92, January 2016. https: //www. wilsoncenter. org/publication/egypt-country-awaits-revolution.

[11] Adam Simpson, "Islamist Gap: ISIS v. the Brothers," *Wilson Center*, August 25, 2014. http: //www. wilsoncenter. org/islamists/article/islamist-gap-isis-v-the-brothers.

[12] Ahmed Benchemsi, "Islam and the Spread of Individual Freedoms," *CATO Institute*, August 2015. http: //www. cato. org/publications/policy-analysis/islam-spread-individual-freedoms-case-morocco.

[13] Ahmed Charai, "Morocco's Struggle against Jihad in Africa," *The National Interest*, February 20, 2014. http: //nationalinterest. org/commentary/moroccos-struggle-against-jihad-africa – 9903.

[14] Ahmed Charai, "Transatlantic Trade and Security: A View from Morocco," *The National Interest*, April 30, 2014. http: //nationalinterest. org/commentary/transatlantic-trade-security-view-morocco – 10362.

[15] Ahmed Younis and Mohamed Younis, "The Role of

Entrepreneurship and Job Creation in U. S. -Muslim Relations," *The Saban Center at The Brookings Institution*, August 2011.

[16] Ahmet T. Kuru, "Egypt's Transition Two Years Later: A Turkish Perspective," *The Brookings Institution*, January 29, 2013. http://www.brookings.edu/blogs/up-front/posts/2013/01/29 – egypt-turkey-kuru.

[17] Akbar Ahmed, "The Thistle and the Drone: The United States, Islam, and the War on Terror," *The Brookings Institution*, March 7, 2013. http://www.brookings.edu/blogs/up-front/posts/2013/03/07 – drones-terrorism-ahmed.

[18] Akbar Ahmed, Tony Giddens, "Muslim Tribes and the War on Terror," *Chatham House*, June 25, 2013.

[19] Alberto M. Fernandez, "Here to stay and growing: Combating ISIS propaganda networks," *The Brookings Project on U. S. Relations with the Islamic World U. S. -Islamic World Forum Papers* 2015, October 2015. http://www.brookings.edu/research/papers/2015/10/combating-isis-propaganda-fernandez.

[20] Alex De Waal, "African roles in the Libyan conflict of 2011," *International Affairs*, 89: 2 (2013).

[21] Alex Nowrasteh, "America Can Aid Syrians without Military Intervention," *Huffington Post*, September 16, 2013. http://www.cato.org/publications/commentary/america-can-aid-syrians-without-military-intervention.

[22] Alexander Wilner and Anthony H. Cordesman, "U. S. and Iranian Strategic Competition: The Gulf Military Balance," *CSIS*, November 2, 2011.

[23] Alireza Nader, "Iran: A Rough Year in 2013," *RAND*, January 2, 2013. http://www. *rand*. org/blog/2013/01/iran-a-rough-year-in –2013. html.

[24] Alireza Nader, "Iran's 2013 Presidential Election: Its Meaning and Implications," *RAND*, June 2013.

[25] Alireza Nader, "Iran's Role in Iraq," *RAND*, June 2015. http://www. rand. org/pubs/perspectives/PE151. html.

[26] Alireza Nader, "Rouhani's Election," *RAND*, June 2013.

[27] Alireza Nader, "Rowhani's Syria Dilemma," *Foreign Policy*, August 29, 2013. http://mideast. foreignpolicy. com/posts/2013/08/29/rowhani_ s_ syria_ dilemma.

[28] Alireza Nader, "Rowhani's Syria Dilemma," *Foreign Policy*, August 29, 2013. http://www. *rand*. org/topics/middle-east. all. 1. html.

[29] Alireza Nader, "We're Close to a Good Deal with Iran. Why Sabotage It?" *The The National Interest*, November 20, 2013. http://www. *rand*. org/commentary/2013/11/20/TNI. html.

[30] Alireza Nader, "Why New Sanctions on Iran Won't Work," *The National Interest*, January 23, 2014. http://

www. *rand*. org/commentary/2014/01/23/TNI. html.

[31] Alireza Nader, Larry Hanauer, Brenna Allen, Ali G. Scotten, "Regional Implications of an Independent Kurdistan," *RAND*, November 2016. http: //www. rand. org/pubs/research_ reports/RR1452. html.

[32] Alireza Nader, Robert Stewart, "Iran's Forgotten Ethnic Minorities," *Foreign Policy*, April 3, 2013. http: //mideast. foreignpolicy. com/posts/2013/04/03/iran_ s_ forgotten_ ethnic_ minorities.

[33] Amal Mudallali, "American Policy in Lebanon: Stability Through Dissociation," *Wilson Center*, September 2013.

[34] Amal Mudallali, "Hizbullah's Roll of the Dice in South Lebanon," *Wilson Center*, August 2013.

[35] Amal Mudallali, "Lebanon's Existential Threats," *Wilson Center*, June 2013.

[36] Amal Mudallali, "The Hague Tribunal and the Hariri Assassination," *Wilson Center*, January 2014.

[37] Amal Mudallali, "The Syrian Refugee Crisis is Pushing Lebanon to the Brink," *Wilson Center*, February 2013.

[38] Amaney A. Jamal, "Can Washington Win Over the Arab Street?" *Foreign Affairs*, September/October 2013.

[39] Amatzia Baram, "Deterrence Lessons From Iraq," *Foreign Affairs*, Juiy/Aug 2012.

[40] Amberin Zaman, "From Stalemate to Checkmate:

What the Siege of Aleppo Means for Turkey," *Wilson Center*, Viewpoints No. 94, February 2016. https://www.wilsoncenter.org/publication/stalemate-to-checkmate-what-the-siege-aleppo-means-for-turkey.

[41] Amberin Zaman, "From Tribe to Nation: Iraqi Kurdistan on the Cusp of Statehood," Wilson Center, Middle East Program Occasional Paper Series, Fall 2016. https://www.wilsoncenter.org/publication/tribe-to-nation-iraqi-kurdistan-the-cusp-statehood.

[42] Amberin Zaman, "In Erdogan's New Turkey, Loyalty Trumps Probity," *Wilson Center*, Viewpoints No. 101, May 2016. https://www.wilsoncenter.org/publication/erdogans-new-turkey-loyalty-trumps-probity.

[43] Amberin Zaman, "Is America Losing the Kurds?" *Wilson Center*, Viewpoints No. 93, February 2016. https://www.wilsoncenter.org/publication/america-losing-the-kurds.

[44] Amberin Zaman, "Is ISIS Going All Out on Turkey?" *Wilson Center*, Viewpoints No. 91, January 2016. https://www.wilsoncenter.org/publication/isis-going-all-out-turkey.

[45] Amir Handjani, "The Saudi Dilemma," *The National Interest*, January 2, 2014. http://nationalinterest.org/commentary/the-saudi-dilemma-9655.

[46] Amitai Etzioni, "Talking to the Muslim World:

How, and with Whom?" *International Affairs* 92: 6, 2016.

[47] Ammar Fayed, "Is the crackdown on the Muslim Brotherhood pushing the group toward violence?" *The Brookings Institution*, March 2016. http://www.brookings.edu/research/papers/2016/03/muslim-brotherhood-crackdown-violence-fayed.

[48] Amr Darrag, "Politics or piety? Why the Muslim Brotherhood engages in social service provision" *The Brookings Institution*, April 2016. http://www.brookings.edu/research/papers/2016/04/muslim-brotherhood-social-service-darrag.

[49] Amy Zegart, "Wait, Did the System Just Work?" *Foreign Policy*, March 27, 2013. http://www.foreignpolicy.com/articles/2013/03/27/wait_did_the_system_just_work?page=0,0.

[50] Anders Fogh Rasmussen, "NATO After Libya," *Foreign Affairs*, Jul/Aug 2012.

[51] Andreas Krieg, "Externalizing the burden of war: the Obama Doctrine and US foreign policy in the Middle East," *International Affairs* 92: 1, 2016.

[52] Andrew Green, "Dispatch: The Country Where Qaddafi Is Still King," *Foreign Policy*, May/June 2012.

[53] Andrew M. Liepman, Brian Nichiporuk, Jason Killmeyer, "Alternative Futures for Syria," *RAND*, October 2014.

[54] Andrew Scobell, Alireza Nader, "China in the Middle East," *RAND*, December 2016. http://www.rand.org/

pubs/research_ reports/RR1229. html.

[55] Anno Bunnik, "Syria, Iraq, Lebanon: The New AfPak," *The National Interest*, February 19, 2014. http://nationalinterest. org/commentary/syria-iraq-lebanon-the-new-af-pak -9897.

[56] Anthony F. Lang, JR, "From revolutions to constitutions: the case of Egypt," *International Affairs* 89: 2 (2013).

[57] Anthony H. Cordesman and Abdullah Toukan, "Iran and the Gulf Military Balance," *CSIS*, October 2016. https://www. csis. org/analysis/iran-and-gulf-military-balance -1.

[58] Anthony H. Cordesman, " 'Defeating' ISIS: The Real Threats and Challenges," *CSIS*, August 2016. https://www. csis. org/analysis/defeating-isis-real-threats-and-challen-ges.

[59] Anthony H. Cordesman, "Afghanistan: The Real World Choices in Staying or Leaving," *CSIS*, May 16, 2013. http://csis. org/publication/afghanistan-real-world-choices-staying-or-leaving.

[60] Anthony H. Cordesman, "Beyond Partisan Bickering: Key Questions About U. S. Strategy in Syria," *CSIS*, September 2015. http://csis. org/publication/beyond-partisan-bickering-key-questions-about-us-strategy-syria.

[61] Anthony H. Cordesman, "Boots on the Ground: The Realities in Afghanistan, Iraq, and Syria," *CSIS*, February

2015. http://csis.org/publication/boots-ground-realities-afghanistan-iraq-and-syria.

[62] Anthony H. Cordesman, "Challenges and Opportunities in the CENTCOM AOR," *CSIS*, March 3, 2013.

[63] Anthony H. Cordesman, "Changing U.S. Strategy: The Search for Stability and the 'Non-War' Against 'Non-Terrorism'," *CSIS*, July 9, 2013.

[64] Anthony H. Cordesman, "Choosing the Right Options in Syria," *CSIS*, August 26, 2013. http://csis.org/publication/choosing-right-options-syria.

[65] Anthony H. Cordesman, "Creating a "No Move" Zone in Syria," *CSIS*, April 24, 2013. http://csis.org/publication/creating-no-move-zone-syria.

[66] Anthony H. Cordesman, "Creeping Incrementalism: U.S. Strategy in Iraq and Syria from 2011 to 2015," *CSIS*, November 2015. http://csis.org/publication/creeping-incrementalism-us-strategy-iraq-and-syria-2011-2015.

[67] Anthony H. Cordesman, "Dumping Maliki and Striking at ISIS," *CSIS*, Jul 28, 2014. http://csis.org/publication/dumping-maliki-and-striking-isis.

[68] Anthony H. Cordesman, "How the Arab Gulf States Now Dominate the Changes in the Military Balance," *CSIS*, April 2015. http://csis.org/publication/military-spending-and-arms-sales-gulf.

[69] Anthony H. Cordesman, "Iran'S Enduring Missile Threat: The Impact Of Nuclear and Precision Guided Warheads," *CSIS*, June 2016. http://csis.org/publication/irans-enduring-missle-threat-impact-nuclear-and-precision-guided-warheads.

[70] Anthony H. Cordesman, "Iraq, Syria, and the Gulf: The Cost of an ISIS-Centric U. S. Strategy," *CSIS*, June 2016. https://www.csis.org/analysis/iraq-syria-and-gulf-cost-isis-centric-us-strategy.

[71] Anthony H. Cordesman, "Iraq: the New Strategic Pivot in the Middle East," *CSIS*, Jun 3, 2013. http://csis.org/publication/iraq-new-strategic-pivot-middle-east.

[72] Anthony H. Cordesman, "Iraqi Stability and the 'ISIS War'," *CSIS*, August 2015. http://csis.org/publication/iraqi-stability-and-isis-war.

[73] Anthony H. Cordesman, "ISIS and 'Failed State Wars': Libya, Syria, Iraq, and Yemen," *CSIS*, October 2015. http://csis.org/publication/isis-and-failed-state-wars.

[74] Anthony H. Cordesman, "Judging a P5 + 1 Nuclear Agreement with Iran: The Key Criteria," *CSIS*, March 30, 2015. http://csis.org/publication/judging-p51-nuclear-agreement-iran-key-criteria.

[75] Anthony H. Cordesman, "Key Trends in the Metrics of Terrorism," *CSIS*, December 2015. http://csis.org/publi-

cation/fear-versus-fact-getting-facts-terrorism.

[76] Anthony H. Cordesman, "Key Trends in the Uncertain Metrics of Terrorism," *CSIS*, February 2016. http://csis.org/publication/key-trends-metrics-terrorism.

[77] Anthony H. Cordesman, "Making the Real Case for U.S. Action in Syria," *CSIS*, September 9, 2013. http://csis.org/publication/making-real-case-us-action-syria-issue-president-and-administration-must-still-address.

[78] Anthony H. Cordesman, "Negotiating with Iran: The Strategic Case for Pragmatism and Real Progress," *CSIS*, September 23, 2013. http://csis.org/publication/negotiating-iran-strategic-case-pragmatism-and-real-progress.

[79] Anthony H. Cordesman, "Obama and U.S. Strategy in the Middle East: Looking Beyond Syria and ISIS," *CSIS*, June 2016. https://www.csis.org/analysis/obama-and-us-strategy-middle-east.

[80] Anthony H. Cordesman, "President Obama and Syria: The "Waiting for Godot" Strategy," *CSIS*, September 1, 2013. http://csis.org/publication/president-obama-and-syria-waiting-godot-strategy.

[81] Anthony H. Cordesman, "Risks and Instability in the Middle East and North Africa in 2016," *CSIS*, January 2016. http://csis.org/publication/risks-and-instability-middle-east-and-north-africa-2016.

［82］ Anthony H. Cordesman, "Saudi Arabia and the Arab 'Frontline' States," *CSIS*, Nov 4, 2013. http: //csis. org/publication/saudi-arabia-and-arab-frontline-states.

［83］ Anthony H. Cordesman, "Saudi Arabia and the United States: Common Interests and Continuing Sources of Tension," *CSIS*, February 2016. http: //csis. org/publication/saudi-arabia-and-united-states-common-interests-and-continuing-sources-tension.

［84］ Anthony H. Cordesman, "Saudi Arabia, Iran, and the" Clash within a Civilization," *The Brookings Institution*, February 3, 2014. http: //csis. org/publication/saudi-arabia-iran-and-clash-within-civilization.

［85］ Anthony H. Cordesman, " Saudi Arabia's Smooth Succession: The King is Dead, Long Live the King," *CSIS*, 2015. http: //csis. org/publication/saudi-arabias-smooth-succession-king-dead-long-live-king.

［86］ Anthony H. Cordesman, "Shaping a Meaningful Outcome to U. S. Strikes and Intervention in the Syrian Civil War," *CSIS*, September 5, 2013. http: //csis. org/publication/shaping-meaningful-outcome-us-strikes-and-intervention-syrian-civil-war.

［87］ Anthony H. Cordesman, "Stability and Instability in the Gulf Region in 2016: A Strategic Net Assessment," *CSIS*, June 2016. https: //www. csis. org/analysis/stability-and-instability-gulf-region – 2016.

[88] Anthony H. Cordesman, "Syria and Iraq: What Comes After Mosul and Raqqa?" *CSIS*, September 2016. https://www.csis.org/analysis/syria-and-iraq-what-comes-after-mosul-and-raqqa.

[89] Anthony H. Cordesman, "Syria, Geneva II, and the Era of" Least Bad Options," *CSIS*, January 22, 2014. http://csis.org/publication/syria-geneva-ii-and-era-least-bad-options.

[90] Anthony H. Cordesman, "Syria: The Need for Decisive U.S. Action," *CSIS*, Jun 14, 2013. http://csis.org/publication/syria-need-decisive-us-action.

[91] Anthony H. Cordesman, "Syria's Uncertain Air Defense Capabilities," *CSIS*, May 6, 2013. http://csis.org/publication/syrias-uncertain-air-defense-capabilities.

[92] Anthony H. Cordesman, "The Best Deal with Iran That We Can Get," *CSIS*, November 24, 2013. http://csis.org/publication/best-deal-iran.

[93] Anthony H. Cordesman, "The Changing Security Structure in the Middle East," *CSIS*, May 2016. https://www.csis.org/analysis/changing-security-structure-middle-east-0.

[94] Anthony H. Cordesman, "The Coming Petroleum Revenues Crisis in the MENA," *CSIS*, March 2016. http://csis.org/publication/coming-petroleum-revenues-crisis-mena.

[95] Anthony H. Cordesman, "The Common Lessons of Ben-

ghazi, Algeria, Mali, Tunisia, Egypt, Syria, Iraq, Yemen, Afghanistan, Pakistan, and the Arab Spring," *CSIS*, Jan 28, 2013. http://csis.org/publication/common-lessons-benghazi-algeria-mali-tunisia-egypt-syria-iraq-yemen-afghanistan-pakistan.

[96] Anthony H. Cordesman, "The Comparative Metrics of ISIS and "Failed State Wars" in Syria and Iraq," *CSIS*, March 2016. http://csis.org/publication/comparative-metrics-isis-and-failed-state-wars-syria-and-iraq.

[97] Anthony H. Cordesman, "The Fighting in Gaza: Just 'Round Two' in an Endless Series of Future Clashes and Battles?" *CSIS*, November 20, 2012. http://csis.org/publication/fighting-gaza-just-round-two-endless-series-future-clashes-and-battles.

[98] Anthony H. Cordesman, "The FY2015 Defense Budget and the QDR: Key Trends and Data Points," *CSIS*, March 20, 2014.

[99] Anthony H. Cordesman, "The FY2015 US Defense Budget, the New Quadrennial Defense Review and the U.S. Commitment to the Middle East and Asia," *CSIS*, March 6, 2014. http://csis.org/publication/fy2015-us-defense-budget-new-quadrennial-defense-review-and-us-commitment-middle-east-an.

[100] Anthony H. Cordesman, "The Human Cost of the Syrian Civil War," *CSIS*, September 3, 2013. http://csis.org/publication/human-cost-syrian-civil-war.

[101] Anthony H. Cordesman, "The Human Cost of War in the Middle East: A Graphic Overview," *CSIS*, February 2016. http://csis. org/publication/human-cost-war-middle-east-graphic-overview.

[102] Anthony H. Cordesman, "The Imploding U. S. Strategy in the Islamic State War?" *CSIS*, October 23, 2014.

[103] Anthony H. Cordesman, "The Iranian Sea-Air-MissileThreat to Gulf Shipping," *CSIS*, August 14, 2014.

[104] Anthony H. Cordesman, "The Islamic State Campaign: Key Strategic and Tactical Challenges," *CSIS*, September 3, 2014.

[105] Anthony H. Cordesman, "The Need for a New "Realism" in the US-Saudi Alliance," *CSIS*, March 17, 2014. http://csis. org/publication/need-new-realism-us-saudi-alliance.

[106] Anthony H. Cordesman, "The New 'Great Game' in the Middle East: Looking Beyond the "Islamic State" and Iraq," *CSIS*, July 9, 2014.

[107] Anthony H. Cordesman, "The New IAEA Report and Iran's Evolving Nuclear Weapons Program," *CSIS*, November 8, 2011.

[108] Anthony H. Cordesman, "The Other 'Pivot to Asia' -The Shifting Strategic Importance of Gulf Petroleum," *CSIS*, November 18, 2013.

[109] Anthony H. Cordesman, "The Real Challenges of

Security Cooperation with Our Arab Partners for the Next Administration," *CSIS*, November 2016. https://www.csis.org/analysis/real-challenges-security-cooperation-our-arab-partners-next-administration.

[110] Anthony H. Cordesman, "The Real Strategic Goal in Iraq and Syria: How Do You Bring Lasting Stability?" CSIS, March 30, 2015. http://csis.org/publication/real-strategic-goal-iraq-and-syria-how-do-you-bring-lasting-stability.

[111] Anthony H. Cordesman, "The Role of Independent Civilian Consultants and Think Tanks in the Afghan and Iraq Wars," *CSIS*, December 26, 2012. http://csis.org/publication/role-independent-civilian-consultants-and-think-tanks-afghan-and-iraq-wars.

[112] Anthony H. Cordesman, "The Saudi and Gulf Perspective on President Obama's Visit," *CSIS*, April 2016. http://csis.org/publication/saudi-and-gulf-perspective-president-obamas-visit.

[113] Anthony H. Cordesman, "The Search for Stability and the 'Non-War' Against 'Non-Terrorism'," *CSIS*, June 27, 2013.

[114] Anthony H. Cordesman, "The True Nature of the Saudi Succession 'Crisis'," *CSIS*, January 2015. http://csis.org/publication/true-nature-saudi-succession-crisis.

[115] Anthony H. Cordesman, "The U.S. Intelligence

Report on Syria," *CSIS*, August 28, 2013. http://csis.org/publication/us-intelligence-report-syria-learning-iraq.

[116] Anthony H. Cordesman, "The UN Chemical Weapons Report: One Third of the Story that Needs to Be Told," *CSIS*, September 20, 2013. http://csis.org/publication/un-chemical-weapons-report.

[117] Anthony H. Cordesman, "The Uncertain U.S. "Game Changers" in the ISIS, Iraq, and Syria War," *CSIS*, July 2015. http://csis.org/publication/uncertain-us-game-changers-isis-iraq-and-syria-war.

[118] Anthony H. Cordesman, "The War Against the Islamic State: The Challenge of Civilian Casualties," *CSIS*, January 2015. http://csis.org/publication/war-against-islamic-state-challenge-civilian-casualties.

[119] Anthony H. Cordesman, "Transition in Afghanistan: Losing the Forgotten War?" *CSIS*, February 4, 2015. http://csis.org/publication/transition-afghanistan-losing-forgotten-war.

[120] Anthony H. Cordesman, "Transition in Afghanistan: Losing the Forgotten War?" *CSIS*, February 23, 2015. http://csis.org/publication/transition-afghanistan-losing-forgotten-war.

[121] Anthony H. Cordesman, "Trends in Iraqi Violence, Casualties and Impact of War: 2003 – 2015," *CSIS*, Septem-

ber 2015. http: //csis. org/publication/trends-iraqi-violence-casualties-and-impact-war – 2003 – 2015.

[122] Anthony H. Cordesman, "U. S. Options in Syria: Obama's Delays and the Dempsey Warnings," *CSIS*, August 23, 2013. http: //csis. org/publication/us-options-syria-obamas-delays-and-dempsey-warnings.

[123] Anthony H. Cordesman, "U. S. Strategy and the War in Iraq and Syria," *CSIS*, May 2016. https: //www. csis. org/analysis/us-strategy-and-war-iraq-and-syria.

[124] Anthony H. Cordesman, "U. S. Strikes and Military Involvement in Syria: The Need to Keep Action Limited and Conditional," *CSIS*, August 29, 2013. http: //csis. org/publication/us-strikes-and-military-involvement-syria-need-keep-action-limited-and-conditional.

[125] Anthony H. Cordesman, "U. S. Wars in Iraq, Syria, Libya, and Yemen: What Are The Endstates?" *CSIS*, August 2016. https: //www. csis. org/analysis/us-wars-iraq-syria-libya-and-yemen-what-are-endstates.

[126] Anthony H. Cordesman, "US Options in Syria: The Dempsey Letter," *CSIS*, July 26, 2013. http: //csis. org/publication/us-options-syria-dempsey-letter.

[127] Anthony H. Cordesman, Bradley Bosserman and Sam Khazai, "U. S. and Iranian Strategic Competition: The Sanctions game: Energy, Arms Control, and Regime Change,"

CSIS, April 2012.

[128] Anthony H. Cordesman, Bryan Gold, Chloe Coughlin-Schulte, "Iran—Sanctions, Energy, Arms Control and Regime Change," *CSIS*, January 2014.

[129] Anthony H. Cordesman, Bryan Gold, Sam Khazai, and Bradley Bosserman, "U. S. And Iranian Strategic Competition," *CSIS*, January 22, 2013.

[130] Anthony H. Cordesman, Bryan Gold, Sam Khazai, and Bradley Bosserman, "U. S. And Iranian Strategic Competition," *CSIS*, April 19, 2013.

[131] Anthony H. Cordesman, Chloe Coughlin-Schulte, and Bryan Gold, "The US and Iran: Sanctions, Energy, Arms Control, and Regime Change," *CSIS*, December 17, 2013.

[132] Anthony H. Cordesman, Chloe Coughlin-Schulte, Nicholas S. Yarosh, "The Underlying Causes of the Crises and Upheavals in the Middle East and North Africa: An Analytic Survey," *CSIS*, August 21, 2013.

[133] Anthony H. Cordesman, Robert M. Shelala II, "The Gulf and the Arabian Peninsula," *CSIS*, January 7, 2013.

[134] Anthony H. Cordesman, Robert M. Shelala II, and Omar Mohamed, "The Gulf Military Balance," *CSIS*, September 4, 2013.

[135] Anthony H. Cordesman, Robert M. Shelala II, and Omar Mohamed, "Yemen and U. S. Security," *CSIS*, August

8, 2013.

[136] Anthony Loyd, "The Syrian People Have Lost Their Voice," *The World Today*, February & March 2014.

[137] Aram Nerguizian, "Assessing the Consequences of Hezbollah's Necessary War of Choice in Syria," *CSIS*, Jun 17, 2013. http://csis.org/publication/assessing-consequences-hezbollahs-necessary-war-choice-syria.

[138] Aram Nerguizian, "Instability in Syria: Assessing the Risks of Military Intervention," *CSIS*, December 13, 2011.

[139] Aram Nerguizian, "Syrian Chemical Weapons Disposal: Between Distrust and Playing Chicken," *CSIS*, September 11, 2013. http://csis.org/publication/syrian-chemical-weapons-disposal-between-distrust-and-playing-chicken.

[140] Aram Nerguizian, "The Difficult Path to Mitigating Risk in Syria," *CSIS*, May 9, 2013. http://csis.org/publication/difficult-path-mitigating-risk-syria.

[141] Aram Nerguizian, "The Military Balance in a Shattered Levant," *CSIS*, June 2015. http://csis.org/publication/military-balance-shattered-levant.

[142] Aram Nerguizian, "The Struggle for the Levant Geopolitical Battles and the Quest for Stability," *CSIS*, August 20, 2014.

[143] Aram Nerguizian, "The Struggle for the Levant," *CSIS*, September 18, 2014.

[144] Arash Reisinezhad, "Understanding Iran's Nuclear Goals," *The National Interest*, January 17, 2014. http://nationalinterest.org/commentary/understanding-irans-nuclear-goals-9725?page=show.

[145] Ashley Frohwein, "Reach Out to Syria's Islamic Front," *The National Interest*, January 14, 2014. http://nationalinterest.org/blog/the-buzz/reach-out-syrias-islamic-front-9702.

[146] Asma T. Uddin and Haris Tarin, "Rethinking the 'Red Line': The Intersection of Free Speech, Religious Freedom, and Social Change," *The Brookings Institution*, November 2013.

[147] Austin Long, "For Afghan and Other Local Defense Forces, History Holds Warnings," *RAND*, July 13, 2013. http://www.*rand*.org/pubs/periodicals/*rand*-review/issues/2013/summer/for-afghan-and-other-local-defense-forces.html.

[148] Avi M. Spiegel, "The Fate of Morocco's Islamists," *Foreign Policy*, July 8, 2013. http://mideast.foreignpolicy.com/posts/2013/07/09/the_fate_of_moroccos_islamists.

[149] Azar Gat, "The Arabs' 1848," *The National Interest*, April 14, 2014. http://nationalinterest.org/commentary/the-arabs-1848-10243.

[150] Azzam Alwash, "The Mosul Dam: Turning a Potential Disaster into a Win-Win Solution," *Wilson Center*,

Viewpoints No. 98, April 2016. https://www. wilsoncenter. org/publication/the-mosul-dam-turning-potential-disaster-win-win-solution.

[151] Barack Obama, "Remarks by the President on the Middle East and North Africa," *The White House*, Washington DC, May 19, 2011. http://www. whitehouse. gov/the-press-office/2011/05/19/remarks-president-middle-east-and-north-africa.

[152] Barbara Slavin, "Upcoming UN Meeting Revives Hopes for U. S. -Iran Dialogue," *Wilson Center*, September 2013.

[153] Ben Connable, Jason H. Campbell, Dan Madden, "Stretching and Exploiting Thresholds for High-Order War," *RAND*, June 2016. http://www. rand. org/pubs/research_ reports/RR1003. html.

[154] Ben Connable, Walter L. Perry, Abby Doll, Natasha Lander, Dan Madden, "Modeling, Simulation, and Operations Analysis in Afghanistan and Iraq," *RAND*, February 2014.

[155] Bernard Haykel, "Saudi Arabia and Qatar in a Time of Revolution," *CSIS*, February 2013.

[156] Bernice Lee, Felix Preston, Jaakko Kooroshy, Rob Bailey and Glada Lahn, "Resources Futures," *Chatham House*, December 2012.

[157] Bijan Khajehpour, "Can Rouhani Resolve Iran's E-

conomic Conundrum?" *Wilson Center*, July 2013.

[158] Bijan Khajehpour, "Can the Iran Nuclear Issue be Resolved?" *Wilson Center*, January 2014.

[159] Bilal Y. Saab, "ISIS has a Choice to Make: Build a State or Super Terrorist Organization," *The National Interest*, July 1, 2014. http://nationalinterest.org/blog/the-buzz/isis-has-choice-make-build-state-or-super-terrorist-10793.

[160] Bilal Y. Saab, "Supporting the Syrian rebels in Geneva," *Foreign Policy*, May 30, 2013. http://mideast.foreignpolicy.com/latest? page=4.

[161] Bing West, "Is Iran an Ally or Enemy," *Hoover Institution*, 2015. http://www.hoover.org/research/iran-ally-or-enemy.

[162] Blake Clayton, Michael Levi, "The Surprising Sources of Oil's Influence," *Survival*, vol. 54 (6), December 2012 - January 2013.

[163] Blake Hounshell, "A Guide to the Foreign-Policy Twitterati," *Foreign Policy*, July/August 2011.

[164] Blake Hounshell, "Opening Gambit: The Qatar Bubble," *Foreign Policy*, May/June 2012.

[165] Blake Hounshell, "The Revolution Will Be Tweeted," *Foreign Policy*, July/Aug 2011.

[166] Bonnie S. Glaser, Deep Pal, "How Will China React to a Military Strike on Syria," *CSIS*, September 5, 2013.

http：//csis. org/publication/how-will-china-react-military-strike-syria.

[167] Bradford Ian Stapleton, "The Problem with the Light Footprint," *CATO Institute*, June 2016. http：//www. cato. org/publications/policy-analysis/problem-light-footprint-shifting-tactics-lieu-strategy.

[168] Brandon Fite, "U. S. and Iranian Strategic Competiton：The Impact of Latin America, Africa and Peripheral States," *CSIS*, April 4, 2012.

[169] Brian Michael Jenkins, "Containing Middle East Terror," *RAND*, March 2015. http：//www. rand. org/pubs/testimonies/CT427. html.

[170] Brian Michael Jenkins, "How the Current Conflicts Are Shaping the Future of Syria and Iraq," *RAND*, September 2015. http：//www. rand. org/pubs/perspectives/PE163. html.

[171] Brian Michael Jenkins, "Is Al Qaeda's Internet Strategy Working?" *RAND* Testimony, Dec. 6, 2011.

[172] Brian Michael Jenkins, "The Continuing Lure of Violent Jihad," *RAND*, March 2015. http：//www. rand. org/pubs/testimonies/CT429. html.

[173] Brian Michael Jenkins, "The Dynamics of Syria's Civil War," *RAND*, January 2014.

[174] Brian Michael Jenkins, "The Threat Posed by Foreign Fighters Returning From Syria and Iraq," *RAND*, March

2015. http：//www. rand. org/pubs/testimonies/CT426. html.

[175] Brian Michael Jenkins, "When Jihadis Come Marching Home," *RAND*, March 2015. http：//www. rand. org/pubs/perspectives/PE130 - 1. html.

[176] Brian Michael Jenkins, "When Jihadis Come Marching Home," *RAND*, November 2014.

[177] Bruce Riedel, "Al Nusra：Al Qaeda's Syria Offensive," *The Brookings Institution*, February 23, 2013. http：//www. brookings. edu/research/opinions/2013/02/23-al-qaeda-syria-riedel.

[178] Bruce Riedel, "Al Qaeda 3. 0：Terrorism's Emergent New Power Bases," *The Brookings Institution*, December 3, 2012. http：//www. brookings. edu/research/opinions/2012/ 12/03 – al-qaeda-terrorism-reidel.

[179] Bruce Riedel, "Al Qaeda Is Back," *The Brookings Institution*, July 26, 2013. http：//www. brookings. edu/research/opinions/2013/07/26 – al-qaeda-riedel.

[180] Bruce Riedel, "Iran Seeks to Exploit Shia Grievances in Saudi Arabia," *The Brookings Institution*, November 9, 2012. http：//www. brookings. edu/research/opinions/2012/11/09 – iran-shia-saudi-arabia-riedel.

[181] Bruce Riedel, "New Al-Qaeda Generation May Be Deadliest One," *The Brookings Institution*, January 24, 2013. http：//www. brookings. edu/research/opinions/2013/01/24 –

al-qaeda-riedel.

[182] Bruce Riedel, "Revolution in the Kingdom of Saudi Arabia?" *The Brookings Institution*, January 20, 2013. http://www.brookings.edu/research/opinions/2013/01/25 - saudi-arabia-riedel.

[183] Bruce Riedel, "Saudi Arabia Cheers the Coup in Egypt," *The Brookings Institution*, July 7, 2013. http://www.brookings.edu/research/opinions/2013/07/07 - saudi-arabia-cheers-coup-egypt-riedel.

[184] Bruce Riedel, "Saudi Arabia's Quiet Transition," *The Brookings Institution*, June 3, 2013. http://www.brookings.edu/research/opinions/2013/06/05 - saudi-arabia-transition-riedel

[185] Bruce Riedel, "Syria and Chemical Weapons: What Can the U. S. Do Now?" *The Brookings Institution*, December 12, 2012. http://www.brookings.edu/research/opinions/2012/12/12 - syria-chemical-weapons-us-riedel.

[186] Bruce Stokes, "Assessing Public Support for Arming Syria's Rebels," *Chatham House*, June 18, 2013. http://www.chathamhouse.org/media/comment/view/192467.

[187] Bulent Aliriza, Bulent Aras, "U. S. -Turkish Relations," *CSIS*, November 2012.

[188] Bulent Aliriza, Jon B. Alterman, Andrew C. Kuchins, "The Turkey, Russia, Iran Nexus," *CSIS*, March 2013.

[189] Caroline Montagu, "Civil Society in Saudi Arabia: The Power and Challenges of Association," *Chatham House*, March 2015. http://www.chathamhouse.org/publication/civil-society-saudi-arabia-power-and-challenges-association.

[190] Carolyn Barnett, "GCC-Maghreb Relations in a Changing Regional Order," *CSIS*, August 2013.

[191] Carolyn Barnett, "The New Energy Revolution and the Gulf," *CSIS*, November 2014.

[192] Carolyn Barnett, "Workforce Development in Tunisia and Jordan," *CSIS*, July 2015. http://csis.org/publication/workforce-development-tunisia-and-jordan.

[193] Caryle Murphy, "Saudi Arabia's Youth and the Kingdom's Future," Middle East Program, Occasional Paper Series, *Woodrow Wilson International Center for Scholars*, Winter 2, 2011.

[194] Caryle Murphy, "Young Saudis and The Kingdom's Political Future," *Wilson Center*, February 2013.

[195] Cengiz Gunes and Robert Lowe, "The Impact of the Syrian War on Kurdish Politics across the Middle East," *Chatham House*, July 2015. http://www.chathamhouse.org/publication/impact-syrian-war-kurdish-politics-across-middle-east.

[196] Chaoling Feng, "Embracing Interdependence: The Dynamics of China and the Middle East," *The Brookings Institu-*

tion, April 2015. http://www.brookings.edu/research/papers/2015/04/28 – china-middle-east-relations-feng.

[197] Charles Hill, "Fouad's Gift," *Hoover Digest*, No. 49, 2014.

[198] Charles Lister, "New Fears for Syria's Jihadists," *Foreign Policy*, August 29, 2013. http://mideast.foreignpolicy.com/posts/2013/08/29/new_ fears_ for_ syria_ s_ jihadists.

[199] Charles Lister, "Returning Foreign Fighters: Criminalization or Reintegration?" *The Brookings Institution*, August 2015. http://www.brookings.edu/research/papers/2015/08/13 – foreign-fighters-reintegration-lister.

[200] Charles Tripp, "Three costly lessons from the invasion," *The World Today*, Volume 69, Number 1, February 2013.

[201] Christopher Bronk, Eneken Tikk-Ringas, "The Cyber Attack on Saudi Aramco," *Survival*, vol. 55 (2), April-May 2013.

[202] Christopher Phillips, "Flawed Logic in Decision to Lift Syria Arms Embargo," *Chatham House*, May 2013. http://www.chathamhouse.org/media/comment/view/191703.

[203] Christopher Phillips, "Into the Quagmire: Turkey's Frustrated Syria Policy," *Chatham House*, December 2012.

[204] Christopher Phillips, "Obama: Realistic or Rudderless on Syria?" *Chatham House*, August 19, 2014. http:

//www. chathamhouse. org/expert/comment/15552.

[205] Christopher Phillips, "Understanding Syria's Four-Front War," *Chatham House*, August 19, 2014. http: //www. chathamhouse. org/expert/comment/15470.

[206] Christopher Phillips, Lina Sinjab, Claire Spencer, Lord Williams of Baglan, "Syria: The Fate of a Nation," *Chatham House*, July 4, 2013.

[207] Christopher S. Chivvis and Andrew Liepman, "North Africa's Menace," *RAND*, September 2013.

[208] Christopher S. Chivvis, "Anxious Whispers in Tripoli," *RAND*, February 18, 2013. http: //www. rand. org/blog/2013/02/anxious-whispers-in-tripoli. html.

[209] Christopher S. Chivvis, "Could Norway Be Key to a Future Syria Strike?" *CNN*, September 26, 2013. http: //globalpublicsquare. blogs. cnn. com/2013/09/26/could-norway-be-key-to-a-future-syria-strike/.

[210] Christopher S. Chivvis, Jeffrey Martini, "Libya after Qaddafi," *RAND*, March 2014.

[211] Christopher S. Chivvis, Keith Crane, Peter Mandaville, Jeffrey Martini, "Libya's Post-Qaddafi Transition," *RAND*, October 2013.

[212] Chuck Freilich, "U. S. -Egyptian Relations on the Brink?" *The National Interest*, March 19, 2014. http: //nationalinterest. org/commentary/us-egyptian-relations-the-brink –

10072.

[213] CIA World Factbook. "2011 forPer Capita Income Ranking, DOE/EIA, for Per Capita Oil Export Revenues," August 2011. http://www.eia.gov/countries/regions-topics.cfm? fips = OPEC.

[214] Cindy Vestergaard, "A Chemical Weapons - Free Middle East?" *CSIS*, May 21, 2013.

[215] Claire Spencer, "Egypt: The Politics of 'Normalization'," *Chatham House*, March 28, 2014. http://www.chathamhouse.org/media/comment/view/198621.

[216] Claire Spencer, "Gaza, the US and the New Middle East," *Chatham House*, November 20, 2012. http://www.chathamhouse.org/media/comment/view/187311.

[217] Claire Spencer, "Iran: Normalization Iranian-Style?" *Chatham House*, June 18, 2013. http://www.chathamhouse.org/media/comment/view/192465.

[218] Claire Spencer, "Strategic Posture Review: Algeria," World Poltics Review, July 25, 2012.

[219] Claire Spencer, "Syria: The Real Game-Changer," *Chatham House*, May 7, 2013. http://www.chathamhouse.org/media/comment/view/191243.

[220] Claire Spencer, "The Forgotten Syrians," *Chatham House*, October 4, 2013. http://www.chathamhouse.org/media/comment/view/194629.

[221] Claire Spencer, "Tunisia: politics as usual," *Foreign Policy*, October 2, 2013. http://mideast. foreignpolicy. com/posts/2013/10/02/tunisia_ politics_ as_ usual.

[222] Claire Spencer, Christopher Phillips and Jane Kinninmont, "Western Policy Towards Syria: Ten Recommendations," *Chatham House*, December 2013.

[223] Claire Spencer, Jane Kinninmont and Omar Sirri, "Iraq Ten Years On," *Chatham House*, May 2013.

[224] Clare Morgana Gillis, "The End of History in the New Libya," *Foreign Policy*, May/June 2012.

[225] Clark Lombardi, Nathan J. Brown, "Islam in Egypt's new constitution," *Foreign Policy*, December 13, 2012. http://mideast. foreignpolicy. com/posts/2012/12/13/islam_ in_ egypts_ new_ constitution.

[226] Clive Jones, Beverley Milton-Edwards, "Missing the 'devils' we knew? Israel and political Islam amid the Arab Awakening," *International Affairs*, 89: 2 (2013).

[227] Cole Bunzel, "From Paper State to Caliphate: The Ideology of the Islamic State," *The Brookings Project on U. S. Relations with the Islamic World*, No. 19, March 2015. http://www. brookings. edu/research/papers/2015/03/ideology-of-islamic-state.

[228] Colin H. Kahl, "Inflection Point: Requirements for an Enduring Diplomatic Solution to the Iranian Nuclear Chal-

lenge," *Center for a New American Security*, November 2013.

[229] Colin H. Kahl, "U. S. war gains in Iraq now lost or threatened," USA Today, January 12, 2014. http://www.cnas.org/content/us-war-gains-iraq-now-lost-or-threatened.

[230] Colin H. Kahl, Alireza Nader, "Zero-Sum Enrichment," *RAND*, October 14, 2013. http://www.*rand*.org/blog/2013/10/zero-sum-enrichment.html.

[231] Colin H. Kahl, Marc Lynch, "U. S. Strategy after the Arab Uprisings: Toward Progressive Engagement," *The Washington Quarterly*, Spring 2013.

[232] Colin H. Kahl, Melissa G. Dalton and Matthew Irvine, "If Iran Builds the Bomb, Will Saudi Arabia Be Next?" *Center for a New American Security*, February 2013.

[233] Colin P. Clarke, Christopher Paul, "From Stalemate to Scttlement," *RAND*, February 2014.

[234] Condoleezza Rice, "Syria is central to holding together the Mideast," *The Washington Post*, Nov 24, 2012. http://www.washingtonpost.com/opinions/condoleezza-rice-syria-is-central-to-holding-together-the-middle-east/2012/11/23/200e583e-2ebf-11e2-89d4-040c9330702a_story.html.

[235] Crystal A. Ennis and Ra' id Z. al-Jamali, "Elusive Employment Development Planning and Labour Market Trends in Oman," *Chatham House*, September 2014.

[236] Curtis R. Ryan, "Elections, parliament, and a

"new" prime minister in Jordan," *Foreign Policy*, March 11, 2013. http://mideast.foreignpolicy.com/posts/2013/03/11/elections_ parliament_ and_ a_ new_ prime_ minister_ in_ jordan.

[237] Curtis R. Ryan, "Jordan's website blocking controversy," *Foreign Policy*, June 20, 2013. http://mideast.foreignpolicy.com/posts/2013/06/20/jordans_ website_ blocking_ controversy.

[238] Cynthia P. Schneider, "Challenging the Pakistani Taliban Through Culture," *The Brookings Institution*, March 7, 2014. http://www.brookings.edu/blogs/up-front/posts/2014/03/07-challenging-pakistani-taliban-culture-schneider.

[239] Cynthia P. Schneider, "Missing in Action," *The Brookings Institution*, August 15, 2013. http://www.brookings.edu/research/articles/2013/08/15 – egypt-crisis-us-policy-schneider.

[240] Cynthia P. Schneider, "U. S. Gets It Wrong on Egypt Again," *The Brookings Institution*, January 25, 2013. http://www.brookings.edu/research/opinions/2013/01/25 – egypt-schneider.

[241] Dafna H. *Rand* and Nicholas A. Heras, "How This Ends: A Blueprint for De-Escalation in Syria," *Center for a New American Security*, November, 2014.

[242] Dafna Hochman*Rand*, "Opportunities for American

Influence in a Changing Middle East," *Center for a New American Security*, April 2014.

[243] DafnaRand, Anthony Vassalo, "Bringing the Fight Back Home," *Center for a New American Security*, August 2014.

[244] Dalia Dassa Kaye, "A Different Israeli Take on Iran," *Los Angeles Times*, November 12, 2013. http://www.rand.org/commentary/2013/11/12/LAT.html.

[245] Dalia Dassa Kaye, "Iran Deal: Will Israel Play Spoiler?" *The National Interest*, March 12, 2014. http://nationalinterest.org/commentary/iran-deal-will-israel-play-spoiler-10036.

[246] Dalia Dassa Kaye, "Israel's Iran Policies After the Nuclear Deal," *RAND*, November 2016. http://www.rand.org/pubs/perspectives/PE207.html.

[247] Dalibor Rohac, "Behind the Success of Political Islam," *The National Interest*, April 3, 2013. http://www.cato.org/publications/commentary/behind-success-political-islam.

[248] Dalibor Rohac, "Egyptians Have Lost Faith in Morsi," *The Los Angeles Times*, June 28, 2013. http://www.cato.org/publications/commentary/egyptians-have-lost-faith-morsi.

[249] Dalibor Rohac, "Fixing Egypt's Subsidy Nightmare," *The National Interest*, March 22, 2013. http://www.cato.org/publications/commentary/fixing-egypts-subsidy-night-

mare.

[250] Dalibor Rohac, "How Aid Helped Turn Egypt into a Disaster," *FT. com*, August 9, 2013. http://www.cato.org/publications/commentary/how-aid-helped-turn-egypt-disaster.

[251] Dalibor Rohac, "How to End Egypt's Subsidies Addiction," *Financial Times*, November 6, 2013. http://www.cato.org/publications/commentary/how-end-egypts-subsidies-addiction.

[252] Dalibor Rohac, "Solving Egypt's Subsidy Problem," *Policy Analysis*, No. 741, November 6, 2013.

[253] Dalibor Rohac, "The Arab World Needs Credible Reformers," *Financial Times*, June 5, 2013. http://www.cato.org/publications/commentary/arab-world-needs-credible-reformers.

[254] Dalibor Rohac, "The Moroccan Model?" *Foreign Policy*, July 17, 2013. http://www.cato.org/publications/commentary/moroccan-model.

[255] Dan Arbell, "The Beginning of a Turkish-Israeli Rapprochement?" *The Brookings Institution*, December 3, 2012. http://www.brookings.edu/blogs/up-front/posts/2012/12/03 – turkey-israel-arbell.

[256] Dan Arbell, "Turbulence in Turkey – Israel Relations Raises Doubts Over Reconciliation Process," *The Brook-*

ings Institution, November 1, 2013. http: //www. brookings. edu/blogs/up-front/posts/2013/11/01 – turkey-israel-reconciliation-arbell.

[257] Dan Arbell, Tim Boersma, Kemal Kirişci and Natan Sachs, "Politics Trump Economics in the Complex Game of Eastern Mediterranean Hydrocarbons," *The Brookings Institution*, December 2013.

[258] Dana Rohrabacher, "Al-Sisi to the Rescue," *The National Interest*, July 23, 2014. http: //nationalinterest. org/feature/al-sisi-the-rescue – 10937.

[259] Daniel Brumberg and Steven Heydemann, "Global Authoritarians and the Arab Spring," *Wilson Center*, January 2013.

[260] Daniel Brumberg, "The Resurgence of the Egyptian State," *Foreign Policy*, July 8, 2013. http: //mideast. foreignpolicy. com/posts/2013/07/08/the_ resurgence_ of_ the_ egyptian_ state.

[261] Daniel Brumberg, "Will Egypt's Agony Save the Arab Spring?" *Foreign Policy*, August 21, 2013. http: //mideast. foreignpolicy. com/posts/2013/08/21/will_ egypt_ s_ struggles_ save_ the_ arab_ spring.

[262] Daniel Brumberg, Farideh Farhi, "Real politics in Iran?" *Foreign Policy*, June 25, 2013. http: //mideast. foreignpolicy. com/posts/2013/06/25/real_ politics_ in_ iran.

[263] Daniel Byman & Bilal Y. Saab, "Hezbollah in a Time of Transition," *The Brookings Institution*, November 2014.

[264] Daniel Byman and Charles King, "The Mystery of Phantom States," *The Washington Quarterly*, Summer 2012.

[265] Daniel Byman and Natan Sachs, "The Rise of Settler Terrorism," *Foreign Affairs*, Sept/Oct 2012.

[266] Daniel Byman, "Five myths about the Islamic State," *The Washington Post*, July 21, 2014.

[267] Daniel Byman, "Go Big or Go Home," *The Brookings Institution*, July 22, 2013. http://www. foreignpolicy. com/articles/2013/07/22/go_ big_ or_ go_ home_ us_ middle _ east_ policy.

[268] Daniel Byman, "Is Hamas Winning?" *The Washington Quarterly*, Summer 2013.

[269] Daniel Byman, "State Sponsor of Terror: The Global Threat of Iran," *The Brookings Institution*, February 2015. http://www. brookings. edu/blogs/markaz/posts/2015/02/11 – byman-iran-sponsorship-of-terrorism.

[270] Daniel Byman, "Terrorism in Africa: The Imminent Threat to the United States," *The Brookings Institution*, April 2015. http://www. brookings. edu/research/testimony/2015/04/29 – terrorism-in-africa-byman.

[271] Daniel Byman, Khaled Elgindy, "The Deepening Chaos in Sinai," The *The National Interest*, September-October

2013.

[272] Daniel Byman, Zack Gold, "The Salafi Awakening," *The National Interest*, July/August, 2012.

[273] Daniel L. Byman and Tamara Cofman Wittes, "Now That The Muslim Brotherhood is Declared a Terrorist Group, It Just Might Become One," *The Washington Post*, January 10, 2014. http://www.brookings.edu/research/opinions/2014/01/10-egypt-muslim-brotherhood-terror-byman-wittes.

[274] Daniel L. Byman, "Revolution and Stasis in the Arab World," *The Brookings Institution*, June 3, 2013. http://www.brookings.edu/blogs/up-front/posts/2013/06/03-revolution-stasis-arab-world-byman.

[275] Daniel L. Byman, "Terrorism in North Africa," *The Brookings Institution*, July 10, 2013. http://www.brookings.edu/research/testimony/2013/07/10-terrorism-north-africa-before-after-benghazi-byman.

[276] Daniel Markey, "Saudi Arabia's New Strategic Game in South Asia," *The National Interest*, July 18, 2014. http://nationalinterest.org/feature/saudi-arabia%E2%80%99s-new-strategic-game-south-asia-10909.

[277] Daniel R. DePetris, "How Obama Should Counter the Islamic State," *The National Interest*, August 29, 2014. http://nationalinterest.org/feature/how-obama-should-counter-

the-islamic-state－11162.

[278] Daniel Runde, "Soft Power And Security," *Global Forecast* 2016, November 2015. http://csis.org/publication/soft-power-and-security.

[279] Danya Greenfield, "Yemen's Final Stretch," *Foreign Policy*, October 24, 2013. http://mideast.foreignpolicy.com/posts/2013/10/24/yemen_s_final_stretch.

[280] Danya Greenfield, "Overcoming the pitfalls of Yemen's National Dialogue," *Foreign Policy*, March 18, 2013. http://mideast.foreignpolicy.com/posts/2013/03/18/overcoming_the_pitfalls_of_yemen_s_national_dialogue.

[281] Danya Greenfield, "Yemen Needs Friends," *Foreign Policy*, September 25 2013. http://mideast.foreignpolicy.com/posts/2013/09/25/don_t_forget_about_yemen.

[282] Data, The World Bank, http://data.worldbank.org/indicator.

[283] Dave Baiocchi, "Measuring Army Deployments to Iraq and Afghanistan," *RAND*, February 2013.

[284] Daveed Gartenstein-Ross and Amichai Magen, "The jihadist governance dilemma," *The Washington Post*, July 18, 2014.

[285] David Andrew Weinberg, "Kuwait's Embattled Justice Minister Part of Deeper Terror Finance Problem," *The National Interest*, April 10, 2014. http://nationalinterest.org/

commentary/kuwaits-embattled-justice-minister-part-deeper-terror-financ – 10225.

[286] David B. Ottaway, "A New Chapter in the Tangled U. S. -Saudi Relationship," *Wilson Center*, September 2014.

[287] David B. Ottaway, "After a Year of War, Saudis and Houthis Explorc Peace in Yemen," *Wilson Center*, Viewpoints No. 97, March 2016. https://www.wilsoncenter.org/publication/after-year-war-saudis-and-houthis-explore-peace-yemen.

[288] David B. Ottaway, "Iraq's Kurdistan Takes a Giant Step Toward Independence," *Wilson Center*, December 2013.

[289] David B. Ottaway, "Is Tunisia's Moderate Center in Danger of Collapse?" *Wilson Center*, Viewpoints No. 72, March 2015. http://www.wilsoncenter.org/publication/tunisia%E2%80%99s-moderate-center-danger-collapse.

[290] David B. Ottaway, "Morocco's Islamists: In Power Without Power," Viewpoints, No. 5, *Woodrow Wilson International Center for Scholars*, August 2012.

[291] David B. Ottaway, "Rolling Thunder? Saudi Arabia Discovers the Limits of Air Power," *Wilson Center*, Viewpoints No. 78, June 2015. http://www.wilsoncenter.org/publication/rolling-thunder-saudi-arabia-discovers-the-limits-air-power.

[292] David B. Ottaway, "Saudi Arabia Forms a Pan-Ar-

ab Sunni Alliance against the Houthis," *Wilson Center*, Viewpoints No. 74, March 2015. http://www.wilsoncenter.org/publication/saudi-arabia-forms-pan-arab-sunni-alliance-against-the-houthis.

[293] David B. Ottaway, "Saudi Arabia's Race Against Time," Middle East Program, Occasional Paper Series, *Woodrow Wilson International Center for Scholars*, Summer, 2012.

[294] David B. Ottaway, "Saudi Arabia's Yemeni Quagmire," *Wilson Center*, Viewpoints No. 89, December 2015. https://www.wilsoncenter.org/publication/saudi-arabias-yemeni-quagmire.

[295] David B. Ottaway, "Saudi King Abdullah: An Assessment," *Wilson Center*, Viewpoints No. 68, January 2015. http://www.wilsoncenter.org/publication/saudi-king-abdullah-assessment.

[296] David B. Ottaway, "Saudis Wield the Sword at Home as Abroad," *Wilson Center*, Viewpoints No. 90, January 2016. https://www.wilsoncenter.org/publication/saudis-wield-the-sword-home-abroad.

[297] David B. Ottaway, "The Uncertain Fate of U. S. -Egyptian Relations," *Wilson Center*, November 2012.

[298] David B. Ottaway, "Watch out Washington, the Saudi Hawks are in Ascendancy," *Wilson Center*, Viewpoints No. 75, April 2015. http://www.wilsoncenter.org/publication/

watch-out-washington-the-saudi-hawks-are-ascendancy.

[299] David Butter, "Egypt in Search of Economic Direction," *Chatham House*, November 2013.

[300] David Butter, "Syria's Economy," *Chatham House*, June 2016. http://www.chathamhouse.org/publication/syrias-economy-picking-pieces.

[301] David C. Hendrickson, "The ISIS Challenge: A Tough Problem, Even Tougher Solutions," *The National Interest*, August 15, 2014. http://nationalinterest.org/feature/the-isis-challenge-tough-problem-even-tougher-solutions-11081.

[302] David H. Petraeus, Vance Serchuk, "U. S. Needs to Plan for the Day after an Iran Deal," *The Washington Post*, April 10, 2014. http://www.washingtonpost.com/opinions/us-needs-to-plan-for-the-day-after-an-iran-deal/2014/04/09/056ff992-bf4b-11e3-b195-dd0c1174052c_story.html.

[303] David Hamon and S. James Ahn, "Premonitions of an ISIS homecoming in Southeast Asia," *CSIS*, November 10, 2014.

[304] David Hearst, "Morsi Explores the Art of the Possible," *The World Today*, August & September 2012.

[305] David Michel, Amit Pandya, Syed Iqbal Hasnain, Russell Sticklor and Sreya Panuganti, "Water Challenges and Cooperative Response in the Middle East and North Africa," *The Brookings Institution*, November 2012.

[306] David Ottaway, "Iran's Rouhani Puts U. S. -Saudi Ties to the Test," *Wilson Center*, October 2013.

[307] David Ottaway, "Tunisia's Islamist-Led Democracy Founders," *Wilson Center*, October 2013.

[308] David Ottaway, "Violence Unsettles Tunisia's Democratic Transition," *Wilson Center*, April 2013.

[309] David Witty, "The Iraqi Counter Terrorism Service," *The Brookings Institution*, March 2015. Http://Www. Brookings. Edu/Research/Papers/2015/03/Iraq-Counter-Terrorism-Witty.

[310] Dawn Brancati, "The 2011 Protests: Were They about Democracy?" *The Washington Quarterly*, Winter 2013.

[311] Denise A. Spellberg, " 'Laws of the Profit': Language, Religion, and Money in the Founding Fathers' Diplomacy with a Muslim Kingdom," *The Brookings Project on U. S. Relations with the Islamic World*, No. 17, August 2014.

[312] Dennis Blair, Ronald Neumann, Eric Olson, "Fixing Fragile States," *The National Interest*, August 27, 2014. http://nationalinterest. org/feature/fixing-fragile-states – 11125.

[313] Department of Defense of the U. S. "Sustaining U. S. Global Leadership: Priorities for 21st Century Defense," January 2012.

[314] Dina Esfandiary, " 'Iranians are Terrified': Iran's ISIS Nightmare," *The National Interest*, July 11, 2014. ht-

tp：//nationalinterest. org/blog/the-buzz/iranians-are-terrified-irans-isis-nightmare－10856.

［315］ Dina Esfandiary, Ariane Tabatabai, "Iran's ISIS policy," *International Affairs* 91：1, 2015.

［316］ Donatella Rovera, "Time to Crackdown on Libya's new Torturers," *The World Today*, April & May 2012.

［317］ Doris Carrion, "Syrian Refugees in Jordan Confronting Difficult Truths," *Chatham House*, September 2015. https：//www. chathamhouse. org/publication/syrian-refugees-jordan-confronting-difficult-truths.

［318］ Doris Carrion, "Yemen under Threat," *Chatham House*, August 15, 2013. http：//www. chathamhouse. org/media/comment/view/193928.

［319］ Doug Bandow, "Disengage in Egypt：Take Neither Side as the Country Collapses into Violence," *Huffington Post*, August 23, 2013. http：//www. cato. org/publications/commentary/disengage-egypt-take-neither-side-country-collapses-violence.

［320］ Doug Bandow, "Egypt Needs Free Trade, Not More Aid," *The National Interest*, January 27, 2014. http：//www. cato. org/publications/commentary/egypt-needs-free-trade-not-more-aid.

［321］ Doug Bandow, "Iran Should Demonstrate It Is Ready to Join the International Community by Ending Religious

Persecution," *Huffington Post*, April 22, 2014. http://www.cato.org/publications/commentary/iran-should-demonstrate-it-ready-join-international-community-ending.

[322] Doug Bandow, "It's Time for the United States to Cease Financial Aid to Egypt," *Forbes*, July 22, 2013. http://www.cato.org/publications/commentary/its-time-united-states-cease-financial-aid-egypt.

[323] Doug Bandow, "No to War As an Entitlement in Syria—or Anywhere Else," *Huffington Post*, August 8, 2013. http://www.cato.org/publications/commentary/no-war-entitlement-syria-or-anywhere-else.

[324] Doug Bandow, "Obama Administration Debates Bombing Syria to Fight Islamic State; Instead, Washington Should Allow Syria and Others to Battle Killer Radicals," *Forbes*, August 25, 2014. http://www.cato.org/publications/commentary/obama-administration-debates-bombing-syria-fight-islamic-state-instead.

[325] Doug Bandow, "Obama Didn't Lose Iraq," *The National Interest*, March 29, 2013. http://www.cato.org/publications/commentary/obama-didnt-lose-iraq.

[326] Doug Bandow, "Pharaoh Al-Sisi Takes Control in Egypt: Obama Administration Sacrifices Security, Human Rights, and Democracy," *Forbes*, January 20, 2014. http://www.cato.org/publications/commentary/pharaoh-al-sisi-takes-

control-egypt-obama-administration-sacrifices-security.

[327] Doug Bandow, "Stay out of Syria's Inferno: Americans Want Peace, Not Another War," *Huffington Post*, September 8, 2013. http://www.cato.org/publications/commentary/stay-out-syrias-inferno-americans-want-peace-not-another-war.

[328] Doug Bandow, "The Arab Spring Comes to Kuwait: Will Democracy Arrive and Liberty Thrive?" *Forbes*, December 10, 2012. http://www.cato.org/publications/commentary/arab-spring-comes-kuwait-will-democracy-arrive-liberty-thrive.

[329] Doug Bandow, "The Perils of Religious Persecution in Iran," *Forbes*, May 13, 2013. http://www.cato.org/publications/commentary/perils-religious-persecution-iran.

[330] Doug Bandow, "U. S. Should Stay out of Latest Sectarian Civil War: Leave Islamic Radicals to Iraq and Its Neighbors," *Forbes*, July 21, 2014. http://www.cato.org/publications/commentary/us-should-stay-out-latest-sectarian-civil-war-leave-islamic-radicals-iraq.

[331] Doug Bandow, "Violating the Law to Subsidize Egypt's Coup: Bipartisan Foolishness in Washington," *Huffington Post*, August 12, 2013. http://www.cato.org/publications/commentary/violating-law-subsidize-egypts-coup-bipartisan-foolishness-washington.

[332] Douglas A. Ollivant, "Not an Iraqi civil war," *Foreign Policy*, July 16, 2013. http://mideast.foreignpoli-

cy. com/posts/2013/07/16/not_ an_ iraqi_ civil_ war.

[333] Dov S. Zakheim, "Abandon Nation Building," *The National Interest*, April 22, 2014. http://nationalinterest.org/article/abandon-nation-building – 10303.

[334] Dov Waxman, "The Real Problem in U. S. — Israeli Relations," *The Washington Quarterly*, Spring 2012.

[335] Edward P. Djerejian, Andrew Bowen, "A coordinated U. S. strategy on Syria," *Foreign Policy*, April 5, 2013. http://mideast. foreignpolicy. com/posts/2013/04/05/a_ coordinated_ us_ strategy_ on_ syria.

[336] Efraim Inbar, "Israel's National Security Amidst Unrest in the Arab World," *The Washington Quarterly*, Summer 2012.

[337] EIA, "International Energy Outlook: Reference Case," 2011.

[338] Elbridge A. Colby, "Promoting Strategic Stability in the Midst of Sino-U. S. Competition," *The National Bureau of Asian Research*, September 2015. http://www. cnas. org/strategic-stability-sino-us-competition#. VgoR6DahfIU.

[339] Eli Sugarman, Omar Al-Nidawi, "Democracy on the Brink in Iraq," *The National Interest*, April 19, 2014. http://nationalinterest. org/commentary/democracy-the-brink-iraq – 10284.

[340] Elizabeth Bodine-Baron, Todd C. Helmus, Made-

line Magnuson, Zev Winkelman, "Examining ISIS Support and Opposition Networks on Twitter," *RAND*, December 2016. http: //www. rand. org/pubs/research_ reports/RR1328. html.

[341] Elizabeth Ferris, "Remembering Iraq's displaced," *Foreign Policy*, March 18, 2013. http: //mideast. foreignpolicy. com/posts/2013/03/18/remembering_ iraqs_ displaced.

[342] Elizabeth Rosenberg and Colin H. Kahl, "The Great Unwinding: Iranian Nuclear Negotiations and Principles for Sanctions Relief," *Center for a New American Security*, October 2013.

[343] Ellis Goldberg, "Egypt's political crisis," *Foreign Policy*, December 10, 2012. http: //mideast. foreignpolicy. com/posts/2012/12/10/egypts_ political_ crisis.

[344] Emily Regan Wills, "Politicizing Egypt's economic reform," *Foreign Policy*, November 29, 2012. http: // mideast. foreignpolicy. com/posts/2012/11/29/politicizing_ egypt_ s_ economic_ reform.

[345] Emma Sky, "Iraq, from Surge to Sovereignty," *Foreign Affairs*, Mar/Apr 2011.

[346] Eric Trager, "The Unbreakable Muslim Brotherhood," *Foreign Affairs*, Sept/Otc 2012.

[347] Erica D. Borghard, "Arms and Influence in Syria The Pitfalls of Greater U. S. Involvement," *Policy Analysis*, No. 734, August 7, 2013.

[348] Erica S. Downs, "China-Middle East Energy Relations," *The Brookings Institution*, June 6, 2013. http://www.brookings.edu/research/testimony/2013/06/06-china-middle-east-energy-downs.

[349] F. Gregory Gause, III, "ISIS and the New Middle East Cold War," *The Brookings Institution*, August 25, 2014. http://www.brookings.edu/blogs/iran-at-saban/posts/2014/08/25-isis-new-middle-east-cold-war.

[350] F. Gregory Gause, III, "Will Nuclear Talks With Iran Provoke A Crisis In U. S.-Saudi Ties?" *The Brookings Institution*, October 14, 2013. http://www.brookings.edu/blogs/iran-at-saban/posts/2013/10/14-saudi-iran-rivalry-nuclear-deal.

[351] F. Joseph Dresen, "Deciphering Russian Policy on Syria: What Happened… and What's Next," *Wilson Center*, October 2013. http://www.wilsoncenter.org/publication/deciphering-russian-policy-syria-what-happened%E2%80%A6and-what%E2%80%99s-next.

[352] F. Stephen Larrabee, "Is Turkey Rethinking the Syrian Kurd Issue?" *CNN*, August 21, 2013. http://globalpublicsquare.blogs.cnn.com/2013/08/21/is-turkey-rethinking-the-syrian-kurd-issue/.

[353] F. Stephen Larrabee, Alireza Nader, "Turkish-Iranian Relations in a Changing Middle East," *RAND*, August

2013.

[354] F. Stephen Larrabee, Alireza Nader, "Turkish-Iranian Relations in a Changing Middle East," *RAND*, October 2013.

[355] F. Stephen Larrabee, Peter A. Wilson, "The Syrian Game Changer," *RAND*, February 1, 2013. http://www.rand.org/blog/2013/02/the-syrian-game-changer.html.

[356] Fadi Hakura, "Turkey: Confrontational Politics is No Panacea," *Chatham House*, June 19, 2013. http://www.chathamhouse.org/media/comment/view/192499.

[357] Fahad Nazer, "Saudis sound off on the economy," *Foreign Policy*, August 2, 2013. http://mideast.foreignpolicy.com/posts/2013/08/02/activism_in_saudi_social_media.

[358] Fanar Haddad, "Can a Sunni Spring′turn into an′ Iraqi Spring?" *Foreign Policy*, January 7, 2013. http://mideast.foreignpolicy.com/posts/2013/01/07/can_a_sunni_spring_turn_into_an_iraqi_spring.

[359] Fanar Haddad, "The Language of Anti-Shiism," *Foreign Policy*, August 9, 2013. http://mideast.foreignpolicy.com/posts/2013/08/09/the_language_of_anti_shiism.

[360] Farideh Farhi, "Iran Inside and Out," *CSIS*, April 2015. Http://Csis.Org/Publication/Iran-Inside-And-Out.

[361] Farideh Farhi, "Rouhani and the Potential Failure

of Nuclear Talks," *Wilson Center*, September 2014.

[362] Farzaneh Roudi, "Iran Is Reversing Its Population Policy," Viewpoints, No. 7, *Woodrow Wilson International Center for Scholars*, August 2012.

[363] Fatima Abo Alasra, "Yemen's Fitful Dialogue," *Foreign Policy*, September 6, 2013. http://mideast. foreign-policy. com/posts/2013/09/06/yemen_ s_ fitful_ dialogue.

[364] Fatima Abo Alasrar, "Saving the South of Yemen from Itself," *Foreign Policy*, May 7, 2013. http://mideast. foreignpolicy. com/posts/2013/05/07/saving_ the_ south_ of_ yemen_ from_ itself.

[365] Fatima Sadiqi, "Morocco's Emerging Democracy: The 2015 Local and Regional Elections," *Wilson Center*, Viewpoints No. 83, October 2015. https://www. wilsoncenter. org/publication/moroccos-emerging-democracy-the -2015 -local-and-regional-elections.

[366] Fawaz A. Gerges, "Premature Obituaries for Political Islam," *Foreign Policy*, July 16, 2013. http://mideast. foreignpolicy. com/posts/2013/07/16/the_ failure_ of_ political_ islam.

[367] Fawaz A. Gerges, "The Obama Approach to the Middle East: the End of America's Moment?" *International Affairs* 89: 2, 2013.

[368] Flavia Tsang, Ohid Yaqub, Desirée van Welsum,

Tony G. Thompson-Starkey, Joanna Chataway, "The impact of information and communication technologies in the Middle East and North Africa," *RAND*, 2011.

[369] Flynt Leverett, "US Election Note: Middle East Policy After 2016," *Chatham House*, October 2016. https://www.chathamhouse.org/publication/us-election-note-middle-east-policy-after-2016.

[370] Forces," *CSIS*, December 16, 2013.

[371] Fouad Ajami, "Axis of Folly," *Hoover Digest*, No. 49, 2014.

[372] Fouad Ajami, "Egypt on the Brink—With No Clear Way Back," *Wall Street Journal*, July 2, 2013. http://www.hoover.org/news/daily-report/150976.

[373] Fouad Ajami, "Egypt's Islamists are out but not down," *Washington Post*, July 13, 2013. http://www.washingtonpost.com/opinions/egypts-islamists-are-out-but-not-down/2013/07/12/1d08752e-ea45-11e2-a301-ea5a8116d211_story.html.

[374] Fouad Ajami, "Egypt's Sisyphean Struggle for Democracy," *Wall Street Journal*, December 13, 2012. http://www.hoover.org/news/daily-report/136751.

[375] Fouad Ajami, "John Kerry's Syrian Second Chance," *Wall Street Journal*, February 27, 2013. http://www.hoover.org/news/daily-report/141476.

[376] Fouad Ajami, "Obama and the Sunni-Shiite War," *Wall Street Journal*, January 9, 2014. http: //www. hoover. org/news/daily-report/165426.

[377] Fouad Ajami, "Obama Is Lost in the Mideast Bazaar," *Wall Street Journal*, September 12, 2013. http: //www. hoover. org/news/daily-report/156521.

[378] Fouad Ajami, "Ten Years Ago, an Honorable War Began With Wide Support," *Wall Street Journal*, March 18, 2013. http: //www. hoover. org/news/daily-report/142856.

[379] Fouad Ajami, "The Arab Spring at One," *Foreign Affairs*, Mat/Apr 2012.

[380] Fouad Ajami, "The Banality of Evil," defining ideas, March 20, 2013. http: //www. hoover. org/publications/defining-ideas/article/143006.

[381] Fouad Ajami, "The Struggle for the Fertile Crescent," *Wall Street Journal*, January 13, 2013. http: //www. hoover. org/news/daily-report/137866.

[382] Fouad Ajami, "Turkey Between Ataturk and Erdogan," Defining Ideas, June 23, 2013. http: //www. hoover. org/publications/defining-ideas/article/150116.

[383] Fouad Ajami, "Will the Arab Spring Deliver for Hamas?" *Wall Street Journal*, November 20, 2012. http: //www. hoover. org/news/daily-report/135041.

[384] Frederic Wehrey and Kristin Smith Diwan, "Eyes

on Bahrain," *CSIS*, March 8, 2011.

[385] Frederic Wehrey, "The Gulf's Achilles Heel," *The National Interest*, March 27, 2014. http://nationalinterest.org/commentary/the-gulfs-achilles-heel - 10131.

[386] Frederic Wehrey, "The hidden story of airpower in Libya (and what it means for Syria)," *Foreign Policy*, February 11, 2013. http://mideast.foreignpolicy.com/posts/2013/02/11/the_hidden_story_of_airpower_in_libya.

[387] GabiSiboni and Ram Ben-Barak, "The Sinai Peninsula Threat Development and Response Concept," *The Brookings Institution*, January 2014.

[388] Geneive Abdo , Mona Yacoubian, "Iran's Opportunity for Negotiations," *Foreign Policy*, September 23, 2013. http://mideast.foreignpolicy.com/posts/2013/09/23/irans_opportunity_for_negotiations.

[389] Geneive Abdo, "Bahrain's closed doors," *Foreign Policy*, January 24, 2013. http://mideast.foreignpolicy.com/posts/2013/01/24/bahrains_closed_doors.

[390] Geneive Abdo, "Salafists and Sectarianism: Twitter and Communal Conflict in the Middle East," *The Brookings Institution*, March 2015. http://www.brookings.edu/research/papers/2015/03/salafism-sectarianism-social-media.

[391] Geneive Abdo, "Talking about reform in Bahrain," *Foreign Policy*, April 10 http://mideast.foreignpolicy.com/

posts/2013/04/10/talking_ about_ reform_ in_ bahrain.

[392] Geneive Abdo, "Why Sunni-Shia conflict is worsening," *The Brookings Institution*, June 7, 2013. http://edition. cnn. com/2013/06/07/opinion/abdo-shia-sunni-tension/index. html.

[393] Ginny Hill, Peter Salisbury, Léonie Northedge and Jane Kinninmont, "Yemen: Corruption, Capital Flight and Global Drivers of Conflict," *Chatham House*, September 2013.

[394] Glada Lahn and Paul Stevens, "Burning Oil to Keep Cool: The Hiden Energy Crisis in Saudi Arabia," *Chatham House*, December 2011.

[395] Glada Lahn and Paul Stevens, "Finding the 'Right' Price for Exhaustible Resources: The Case of Gas in the Gulf," *Chatham House*, October 2014.

[396] Glada Lahn, Paul Stevens and Felix Preston, "Saving Oil and Gas in the Gulf," *Chatham House*, August 2013.

[397] Gonul To, "Erdogan's Syria Frustrations," *Foreign Policy*, September 26 2013. http://mideast. foreignpolicy. com/posts/2013/09/26/erdogan_ s_ syria_ frustrations.

[398] Gonul Tol, "The PKK cease-fire and Syria's Kurds," *Foreign Policy*, March 22, 2013. http://mideast. foreignpolicy. com/posts/2013/03/22/the_ pkk_ cease_ fire_ and_ syrias_ kurds.

[399] Greg R. Lawson, "A Thirty Years´War in the Mid-

dle East," *The National Interest*, April 16, 2014. http://nationalinterest.org/commentary/thirty-years-war-the-middle-east-10257.

[400] H. A. Hellyer, "A Path Out for Egypt," *The Brookings Institution*, August 19, 2013. http://www.brookings.edu/research/articles/2013/08/19-egypt-path-hellyer.

[401] H. A. Hellyer, "Egyptian General, Muslim Brotherhood: Call for Friday Protests," *The Brookings Institution*, July 24, 2013. http://www.al-monitor.com/pulse/originals/2013/07/egyptian-general-muslim-brotherhood-call-for-friday-protests.html.

[402] H. A. Hellyer, "Egypt's Military Back in Play," *The Brookings Institution*, February 25, 2013. http://www.brookings.edu/research/opinions/2013/02/25-egypt-unrest-hellyer.

[403] H. A. Hellyer, "Egypt's public relations disaster," *Foreign Policy*, April 1, 2013. http://mideast.foreignpolicy.com/posts/2013/04/01/egypts_public_relations_disaster.

[404] H. A. Hellyer, "Forecasting Egypt's Presidential Race," *Foreign Policy*, October 16, 2013. http://mideast.foreignpolicy.com/posts/2013/10/16/forecasting_egypts_presidential_race.

[405] H. A. Hellyer, "Governing Egypt: A Contest to See

Who Can Do a Worse Job," *The Brookings Institution*, December 2, 2013. http://www.brookings.edu/research/opinions/2013/12/02-governing-egypt-hellyerh#.

[406] H. A. Hellyer, "Muslim Brotherhood Has To Consider Its Position In Post-Morsi Egypt," *The Brookings Institution*, October 10, 2013. http://www.brookings.edu/research/opinions/2013/10/10-future-of-muslim-brotherhod-hellyer.

[407] H. A. Hellyer, "Muslim Brotherhood in Power: Can They Speak in Islam's Name?" *The Brookings Institution*, November 11, 2012. http://www.brookings.edu/research/opinions/2012/11/11-muslim-brotherhood-hellyer.

[408] H. A. Hellyer, "Nationally, Regionally and Internationally, Government's Time is Running Out," *The Brookings Institution*, May 14, 2013. http://www.brookings.edu/research/opinions/2013/05/14-egypt-hellyer.

[409] H. A. Hellyer, "Not Quite a Coup, But Pretty much," *Foreign Policy*, July 1, 2013. http://mideast.foreignpolicy.com/posts/2013/07/01/not_quite_a_coup_but_pretty_much.

[410] H. A. Hellyer, "On Egypt, the truth is the greatest victim," *Foreign Policy*, July 12, 2013. http://mideast.foreignpolicy.com/posts/2013/07/12/on_egypt_the_truth_is_the_greatest_victim.

[411] H. A. Hellyer, "Only in the Middle is There Sup-

port for Reconciliation," *The Brookings Institution*, August 1, 2013. http: //www. thenational. ae/thenationalconversation/comment/only-in-the-middle-is-there-support-for-reconciliation # full.

[412] H. A. Hellyer, "Social media, religion in the new Arab world," *The Brookings Institution*, March 24, 2013. http: //english. alarabiya. net/en/views/2013/03/24/Social-media-religion-in-the-new-Arab-world. html.

[413] H. A. Hellyer, "Tahrir Squared: The Discussion Continues," *The Brookings Institution*, February 19, 2013. http: //www. brookings. edu/research/opinions/2013/02/19 – tahrir-hellyer.

[414] H. A. Hellyer, "The Arab Spring Ain't Over," *The Atlantic*, April 1, 2013. http: //www. brookings. edu/research/opinions/2013/04/01 – arab-spring-hellyer.

[415] H. A. Hellyer, " The Brotherhood Forces Hard Choices on Egypt's Democracy," *The Brookings Institution*, November 27, 2012. http: //www. brookings. edu/research/opinions/2012/11/27-egypt-hellyer.

[416] H. A. Hellyer, "The Cost of the Syrian Uprising: Shaykh Al-Bouti," *The Brookings Institution*, March 22, 2013. http: //tahrirsquared. com/node/3585.

[417] H. A. Hellyer, "The Future of Egypt's Nongovernmental Organizations and Civil Society," *The Brookings Institu-*

tion, June 10, 2013. http: //www. brookings. edu/blogs/up-front/posts/2013/06/10 – egypt-nongovernmental-organizations-civil-society-ngo-hellyer.

[418] H. A. Hellyer, "The Muslim Brotherhood as Victims," *The Brookings Institution*, June 2, 2013. http: //www. brookings. edu/research/opinions/2013/06/02 – muslim-brotherhood-egypt-hellyer.

[419] H. A. Hellyer, "The scourge of sectarianism in Egypt," *Foreign Policy*, June 26, 2013. http: //mideast. foreignpolicy. com/posts/2013/06/26/the_ scourge_ of_ sectarianism_ in_ egypt.

[420] H. A. Hellyer, "The Trial of the Muslim Brotherhood," *The Washington Post*, November 12, 2013. http: //www. brookings. edu/research/opinions/2013/11/12 – egypt-trial-mursi-hellyer.

[421] H. A. Hellyer, "What Role Do Egyptians Want for Religion," *The Brookings Institution*, September 8, 2013. http: //www. brookings. edu/research/opinions/2013/09/18 – egypt-brotherhood-restrictions-hellyer.

[422] Hafez Ghanem and Salman Shaikh, "On the Brink: Preventing Economic Collapse and Promoting Inclusive Growth in Egypt and Tunisia," *The Brookings Institution*, November 2013.

[423] Hafez Ghanem, "Can Egypt's Transition and Economy Be Saved?" *The Brookings Institution*, May 1, 2013. ht-

tp: //www. brookings. edu/research/opinions/2013/05/01 – egypt-economy-transition-ghanem.

[424] Haider Al Safi, "Democratizing Iraqi media?" *Foreign Policy*, March 26, 2013. http: //mideast. foreignpolicy. com/posts/2013/03/26/democratizing_ iraqi_ media.

[425] Haim Malka and William Lawrence, "Jihadi-Salafism's Next Generation," *CSIS*, October 2013.

[426] Haim Malka, "Maghreb Rising: Competition and Realignment," *CSIS*, April 2015. http: //csis. org/publication/maghreb-rising-competition-and-realignment.

[427] Haleh Esfandiari, "Iran, the Next Five Years: Change or More of the Same?" *Wilson Center*, Spring 2014.

[428] Haleh Esfandiari, "Is the Arab Awakening Marginalizing Women?" Middle East Program, Occasional Paper Series, Woodrow Wilson International Center for Scholars, Summer, 2012.

[429] Hanin Ghaddar, "The Demons Besieging Lebanon: Iran's Tighter Grip," *Wilson Center*, November 2012.

[430] Harold Brown, "Europe and African Defense," *RAND*, February 28, 2013. http: //www. *rand*. org/blog/2013/02/europe-and-african-defense. html.

[431] Hayder al-Khoei writes, "The Quiet Ayatollah of Peace," *The World Today*, October & November 2014.

[432] Hayder al-Khoei, "Syria, Iraq and the Struggle for

Power: Intertwined Futures," *Chatham House*, November 2016. https: //www. chathamhouse. org/publication/syria-iraq-and-struggle-power-intertwined-futures.

[433] Hazem Kandil, "How the Brotherhood Failed," *The World Today*, December 2013 & January 2014

[434] HE Abdalla, S El-Badri, "Middle East and North Africa Energy 2013: The Gulf Economies," *Chatham House*, January 28, 2013.

[435] Heather Williams & Dr Patricia Lewis, "Securing Chemical Weapons in Syria," *Chatham House*, September 11, 2013. http: //www. chathamhouse. org/media/comment/view/194170.

[436] Helen Twist, "Middle East: Towards Statehood," *The World Today*, Vol. 67, No. 8/9, August 2011.

[437] Henri J. Barkey, "Turkey after Erdogan's Non-Victory," *Wilson Center*, August 2014.

[438] Hillary Clinton, "America's Pacific Century," *Foreign Policy*, Novenber 2011, http: //www. foreignpolicy. com/articles/2011/10/11/americas_ pacific_ century.

[439] Hillary Rodham Clinton, "Remarks at Press Availability," National Convention Center, Febrary 23, 2012, http: //www. state. gov/secretary/rm/2010/07/145095. htm.

[440] Holger Albrecht, "Consolidating uncertainty in Yemen," *Foreign Policy*, February 22, 2013. http: //mideast. for-

eignpolicy. com/posts/2013/02/22/consolidating_ uncertainty_ in_ yemen.

[441] Holger Albrecht, "Unbalancing power in Egypt's constitution," *Foreign Policy*, January 31, 2013. http://mideast. foreignpolicy. com/posts/2013/01/31/unbalancing _ power_ in_ egypt_ s_ constitution.

[442] Hossein Bastani, "How Powerful is Rouhani in the Islamic Republic?" *Chatham House*, November 2014.

[443] Hy Matz, "One, Interconnected, Middle East Region," *Wilson Center*, Viewpoints No. 85, December 2015. https://www. wilsoncenter. org/publication/one-interconnected-middle-east-region.

[444] Ian Bremmer, "The Fourth Wave," *Foreign Policy*, December 2010.

[445] Ibrahim Sharqieh, "Is Yemen's Power Struggle Over?" *The Brookings Institution*, December 21, 2012. http://www. brookings. edu/research/opinions/2012/12/21 - yemen-sharqieh.

[446] Ibrahim Sharqieh, "The Libyan Revolution at Two," *Foreign Policy*, February 22, 2013. http://mideast. foreignpolicy. com/posts/2013/02/22/the_ libyan_ revolution_ at_ two.

[447] Ilan Goldenberg, " U. S. Strategy After the Iran Deal - Seizing Opportunities and Managing Risks," *Center for A New American Security*, June 2015. http://www. cnas. org/af-

ter-the-iran-deal#. VZIVXJUVjIU.

[448] Ilan Goldenberg, "Reset, Negotiate, Institutionalize," *Center for a New American Security*, April 2016. http: //www. cnas. org/reset-negotiate-institutionalize#. VyAhFo9OLmQ.

[449] Ilan Goldenberg, Alice Hunt Friend, Dr. Stephen Tankel, and Nicholas A. Heras, "Remodeling Partner Capacity: Maximizing the Effectiveness of U. S. Counterterrorism Security Assistance," *Center for A New American Security*, November 2016. https: //www. cnas. org/publications/reports/remodeling-partner-capacity.

[450] Ilan Goldenberg, Elizabeth Rosenberg, Avner Golov, Nicholas A. Heras, "After The Joint Comprehensive Plan of Action," Center For A New American Security, October 2015. http: //www. cnas. org/game-plan-after-the-jcpoa #. vjwclzahfiu.

[451] Ilan Goldenberg, Jacob Stokes, and Nicholas A. Heras, "Slow Thaw Testing Possibilities for Cooperation with Iran After a Nuclear Deal," *Center for a New American Security*, January 2015. http: //www. cnas. org/iran-after-nuclear-deal#. VNMmqREfrIU.

[452] Ilan Goldenberg, Nicholas A. Heras, and Paul Scharre, "Defeating the Islamic State: A Bottom-Up Approach," *Center for a New American Security*, June 2016. http: //www. cnas. org/defeating-the-Islamic-State#. V3NqUI9OLIU.

[453] Ildus G. Ilishev, "The Iran-Saudi Arabia Conflict and its Impact on the Organization of Islamic Cooperation," *Wilson Center*, Viewpoints No. 104, June 2016. https://www.wilsoncenter.org/publication/the-iran-saudi-arabia-conflict-and-its-impact-the-organization-islamic-cooperation.

[454] Ildus G. Ilishev, "The Iran-Saudi Arabia Conflict and its Impact on the Organization of Islamic Cooperation," *Wilson Center*, Viewpoints No. 104, June 2016. https://www.wilsoncenter.org/publication/the-iran-saudi-arabia-conflict-and-its-impact-the-organization-islamic-cooperation.

[455] IMF, "Regional Economic Outlook: Middle East and Central Asia," October 2011, http://www.imf.org/external/pubs/ft/reo/2011/mcd/eng/mreo1011.htm.

[456] IMF, "World Ecnomic Outlook," October 2011, http://www.imf.org/external/pubs/ft/weo/2011/02/.

[457] International Republican Institute, "Survey of Tunisian Public Opinion," February 12 – 22, 2014.

[458] Itamar Rabinovich, "Israeland The Changing Middle East," *The Brookings Institution*, January 2015. Http://Www.Brookings.Edu/Blogs/Markaz/Posts/2015/02/06 – Israel-Changing-Middle-East.

[459] Itamar Rabinovich, "The End of Sykes-Picot? Reflections on the Prospects of the Arab State System," *The Brookings Institution*, February 2014.

[460] Its Youth and Implications for U. S. Engagement," National Security Research Division, *RAND*, 2012.

[461] Ivo H. Daalder and James G. Stavridis, "NATO`s Victory in Libya," *Foreign Affairs*, Mar/Apr 2012.

[462] J. Stephen Morrison, Matt Fisher, "Syria's Human Crisis: What is to be Done?" *CSIS*, September 23, 2013. http://csis. org/publication/syrias-human-crisis-what-be-done.

[463] J. M. Berger and Jonat hon Morgan, "The ISIS Twitter Census," *The Brookings Project on U. S. Relations with the Islamic World*, No. 20, March 2015. http://www. brookings. edu/research/papers/2015/03/isis-twitter-census-berger-morgan.

[464] Jac ob Olidort, "The Politics of "Quietist" Salafism," *The Brookings Project on U. S. Relations with the Islamic World*, No. 18, February 2015. http://www. brookings. edu/research/papers/2015/02/salafism-quietist-politics-olidort.

[465] Jacob Olidort, "Rethinking How We Rethink Political Islam," *The Brookings Institution*, March 2016. http://www. brookings. edu/research/papers/2016/03/rethinking-political-islam-olidort.

[466] Jacob Stokes, "After the Awakening: Future Security Trends in the Middle East," *Center for a New American Security*, January 2014.

[467] Jacob Stokes, "The New Arab Cold War," *Foreign*

Policy, August 28, 2014. http://www.cnas.org/opinion/new-arab-cold-war#.VAHGGPmSzFg.

[468] Jaganath Sankaran, "The United States´European Phased Adaptive Approach Missile Defense System," *RAND*, March 2015. http://www.rand.org/pubs/research_reports/RR957.html.

[469] James Andrew Lewis, "Cybersecurity and Stability in the Gulf," *CSIS*, January 2014.

[470] James Jay Carafano, "Obama's *Foreign Policy* to Nowhere," *The National Interest*, January 21, 2014. http://nationalinterest.org/commentary/obamas-foreign-policy-nowhere-9741.

[471] James Nixey, "No Russian Retreat on Syria at G20," *Chatham House*, September 4, 2013. http://www.chathamhouse.org/media/comment/view/194077.

[472] James Sherr, "Russia's 'Hard Diplomacy' over Syria," *Chatham House*, June 13, 2013. http://www.chathamhouse.org/media/comment/view/192343.

[473] James T. Quinlivan, "The Hidden Conclusions in the U.N.'s Syria Gas Report," U.S. News & World Report, September 25, 2013. http://www.usnews.com/opinion/blogs/world-report/2013/09/25/what-the-uns-syria-gas-report-really-said.

[474] Jane Kinninmont and Omar Sirri, "Bahrain: Civil Society and Political Imagination," *Chatham House*, October

2014.

[475] Jane Kinninmont, " 'Bread, Dignity and Social Justice': The Political Economy of Egypt's Transition," Middle East and North Africa Programme, *Chatham House*, April 2012.

[476] Jane Kinninmont, "Algeria: Sands are Shifting," *Chatham House*, January 20, 2013. http://www.chathamhouse.org/media/comment/view/188679.

[477] Jane Kinninmont, "Bahrain: Beyond the Impasse," Middle East and North Africa Programme, *Chatham House*, June 2012.

[478] Jane Kinninmont, "Citizenship in the Gulf," *Chatham House*, July 2013.

[479] Jane Kinninmont, "Future Trends in the Gulf," *Chatham House*, February 2015. http://www.chathamhouse.org/publication/future-trends-gulf.

[480] Jane Kinninmont, "Gulf States Under Pressure," *Chatham House*, August 14, 2013. http://www.chathamhouse.org/media/comment/view/193924.

[481] Jane Kinninmont, "Iran and the GCC Unnecessary Insecurity," *Chatham House*, July 2015. http://www.chathamhouse.org/publication/iran-and-gcc-unnecessary-insecurity.

[482] Jane Kinninmont, "Kuwait: Testing the Limits,"

Chatham House, November 1, 2012. http://www.chathamhouse.org/media/comment/view/186925.

[483] Jane Kinninmont, "Kuwait's Parliament: An Experiment in Semi-democracy," Middle East and North Africa Programme, *Chatham House*, August 2012.

[484] Jane Kinninmont, "Middle East: Bread and Dignity," *The World Today*, Vol. 67, No. 8/9, August 2011.

[485] Jane Kinninmont, "New Saudi Interior Minister Marks Generational Shift," *Chatham House*, November 6, 2012. http://www.chathamhouse.org/media/comment/view/187023.

[486] Jane Kinninmont, "Syria: Lack of Strategy," *Chatham House*, August 30, 2013. http://www.chathamhouse.org/media/comment/view/194035.

[487] Jane Kinninmont, "Syria: Paying the Price for Iraq," *Chatham House*, July 29, 2013. http://www.chathamhouse.org/media/comment/view/193545.

[488] Jane Kinninmont, "Syria: UK Must Focus on Diplomacy," *Chatham House*, September 1, 2013. http://www.chathamhouse.org/media/comment/view/194051.

[489] Jane Kinninmont, "The Next Fight Will Be Among the Islamists," *The World Today*, February & March, 2012.

[490] Jane Kinninmont, "The Situation in Iraq and Syria and the Threat Posed by IS," *Chatham House*, December 2014. http://www.chathamhouse.org/publication/situation-

iraq-and-syria-and-threat-posed.

[491] Jane Kinninmont, "The world is full of surprises," *The World Today*, December 2012 & January 2013.

[492] Jane Kinninmont, "To What Extent Is Twitter Changing Gulf Societies?" *Chatham House*, February 2013.

[493] Jane Kinninmont, "What Next for the Gulf's Rulers-for-Life?" *Chatham House*, June 24, 2013. http://www.chathamhouse.org/media/comment/view/192609.

[494] Jane Kinninmont, Gareth Stansfield and Omar Sirri, "Iraq on the International Stage," *Chatham House*, July 2013.

[495] Jane Kinninmont, Christopher Phillips, "Resetting Western Strategy Towards Syria," *Chatham House*, December 19, 2013. http://www.chathamhouse.org/media/comment/view/196432.

[496] Jeff Martini and Juli Taylor, "Commanding Democracy in Egypt," *Foreign Affairs*, Sept/Otc 2012.

[497] Jeffrey Martini, "The Egyptian Military's Playbook," *Foreign Affairs*, on July 2, 2013. http://www.*rand.*org/commentary/2013/07/02/FA.html.

[498] Jeffrey Martini, Becca Wasser, Dalia Dassa Kaye, Daniel Egel, Cordaye Ogletree, "The Outlook for Arab Gulf Cooperation," *RAND*, July 2016. http://www.rand.org/pubs/research_ reports/RR1429.html.

[499] Jeffrey Martini, Erin York, and William Young, "Syria as an Arena of Strategic Competition," *RAND*, March 2013.

[500] Jeffrey Martini, Stephen M. Worman, "Voting Patterns in Post-Mubarak Egypt," *RAND*, March 2013.

[501] Jenny Berglund, "Publicly Funded Islamic Education in Europe and the United States," *The Brookings Project on U. S. Relations with the Islamic World*, No. 21, April 2015. http: //www. brookings. edu/research/papers/2015/04/islamic-education-europe-us.

[502] Jeremy Shapiro and Miriam R. Estrin, "The Proxy War Problem in Syria," *Foreign Policy*, February 4, 2014. http: //www. brookings. edu/research/opinions/2014/02/04-proxy-war-problem-syria-estrin shapiro.

[503] Jeremy Shapiro and Samuel Charap, "Winning the Peace By Failing in Geneva: How to Work the Syria Negotiations," *Foreign Affairs*, January 9, 2014. http: //www. brookings. edu/research/opinions/2014/01/09-winning-peace-syria-failing-geneva-shapiro-charap.

[504] Jeremy Shapiro, "The Qatar Problem," *Foreign Policy*, August 28, 2013. http: //mideast. foreignpolicy. com/posts/2013/08/28/the_ qatar_ problem.

[505] Jerome M. Segal, "The Arab Peace Initiative under review," *Foreign Policy*, December 12, 2012. http: //mid-

east. foreignpolicy. com/posts/2012/12/12/the_ arab_ peace_ initiative_ under_ review.

[506] Jessica Saunders, Steven W. Popper, Andrew R. Morral, Robert C. Davis, Claude Berrebi, Kristin J. Leuschner, Shira Efron, Boaz Segalovitz, K. Jack Riley, "Effective Policing for 21st-Century Israel," *RAND*, July 2013.

[507] Jessica Saunders, Steven W. Popper, Andrew R. Morral, Robert C. Davis, Claude Berrebi, Kristin J. Leuschner, Shira Efron, Boaz Segalovitz, K. Jack Riley, "Effective Policing for 21st-Century Israel," *RAND*, October 2013.

[508] Jiri Valenta, Leni Friedman Valenta, "Can Russia and America Work Together to Crush the Islamic State?" *The National Interest*, August 22, 2014. http://nationalinterest. org/feature/can-russia-america-work-together-crush-the-islamic-state－11117.

[509] John Allen Gay, "Defending the Iran Deal," *The National Interest*, April 30, 2014. http://nationalinterest. org/article/defending-the-iran-deal－10304.

[510] John McLaughlin, "Are We About to See Three New Nations Replace Iraq?" *The Brookings Institution*, July 02, 2014. http://www. ozy. com/c-notes/the-spy-who-told-me-what-a-divided-iraq-would-look-like/32454. article? utm_ source = dd&utm_ medium = email&utm_ campaign = 07022014.

[511] John Mueller and Mark G. Stewart, "Responsible

Counterterrorism Policy," *CATO Institute*, Number 755, September 10, 2014.

[512] John Mueller, "History and Nuclear Rationality," *The National Interest*, November 19, 2012. http://www.cato.org/publications/commentary/history-nuclear-rationality.

[513] John Mueller, "Syria: It Wasn't Isolationism," *The National Interest*, October 14, 2013. http://www.cato.org/publications/commentary/syria-it-wasnt-isolationism.

[514] John-Paul Rantac, "Egypt: Danger in the Sinai," *The National Interest*, April 30, 2014. http://nationalinterest.org/commentary/egypt-danger-the-sinai-10364.

[515] Jomana Qaddour, "Unlocking the Alawite Conundrum in Syria," *The Washington Quarterly*, Fall 2013.

[516] Jon B. Alterman, "A Dangerous Analogy," *CSIS*, September 2015. http://csis.org/publication/middle-east-notes-and-comment-dangerous-analogy.

[517] Jon B. Alterman, "A Deeper Difference," *CSIS*, January 2014.

[518] Jon B. Alterman, "A Self-Defeating Strategy on Iran," *CSIS*, July 2015. http://csis.org/publication/middle-east-notes-and-comment-self-defeating-strategy-iran.

[519] Jon B. Alterman, "A Tale of Two Crises," *CSIS*, April 2013.

[520] Jon B. Alterman, "Acting and Reacting in the Mid-

dle East," *CSIS*, November 2014.

[521] Jon B. Alterman, "America's Divergence," *CSIS*, April 2014.

[522] Jon B. Alterman, "Arab Politics Undone," *CSIS*, June 2013.

[523] Jon B. Alterman, "Brother, Can You Spare a Carrier?" *CSIS*, November 2012. http://csis.org/publication/middle-east-notes-and-comment-brother-can-you-spare-carrier.

[524] Jon B. Alterman, "Drawing the Wrong Lessons," *CSIS*, February 2011.

[525] Jon B. Alterman, "Egypt in Transition: Insights and Options for U. S. Policy," *CSIS*, January 2012.

[526] Jon B. Alterman, "Enhancing Leverage," *CSIS*, February 2014.

[527] Jon B. Alterman, "Enlisting 'B' Students," *CSIS*, October 2013.

[528] Jon B. Alterman, "Investing in a More Robust Public Policy Environment in the Middle East," *CSIS*, June 2011.

[529] Jon B. Alterman, "Paradigm Shift," *CSIS*, February 2013.

[530] Jon B. Alterman, "Popular Authoritarians," *CSIS*, May 2015. http://csis.org/publication/middle-east-notes-and-comment-popular-authoritarians.

[531] Jon B. Alterman, "Rethinking Ties with Egypt,"

CSIS, November 2013.

[532] Jon B. Alterman, "The Age of Proxy Wars," *CSIS*, May 21, 2013.

[533] Jon B. Alterman, "The Asia Pivot," *CSIS*, January 2013.

[534] Jon B. Alterman, "The Islamic State (Re) Writes History," *CSIS*, October 2015. http://csis.org/publication/middle-east-notes-and-comment-islamic-state-rewrites-history.

[535] Jon B. Alterman, "The Middle East Unstitched," *CSIS*, Aug 6, 2014. http://csis.org/publication/middle-east-unstitched.

[536] Jon B. Alterman, "The Other Crisis," *CSIS*, January 2016. http://csis.org/publication/middle-east-notes-and-comment-other-crisis.

[537] Jon B. Alterman, "The Other Side of Low Oil Prices," *CSIS*, January 2015. http://csis.org/publication/middle-east-notes-and-comment-other-side-low-oil-prices.

[538] Jon B. Alterman, "The Revolution Will Not Be Televised," *CSIS*, March 2011.

[539] Jon B. Alterman, "The Seductions of Ideology," *CSIS*, March 2016. http://csis.org/publication/middle-east-notes-and-comment-seductions-ideology-1.

[540] Jon B. Alterman, "Three Negotiations on Iran," *CSIS*, December 2013.

[541] Jon B. Alterman, "To Fight Jihadi Violence, End the Wars," *CSIS*, February 2015. http://csis.org/publication/middle-east-notes-and-comment-fight-jihadi-violence-end-wars.

[542] Jon B. Alterman, "Unhappy Yemen," *CSIS*, October 2014.

[543] Jon B. Alterman, "What should the Middle East expect from the United States and Its Allies?" *CSIS*, Global Forecast 2014.

[544] Jon B. Alterman, "Why Syria Matters," *CSIS*, September 2013.

[545] Jon B. Alterman, "Yemen's Misery," *CSIS*, March, 2015. http://csis.org/publication/middle-east-notes-and-comment-yemens-misery.

[546] Jon Marks, "Egypt, Be Careful What You Wish For," *Chatham House*, July 2013. http://www.chathamhouse.org/media/comment/view/192931.

[547] Jon Marks, "Tunisia: Lack of Trust and Murderous Rivalries," *Chatham House*, February 12, 2013. http://www.chathamhouse.org/media/comment/view/189287.

[548] Jonathan Silver, "Breaking Down Tocqueville in Arabia," *The National Interest*, January 14, 2014. http://nationalinterest.org/commentary/breaking-down-tocqueville-arabia-9696.

[549] Joseph Sassoon, "Iraq: Tackling Corruption and Sectarianism is More Critical than the Outcome of Elections," *Wilson Center*, March 2014.

[550] Joseph Singh , Bilal Y. Saab, "Why Russia's guns won't save Assad," *Foreign Policy*, July 19, 2013. http://mideast. foreignpolicy. com/posts/2013/07/19/why_ russia_ s_ guns_ won_ t_ save_ assad.

[551] Joshua Stacher, "Repression's Diminishing Returns: The Future of Politics in Egypt," *Wilson Center*, January 2013.

[552] Jubin Goodarzi, "Iran and Syria at the Crossroads: The Fall of the Tehran-Damascus Axis?" *Wilson Center*, August 2013.

[553] Jubin M. Coodarzi, "Iran and the Syrian and Iraqi Crises," *Wilson Center*, November 2014.

[554] Julia Harte, "Turkey's Kurds' critical hunger strike," *Foreign Policy*, November 6, 2012. http://mideast. foreignpolicy. com/posts/2012/11/06/kurdish_ hunger_ strike_ pushes_ turkey_ toward_ the_ tipping_ point.

[555] Julie E. Taylor, "Leave Hezbollah Alone!" *Foreign Policy*, July 24, 2013. http://www. *rand*. org/commentary/2013/07/24/FP. html.

[556] Julie Smith, "Grim Sequel to Iraq's War," *New York Times*, January 8, 2014. http://www. cnas. org/content/

grim-sequel-iraq% E2% 80% 99s-war.

[557] Justin Morris, "Libya and Syria: R2P and the Spectre of the Swinging Pendulum," *International Affairs* 89: 5 (2013).

[558] Karen Armstrong, "Compassion: an Urgent Global imperative," *The Brookings Institution*, November 2012.

[559] Karim Mezran, Jason Pack, "Libyan stability at risk," *Foreign Policy*, May 2, 2013. http://mideast.foreignpolicy.com/latest? page =7.

[560] Karim Mezran, Jason Pack, Haley Cook, "Libya's Lessons on Syria," *Foreign Policy*, September 4, 2013. http://mideast.foreignpolicy.com/posts/2013/09/04/libyas_lessons_on_syria.

[561] Karl P. Mueller, Jeffrey Martini, and Thomas Hamilton, "Airpower Options for Syria," *RAND*, August 2013.

[562] Katerina Dalacoura, "The 2011 Uprisings in the Arab Middle East: political change and geopolitical implications," *International Affairs* 88: 1 (2012) 63 – 79.

[563] Katerina Dalacoura, "The 2011 Uprisings in the Arab Middle East: Political Change and Geopolitical Implications," *International Affairs* 88: 1, 2012.

[564] Katherine Wilkens, "Higher Education Reform in the Arab World," The Saban Center at *The Brookings Institution*, August 2011.

[565] Kemal Derviş, "A Modern Turkey Could Yet Emerge From The Protests," *The Brookings Institution*, June 9, 2013. http://www.brookings.edu/research/opinions/2013/06/09-turkey-democracy-protests-dervis.

[566] Kemal Kirişci, "Turkey Protests: Are the Youth at Gezi Park a New Actor in Turkish Democracy?" *The Brookings Institution*, June 13, 2013. http://www.brookings.edu/blogs/up-front/posts/2013/06/13-turkey-protests-gezi-park-democracy-kirisci.

[567] Kemal Kirisci, Rob Keane," Is a Deal with Iran Bad for Turkey?" *The National Interest*, January 21, 2014. http://nationalinterest.org/commentary/deal-iran-bad-turkey-9740.

[568] Kenneth M. Pollack, "Breaking the Stalemate," *The Brookings Institution*, August 2013.

[569] Kenneth M. Pollack, "Building a Better Syrian Opposition Army," *The Brookings Institution*, Number 35, October 2014.

[570] Kenneth M. Pollack, "Hard Road to Damascus," *The Brookings Institution*, January 2013.

[571] Kenneth M. Pollack, "Iraq: Understanding the ISIS Offensive Against the Kurds," *The Brookings Institution*, August 11, 2014. http://www.brookings.edu/blogs/iran-at-saban/posts/2014/08/11-pollack-isis-offensive-against-iraq-kurds.

[572] Kenneth M. Pollack, "Securityand Public Order," Atlantic Council, February 2016. http://www.brookings.edu/research/reports/2016/02/me-security-public-order-pollack.

[573] Kenneth M. Pollack, "Security In the Persian Gulf: New Frameworks for the Twenty-First Century," Middle East Memo, No. 24, *The Brookings Institution*, June 2012.

[574] Kenneth M. Pollack, "Short of a Deal, Containing Iran is the Best Option," *The Brookings Institution*, September 23, 2013. http://www.brookings.edu/research/opinions/2013/09/22 – iran-nuclear-containment-pollack.

[575] Kenneth M. Pollack, "The Fall and Rise and Fall of Iraq," *The Brookings Institution*, July 2013.

[576] Kenneth M. Pollack, "The Resurgence of Al-Qaeda in Iraq," *The Brookings Institution*, December 12, 2013.

[577] Kenneth N. Waltz, "Why Iran Should Get the Bomb," *Foreign Affairs*, Jul/Aug 2012.

[578] Kenneth Roth, "Egypt's NGO funding crackdown," *Foreign Policy*, April 9, 2013. http://mideast.foreignpolicy.com/posts/2013/04/09/egypt_s_ngo_funding_crackdown.

[579] KentDavis-Packard, "A Ripple Beneath the Surface: Trends in Salafi Political Thought," *The Brookings Institution*, Number 33, September 2014.

[580] Khaled Elgindy, "Egypt in Flux: Don't Forget the

Muslim Brotherhood," *The Brookings Institution*, July 11, 2013. http://www.brookings.edu/research/opinions/2013/07/11 – egypt-flux-muslim-brotherhood-elgindy.

[581] Khaled Elgindy, "Egypt's Troubled Transition: Elections without Democracy," *The Washington Quarterly*, Spring 2012.

[582] Khaled Elgindy, "The Failure of Egyptian Politics," *The Brookings Institution*, January 28, 2013. http://www.brookings.edu/research/opinions/2013/01/28 – egypt-politics-elgindy.

[583] Khalil al Anani, "Desacralization of Islamism," *Foreign Policy*, February 11, 2013. http://mideast.foreignpolicy.com/posts/2013/02/11/desacralization_ of_ islamism.

[584] Khalil al-Anani, "Does anti-Ikhwanism really matter?" *Foreign Policy*, April 26, 2013. http://mideast.foreignpolicy.com/posts/2013/04/26/does_ anti_ ikhwanism_ really_ matter.

[585] Khalil al-Anani, "Egypt's Repeat Brotherhood Ban," *Foreign Policy*, September 30, 2013. http://mideast.foreignpolicy.com/posts/2013/09/30/egypt_ s_ repeat_ brotherhood_ ban.

[586] Khalil al-Anani, "Rethinking the Muslim Brotherhood," *Foreign Policy*, December 17, 2012. http://mideast.foreignpolicy.com/posts/2012/12/17/rethinking_ the_ muslim_ brotherhood.

[587] Khalil al-Anani, "The Brotherhood revives its Mehna narrative," *Foreign Policy*, July 12, 2013. http://mideast. foreignpolicy. com/posts/2013/07/15/the_ brotherhood_ revives_ its_ mehna_ narrative.

[588] Kim Cragin, Melissa A. Bradley, Eric Robinson, Paul S. Steinberg, "What Factors Cause Youth to Reject Violent Extremism," *RAND*, September 2015. http://www. rand. org/pubs/research_ reports/RR1118. html.

[589] Kirk H. Sowell, "The Fragmenting FSA," *Foreign Policy*, September 3, 2013. http://mideast. foreignpolicy. com/posts/2013/09/03/the_ fragmenting_ fsa.

[590] Kishore Mahbubani, "America Broke Iraq: Three Lessons for Washington," *The National Interest*, July 1, 2014. http://nationalinterest. org/feature/america-broke-iraq-three-lessons-washington – 10785.

[591] Knox Thames, "Syria's fight after the fight," *Foreign Policy*, April 26, 2013. http://mideast. foreignpolicy. com/posts/2013/04/26/syrias_ fight_ after_ the_ fight.

[592] Kori N. Schake, "The Price of Our 'Responsible' Exit," *Hoover Digest*, No. 49, 2014.

[593] Kori Schake, "@ ISIS Is #Winning," *Foreign Policy*, July 9, 2014.

[594] Kori Schake, "14 Things Obama Should Have Said in His Syria Speech," *Foreign Policy*, September 11,

2013. http: //shadow. foreignpolicy. com/blog/2198? page = 0, 0.

[595] Kori Schake, "First time tragedy, second time farce," *Foreign Policy*, January 14, 2013. http: //shadow. foreignpolicy. com/posts/2013/01/14/first_ time_ tragedy_ second_ time_ farce.

[596] Kori Schake, "In Support of Congressional Authorization on Syria," *Foreign Policy*, September 5, 2013. http: //shadow. foreignpolicy. com/posts/2013/09/05/in _ support_ of_ congressional_ authorization_ on_ syria? page = 0, 0.

[597] Kori Schake, "Making the same mistakes all over again?" *Foreign Policy*, December 12, 2012. http: //shadow. foreignpolicy. com/posts/2012/12/12/making_ the_ same_ mistakes_ all_ over_ again_ 0.

[598] Kori Schake, "Shouldering Benghazi," *Foreign Policy*, December 19, 2012. http: //shadow. foreignpolicy. com/posts/2012/12/19/shouldering_ benghazi.

[599] Kristian Coates Ulrichsen, "Kuwait votes, again," *Foreign Policy*, July 25, 2013. http: //mideast. foreignpolicy. com/posts/2013/07/25/kuwait_ votes_ again.

[600] Kristian Coates Ulrichsen, "Kuwait: Cautious Grounds for Optimism," *Chatham House*, July 30, 2013. http: //www. chathamhouse. org/media/comment/view/193637.

[601] Kristin Smith Diwan, "Kuwait takes a breather," *Foreign Policy*, August 5, 2013. http://mideast. foreignpolicy. com/posts/2013/08/05/kuwait_ takes_ a_ breather.

[602] Kristin Smith Diwan, "The politics of transgression in Kuwait," *Foreign Policy*, April 19, 2013. http://mideast. foreignpolicy. com/posts/2013/04/19/the_ politics_ of_ transgression_ in_ kuwait.

[603] Larry Diamond, "The Case for Intervening in Syria," *Atlantic*, April 25, 2013. http://www. theatlantic. com/international/archive/2013/04/the-case-for-intervening-in-syria/275299/.

[604] Laurel E. Miller and Jeffrey Martini, "Building Democracy on the Ashes of Authoritarianism in the Arab World: Workshop Summary," *RAND*, July 2013.

[605] Laurel E. Miller and Jeffrey Martini, "Democratization in the Arab World," *RAND*, July 2013.

[606] Laurie A. Brand, "Arab Uprisings and Mass Politics: Possibilities, Constraints, and Uncertainty," *Wilson Center*, March 2013.

[607] Laurie A. Brand, "Identity and the Jordanian elections," *Foreign Policy*, January 17, 2013. http://mideast. foreignpolicy. com/posts/2013/01/17/identity_ and_ the_ jordanian_ elections.

[608] Lawrence Rubin, "Islamic Political Activism in Is-

rael," *The Brookings Institution*, April 2014.

[609] Leah Farrall, "How Al Qaeda Works," *Foreign Affairs*, Mar/Apr 2012.

[610] Lee Smith, "Clooney of Arabia," *Hoover Digest*, No. 49, 2014.

[611] Leon Hadar, "The End of Obama's" More Modest Strategy" for the Middle East," *The National Interest*, January 30, 2014. http://nationalinterest.org/commentary/the-end-obamas-more-modest-strategy-the-middle-east-9790.

[612] Leonie Northedge, "Is the US shadow war helping Yemen?" *The World Today*, Volume 69, Number 1, February 2013.

[613] Leonie Northedge, "Yemen Matters," *Chatham House*, March 6, 2013. http://www.chathamhouse.org/media/comment/view/189781.

[614] Lex Rieffel, "The Troubled Global Landscape: Implications for Turkey," *The Brookings Institution*, June 19, 2013. http://www.brookings.edu/research/speeches/2013/06/07-rethinking-global-challenges-turkey-eu-rieffel.

[615] Lilia Labidi, "The Coming Tunisian Elections: What Will Be the Role of Women?" *Wilson Center*, October 2014.

[616] Lilia Labidi, "Tunisian Government: "Relative Majority" and the Reality Principle," *Wilson Center*, Viewpoints

No. 71, February 2015. http://www.wilsoncenter.org/publication/forming-the-new-tunisian-government-%E2%80%9Crelative-majority%E2%80%9D-and-the-reality-principle.

[617] Linda Robinson, "An Assessment of the Counter-ISIL Campaign," *RAND*, June 2015. http://www.rand.org/pubs/testimonies/CT435.html.

[618] Linda Robinson, "An Assessment of the Counter-ISIL Campaign," *RAND*, August 2015. http://www.rand.org/pubs/testimonies/CT435z1.html.

[619] Linda Robinson, "Assessment of the Politico-Military Campaign to Counter ISIL and Options for Adaptation," *RAND*, June 2016. http://www.rand.org/pubs/research_reports/RR1290.html.

[620] Linda Robinson, "Assessment of the Politico-Military Campaign to Counter ISIL and Options for Adaptation," *RAND*, August 2016. http://www.rand.org/pubs/research_reports/RR1290.html.

[621] Linda Robinson, "The Future of Special Operations," *Foreign Affairs*, November/December 2012.

[622] Lindsay Benstead, Ellen Lust, Dhafer Malouche, "Tunisians frustrated but engaged," *Foreign Policy*, December 11, 2012. http://mideast.foreignpolicy.com/posts/2012/12/11/tunisians_frustrated_but_engaged.

[623] Loren White, "Is Iran essential to Syria's future?"

Foreign Policy, February 25, 2013. http: //mideast. foreign-policy. com/posts/2013/02/25/is_ iran_ essential_ to_ the_ future_ of_ syria.

[624] Louisa Loveluck, "Education in Egypt: Key Challenges," Middle East and North Africa Programme, *Chatham House*, March 2012.

[625] Louise Arimatsu, Mohbuba Choudhury," The Legal Classification of the Armed Conflicts in Syria, Yemen and Libya," *Chatham House*, March 2014.

[626] M. Nouar Shamoutand Glada Lahn, "The Euphrates in Crisis Channels of Cooperation for a Threatened River," *Chatham House*, April 2015. http: //www. chathamhouse. org/publication/euphrates-crisis-channels-cooperation-threatened-river.

[627] Madawi Al-Rasheed, "Egypt's Coup and the Saudi Opposition," *Foreign Policy*, August 14, 2013. http: //mid-east. foreignpolicy. com/posts/2013/08/19/egypts_ coup_ and_ the_ saudi_ opposition.

[628] Maha Azzam, "Egypt's Military Council and the Transition to Democracy," Middle East and North Africa Programme, *Chatham House*, May 2012.

[629] Majid Rafizadeh, "Iran's economic stake in Syria," *Foreign Policy*, January 4, 2013. http: //mideast. for-eignpolicy. com/posts/2013/01/04/irans_ economic_ stake_

in_ syria.

[630] Malou Innocent, "The Military-Industrial Complex Is Being Exported to Egypt," US News and World Report Online, February 28, 2013. http://www.cato.org/publications/commentary/military-industrial-complex-being-exported-egypt.

[631] Mara Revkin, "Egypt's untouchable president," *Foreign Policy*, November 25, 2012. http://mideast.foreignpolicy.com/posts/2012/11/25/egypts_untouchable_president.

[632] Mara Revkin, "Sharia Courts of the Sinai," *Foreign Policy*, September 20, 2013. http://mideast.foreignpolicy.com/posts/2013/09/20/sharia_courts_of_the_sinai.

[633] Marc Lynch, "Explaining the Arab uprisings," *The Washington Post*, August 19, 2014. http://www.washingtonpost.com/blogs/monkey-cage/wp/2014/08/19/explaining-the-arab-uprisings/.

[634] Marc Lynch, "Spoiler Alert ," *Foreign Policy*, December 3, 2013. http://www.cnas.org/content/spoiler-alert.

[635] Marc lynch, "Syria's Hard Landing," *Center for a New American Security*, February 2013.

[636] Marc Lynch, "The Battle for Egypt's Constitution," *Foreign Policy*, January 11, 2013. http://lynch.foreignpolicy.com/posts/2013/01/11/the_battle_for_egypts_constitu-

tion.

[637] Marc Lynch, "The Big Think Behind the Arab Spring," *Foreign Policy*, Dec 2011.

[638] Marc Lynch, "The Entrepreneurs of Cynical Sectarianism ," *Foreign Policy*, November 13, 2013. http://www.cnas.org/content/entrepreneurs-cynical-sectarianism.

[639] Marc Lynch, "The Problem with Syria," *The Washington Post*, March 14, 2014. http://www.cnas.org/content/problem-withsyria.

[640] Marc Lynch, "This is what Arab election season looks like in 2014," *The Washington Post*, April 21, 2014. http://www.washingtonpost.com/blogs/monkey-cage/wp/2014/04/21/arab-election-season/.

[641] Marc Lynch, "Would arming Syria's rebels have stopped the Islamic State?" *The Washington Post*, August 19, 2014. http://www.washingtonpost.com/blogs/monkey-cage/wp/2014/08/11/would-arming-syrias-rebels-have-stopped-the-islamic-state/.

[642] Marina Ottaway and David Ottaway, "How the Kurds Got Their Way," *Wilson Center*, April 29, 2014. http://www.wilsoncenter.org/article/how-the-kurds-got-their-way.

[643] Marina Ottaway, "Al-Sisi's Egypt: The Military Moves on the Economy," *Wilson Center*, Summer 2015. https://www.wilsoncenter.org/publication/al-sisi% E2% 80%

99s-egypt-the-military-moves-the-economy.

[644] Marina Ottaway, "American Policy in the Maghreb: Counterterrorism is not Enough," *Wilson Center*, October 2013.

[645] Marina Ottaway, "Democratic Transitions and the Problem of Power," *Wilson Center*, Spring 2014.

[646] Marina Ottaway, "Egypt's Referendum: The Constitution is not the Issue," *Wilson Center*, January 2014.

[647] Marina Ottaway, "Iraq Ten Years Later: A Different Country in a Different Region," *Wilson Center*, Spring 2013.

[648] Marina Ottaway, "Iraq's Stability Hangs in the Upcoming Election," *The National Interest*, April 27, 2014. http://nationalinterest.org/commentary/iraqs-stability-hangs-the-upcoming-election-10348?page=show.

[649] Marina Ottaway, "ISIS: Many Faces, Different Battles," *Wilson Center*, Winter 2015. http://www.wilsoncenter.org/publication/isis-many-faces-different-battles.

[650] Marina Ottaway, "Stark Choice in Iraq," *Wilson Center*, Viewpoints No. 76, May 2015. http://www.wilsoncenter.org/publication/stark-choice-iraq.

[651] Marina Ottaway, "The Egyptian Constitution: Mapping Where Power Lies," *Wilson Center*, December 2013.

[652] Marina Ottaway, "The Resistible Rise of Islamist Parties," *Wilson Center*, February 2013.

[653] Marina Ottaway, "We Bomb ISIL," *Wilson Cen-

ter, October 2014.

[654] Mark Beissinger, Amaney Jamal, Kevin Mazur, "The anatomy of protest in Egypt and Tunisia," *Foreign Policy*, April 15, 2013. http://mideast.foreignpolicy.com/posts/2013/04/15/the_anatomy_of_protest_in_egypt_and_tunisia.

[655] Mark Doing, "Forget 'Mideast Peace'," *The National Interest*, April 6, 2014. http://nationalinterest.org/commentary/forget-mideast-peace-10193.

[656] Mark Kersten, "ICC Hands off to Libya," *Foreign Policy*, October 14, 2013. http://mideast.foreignpolicy.com/posts/2013/10/14/icc_hands_off_to_libya.

[657] Mark N. Katz, "U. S. Policy toward Syria: Making the Best of a Bad Situation?" *Wilson Center*, October 2013.

[658] Martin Indyk, "U. S. Policy in the Middle East," *The Brookings Institution*, September 2014.

[659] Marwa Daoudy, "Syria: At A Crossroads," *The World Today*, Vol. 67, No. 5, May 2011.

[660] Mary Elizabeth Malinkin, "Russia's Curious Relationship with the Middle East - from Imperial Times to the Present," *Wilson Center*, September 9, 2013. http://www.wilsoncenter.org/publication/russia%E2%80%99s-curious-relationship-the-middle-east-%E2%80%93-imperial-times-to-the-present.

[661] Mary Fitzgerald, "Introducing the Libyan Muslim

Brotherhood," *Foreign Policy*, November 2, 2012. http: //mideast. foreignpolicy. com/posts/2012/11/02/introducing_ the _ libyan_ muslim_ brotherhood.

[662] Matthew Kroening, "Time to Attack Iran" [J], *Foreign Affairs*, Jan/Feb 2012.

[663] Matthew M. Reed, "A Big Mistake: A Rush for Kurdistan's Independence," *The National Interest*, August 13, 2014. http: //nationalinterest. org/feature/big-mistake-rush-kurdistans-independence – 11068.

[664] Matthew S. Cohen, "Israel's Big Decision: Time to Take Hamas Out?" *The National Interest*, July 24, 2014. http: //nationalinterest. org/feature/israels-big-decision-time-take-hamas-out – 10975

[665] Max Boot and Michael Doran, "Political Warfare: Changing America's Approach to the Middle East," *The Brookings Institution*, June 28, 2013. http: //www. brookings. edu/research/opinions/2013/06/28 – political-warfare-us-middle-east-counterterrorism-doran-boot.

[666] Max Boot, "Implementing Stability in Iraq and Syria," *Hoover Institution*, November 2016. http: //www. hoover. org/research/implementing-stability-iraq-and-syria.

[667] Maxmillian Angerholzer III, James Kitfield, "A Blueprint to Save Iraq from Disaster?" *The National Interest*, August 19, 2014. http: //nationalinterest. org/feature/blueprint-save-iraq-

disaster – 11098.

[668] Mehran Kamrava, Gerd Nonneman, Anastasia Nosova and Marc Valeri, "Ruling Families and Business Elites in the Gulf Monarchies: Ever Closer?" *Chatham House*, November 2016. https://www.chathamhouse.org/publication/ruling-families-and-business-elites-gulf-monarchies-ever-closer.

[669] Mehrun Etebari, "Iran Press Report, Social Media Edition: Facebook and Twitter in the Presidential Election," *The Brookings Institution*, June 6, 2013. http://www.brookings.edu/blogs/iran-at-saban/posts/2013/06/06 – social-media-iranian-presidential-election-etebari.

[670] Mehrun Etebari, "Iran Press Report: The Prospects for Diplomacy with the U.S," *The Brookings Institution*, September 19, 2013. http://www.brookings.edu/blogs/iran-at-saban/posts/2013/09/19-iran-press-report-diplomacy-united-states-unga.

[671] Melissa G. Dalton, "Navigating Gulf Waters After the Iran Nuclear Deal: Iran's Maritime Provocations and Challenges for U.S. Policy," *CSIS*, May 2016. https://www.csis.org/analysis/navigating-gulf-waters-after-iran-nuclear-deal.

[672] Melissa G. Dalton, "Smart Conditions: A Strategic Framework for Leveraging Security Assistance," *CSIS*, July 2016. https://www.csis.org/analysis/smart-conditions.

[673] Melissa G. Dalton, "Wanted: a U.S. Strategy for

Syria and Iraq," *Global Forecast* 2016, November 2015. http://csis.org/publication/wanted-us-strategy-syria-and-iraq.

[674] Meredith Broadbent, "The Role of FTA Negotiations in the Future of U. S. -Egypt Relations," *CSIS*, December 2011.

[675] Michael Adler, "Confrontation Over Iran's Nuclear Program," *Wilson Center*, November 2013.

[676] Michael Adler, "Iranian Nuclear Talks Plow Ahead," *Wilson Center*, March 2014.

[677] Michael Adler, "Mohamed ElBaradei From Vienna to Cairo: A Transition," *Wilson Center*, July 2013.

[678] Michael Doran and Salman Shaikh, "Arm the Syrian Rebels. Now," *Foreign Policy*, February 8, 2013. http://www.foreignpolicy.com/articles/2013/02/08/arm_the_syrian_rebels_now_assad_obama.

[679] Michael Doran, "Five Truths About Syria," *The Brookings Institution*, September 3, 2013. http://www.brookings.edu/research/opinions/2013/09/03 – five-truths-about-syria-doran.

[680] Michael Doran, "Misidentifying the Conflict in Iraq and Syria," *The Brookings Institution*, July 02, 2014. http://www.brookings.edu/blogs/iran-at-saban/posts/2014/07/10 – doran-obama-iraq-syria-strategy.

[681] Michael Doran, "President Obama's Message to As-

sad, Putin, and Khamenei," *The Brookings Institution*, March 26, 2014. http://www.brookings.edu/blogs/iran-at-saban/posts/2014/03/26 - doran-obama-message-to-assad-putin-khamenei.

[682] Michael Doran, "Pursue Regime Change in Syria," Memorandum to the President, January 23, 2014. http://www.brookings.edu/research/papers/2014/01/regime-change-syria-doran.

[683] Michael Doran, "The Hidden Cost Of The Iranian Nuclear Deal," *The Brookings Institution*, November 24, 2013. http://www.brookings.edu/blogs/iran-at-saban/posts/2013/11/24 - doran-hidden-cost-iran-nuclear-deal.

[684] Michael Doran, "Ukraine Reveals to Us How Vladimir Putin Sees the Middle East," *The Brookings Institution*, April 4, 2014. http://www.brookings.edu/blogs/iran-at-saban/posts/2014/04/04 - vladimir-putin-ukraine-reveals-his-view-of-middle-east-iran.

[685] Michael Doran, William McCants and Clint Watts, "The Good and Bad of Syria's Ahrar al-Sham," *Foreign Affairs*, January 23, 2014. http://www.brookings.edu/research/opinions/2014/01/23 - syria-ahrar-al-sham-doran-mccants-watts.

[686] Michael Dumper, "Policing Divided Cities: Stabilization and Law Enforcement in Palestinian East Jerusalem," *International Affairs* 89: 5 (2013).

[687] Michael E. O'Hanlon and Sean Zeigler, "Civil Wars and Syria: Lessons From History," *The Brookings Institution*, May 22, 2013. http://www.brookings.edu/research/opinions/2013/05/22 – civil-wars-syria-lessons-history-ohanlon.

[688] Michael Herb, "Monarchism matters," *Foreign Policy*, November 26, 2012. http://mideast.foreignpolicy.com/posts/2012/11/26/monarchism_matters.

[689] Michael J. Boyle, "The costs and consequences of drone warfare," *International Affairs* 89: 1 (2013).

[690] Michael J. McNerney, Jennifer D. P. Moroney, Peter Mandaville, Terry Hagen, "New Security and Justice Sector Partnership Models," *RAND*, October 2014.

[691] Michael Singh, "To Keep the Peace with Iran, Threaten to Strike," *The Washington Quarterly*, Spring 2012.

[692] Michael Wahid Hanna, "Clouded U. S. policy on Egypt," *Foreign Policy*, February 26, 2013. http://mideast.foreignpolicy.com/posts/2013/02/26/clouded_us_policy_on_egypt.

[693] Michael Wahid Hanna, "Morsi's majoritarian mindset," *Foreign Policy*, November 27, 2012. http://mideast.foreignpolicy.com/posts/2012/11/27/morsi_s_majoritarian_mindset.

[694] Michael Williams of Baglan, "Syria: The Gathering Storm," *Chatham House*, August 27, 2013. http://www.

chathamhouse. org/media/comment/view/194008.

[695] Michael Williams, "Prospects for Middle East Peace," *Chatham House*, July 29, 2013. http://www.chathamhouse. org/media/comment/view/193553.

[696] Michael Williams, "Syria Conflict: No End in Sight," *Chatham House*, January 9, 2013. http://www.chathamhouse. org/media/comment/view/188327.

[697] Mimi Kirk, "Informal Areas and Cairo's Silent Urban Revolution," *The National Interest*, March 13, 2014. http://nationalinterest. org/commentary/informal-areas-cairos-silent-urban-rcvolution – 10044.

[698] Mirette F. Mabrouk, "Taking Stock: Have the Square's Demands Been Granted?" *The Brookings Institution*, January 20, 2013. http://www. brookings. edu/research/opinions/2013/01/24 – egypt-tahrir-mabrouk.

[699] Mohamed Elmenshawy, "The Dilemma of Egypt's Future Elections," *Foreign Policy*, August 12, 2013. http://mideast. foreignpolicy. com/posts/2013/08/13/the_ dilemma_ of_ egypts_ future_ elections.

[700] Mohammad Al-Shami, "Safety and Security in Yemen: Main Challenges and Stakeholders," *Wilson Center*, Viewpoints No. 84, December 2015. https://www. wilsoncenter. org/publication/safety-and-security-yemen-main-challenges-and-stakeholders.

[701] Mohammad Al-Shami, "Youth and Civil Society: The Missing Powers in Yemen," *Wilson Center*, Viewpoints No. 82, Summer 2015. https://www.wilsoncenter.org/publication/youth-and-civil-society-the-missing-powers-yemen.

[702] Mohammad Ayatollahi Tabaar, "Iran's Pragmatic Turn," *Foreign Policy*, September 12, 2013. http://mideast.foreignpolicy.com/posts/2013/09/12/iran_s_pragmatic_turn.

[703] Mohammad Ayatollahi Tabaar, "Supreme showdown in Tehran," *Foreign Policy*, February 4, 2013. http://mideast.foreignpolicy.com/posts/2013/02/04/supreme_showdown_in_tehran.

[704] Mohammed Alaa Ghanem, "Washington's mixed messages inhibit Syria negotiations," *Foreign Policy*, October 25, 2013. http://mideast.foreignpolicy.com/posts/2013/10/25/washington_s_mixed_messages_inhibit_syria_negotiations.

[705] Mohsen Milani, "Why Tehran Won't Abandon Assad (ism)," *The Washington Quarterly*, Fall 2013.

[706] Mona Youssef and Kendra Heideman, "Women after the Arab Awakening," *Wilson Center*, Winter 2012.

[707] Monica Marks, "Tunisia in Turmoil," *Foreign Policy*, July 26, 2013. http://mideast.foreignpolicy.com/posts/2013/07/26/tunisia_in_turmoil.

[708] Moushira Khattab, "A Dream Constitution," *Wil-*

son Center, December 2013.

[709] Moushira Khattab, "Egypt's Fight Against FGM: Is There Hope After All?" *Wilson Center*, Viewpoints No. 69, January 2015. http://www.wilsoncenter.org/publication/egypt%E2%80%99s-fight-against-fgm-there-hope-after-all.

[710] Moushira Khattab, "Reflections on Religious Freedom Issues in Egypt," *Wilson Center*, Jul 11, 2014. http://www.wilsoncenter.org/article/reflections-religious-freedom-issues-egypt.

[711] Muhammad Sahimi, "Khamenei's Nuclear Dilemma," *The National Interest*, April 14, 2014. http://nationalinterest.org/commentary/khameneis-nuclear-dilemma-10239.

[712] Murat Somer, "Not the same old protests in Turkey," *Foreign Policy*, June 13, 2013. http://mideast.foreignpolicy.com/posts/2013/06/13/talking_turkey_in_2007_and_2013.

[713] Musa al-Gharbi, "Can Libya Stay Together?" *The National Interest*, April 8, 2014. http://nationalinterest.org/commentary/can-libya-stay-together-10207.

[714] Mustafa Akyol and H. A. Hellyer, "Not a 'Turkish Spring': but still important," *The Brookings Institution*, June 2, 2013. http://tahrirsquared.com/node/4840.

[715] Mustafa Gürbüz, "The 'glocal' effect: Rethinking religious nationalism and radicalization," *The Brookings Institu-*

tion, June 2016. http://www.brookings.edu/research/papers/2016/06/rethinking-religious-nationalism-radicalization-gurbuz.

[716] Nabeel A. Khoury, "Watching Cairo from Washington," *Foreign Policy*, August 23, 2013. http://mideast.foreignpolicy.com/posts/2013/08/23/watching_cairo_from_washington.

[717] Nadim Shehadi, "EU Listing of Hezbollah: Inevitable Decision with Unpredictable Consequences," *Chatham House*, July 24, 2013. http://www.chathamhouse.org/media/comment/view/193456.

[718] Nadim Shehadi, "One day the world will thank Bush for shaking up the Arab region," *The World Today*, Volume 69, Number 1, February 2013.

[719] Nadim Shehadi, "Syria's Worst Nightmare: Iraq Post - 1991 and We're Heading There," *Chatham House*, September 9, 2013. http://www.chathamhouse.org/media/comment/view/194149.

[720] Nadim Shehadi, "What is hiding behind Islamic State?" *The World Today*, December 2014 & January 2015.

[721] Naser al-TamimiB, "Navigating ncertainty: Qatar's Response to the Global Gas Boom," *RAND*, June 2015. http://www.brookings.edu/research/papers/2015/06/25 - qatar-response-to-the-global-gas-boom-tamimi.

[722] Natan B. Sachs, "Israel Reacts With Alarm At What Its Leadership Sees As A Bad Deal," *The Brookings Institution*, November 11, 2013. http://www.brookings.edu/blogs/iran-at-saban/posts/2013/11/11 – israel-alarm-iranian-nuclear-talks-natan-sachs.

[723] Natan B. Sachs, "Prepare for the Worst," *The Brookings Institution*, July 25, 2013. http://www.foreignpolicy.com/articles/2013/07/24/plan_ for_ israel_ palestine_ peace_ talks_ to_ fail.

[724] Nathan J. Brown, "Back to the Drawing Boards," *Wilson Center*, September 2013.

[725] Nathan J. Brown, "Egypt's new mufti," *Foreign Policy*, February 12, 2013. http://mideast.foreignpolicy.com/posts/2013/02/12/egypt_ s_ new_ mufti.

[726] Nathan J. Brown, "Egypt's wide state reassembles itself," *Foreign Policy*, July 17, 2013. http://mideast.foreignpolicy.com/posts/2013/07/17/egypt_ s_ wide_ state_ reassembles_ itself.

[727] Nathan J. Brown, "Egypt's state constitutes itself," *Foreign Policy*, November 19, 2012. http://mideast.foreignpolicy.com/posts/2012/11/19/egypts_ state_ constitutes_ itself.

[728] Nathan J. Brown, Mokhtar Awad, "Egypt's judiciary between a tea ceremony and the WWE," *Foreign Policy*,

May 14, 2013. http://mideast.foreignpolicy.com/posts/2013/05/14/egypts_judiciary_between_a_tea_ceremony_and_the_wwe.

[729] Ned Parker, "The Iraq We Left Behind," *Foreign Affairs*, Mar/Apr 2012.

[730] Neta C. Crawford, "The Iraq War: Ten Years in Ten Numbers," *Foreign Policy*, March 20, 2013. http://mideast.foreignpolicy.com/posts/2013/03/20/the_iraq_war_ten_years_in_ten_numbers.

[731] Nicholas A. Heras, "From the Bottom, Up: A Strategy for U. S. Military Support to Syria's Armed Opposition," *Center for a New American Security*, May 2016. http://www.cnas.org/fromthebottomup#.V0_UWo9OLIU.

[732] Nicholas Saidel, "Lebanon's Next Flashpoint," *The National Interest*, March 25, 2014. http://nationalinterest.org/commentary/lebanons-next-flashpoint-10118.

[733] Nicholas Seeley, "Jordan is not about to collapse," *Foreign Policy*, November 14, 2012. http://mideast.foreignpolicy.com/posts/2012/11/14/jordan_is_not_about_to_collapse.

[734] Nikolas K. Gvosdev, "Washington's Hard Egypt Lesson," *The National Interest*, January 20, 2014. http://nationalinterest.org/commentary/washingtons-hard-egypt-lesson-9731.

[735] Noah Blaser, "The Enduring Frustration of Turkey's

Kurds," *Foreign Policy*, October 4, 2013. http: //mideast. foreignpolicy. com/posts/2013/10/04/the_ enduring_ frustration_ of_ turkeys_ kurds.

[736] Numan Kurtulmus, "Turkey's Economy: An Example for the Middle East and North Africa?" *Chatham House*, March 11, 2013.

[737] Omar Ashour, "Finishing the Job: Security Sector Reform After the Arab Spring," *The Brookings Institution*, May 28, 2013. http: //www. brookings. edu/research/articles/2013/05/28 – security-sector-reform-mena-ashour.

[738] Omar Belhaj Salah, "Instigating Emotionalism in Tunisia," *Foreign Policy*, August 6, 2013. http: //mideast. foreignpolicy. com/posts/2013/08/06/instigating_ emotionalism_ in_ tunisia.

[739] Omer Taspinar, "Turkey's Strategic Vision and Syria," *The Washington Quarterly*, Summer 2012.

[740] Onur İşçi, Barın Kayaoğlu, "Turkey and America: 1957 All Over Again?" *The National Interest*, April 10, 2014. http: //nationalinterest. org/commentary/turkey-america – 1957-all-over-again – 10224.

[741] Ovamir Anjum, "Do Islamists have an intellectual deficit?" *The Brookings Institution*, April 2016. http: //www. brookings. edu/research/papers/2016/04/islamists-intellectual-deficit-anjum.

[742] Patricia Lewis, & Heather Williams, "Syria under Scrutiny: Chemical Weapons Inspections," *Chatham House*, September 19, 2013. http://www.chathamhouse.org/media/comment/view/194267.

[743] Patricia Lewis, "Halabja and its Legacy: 25 Years On," *Chatham House*, March 6, 2013. http://www.chathamhouse.org/media/comment/view/190131.

[744] Patricia Lewis, "Iran and Nuclear Restraint Lessons from Elsewhere," *Chatham House*, July 2015. http://www.chathamhouse.org/publication/iran-and-nuclear-restraint-lessons-elsewhere.

[745] Patricia Lewis, "IranianOpinion Is Key to Avoiding War," *The World Today*, April & May 2012.

[746] Patricia Lewis, "Syria: Chemical Weapons and the Spectre of War," *Chatham House*, August 27, 2013. http://www.chathamhouse.org/media/comment/view/194007.

[747] Patrick B. Johnston and Benjamin Bahney, "Hitting ISIS Where It Hurts: Disrupt ISIS's Cash Flow in Iraq," *New York Times*, August 13, 2014. http://www.*rand*.org/blog/2014/08/hitting-isis-where-it-hurts-disrupt-isiss-cash-flow.html.

[748] Patrick B. Johnston, "Countering ISIL's Financing," *RAND*, November 2014.

[749] Patrick Christy, "A Better Way to Tie Egypt Aid to Democracy," *The National Interest*, February 6, 2014. http:

//nationalinterest. org/commentary/better-way-tie-egypt-aid-democracy –9830.

[750] Patrick M. Cronin, "Testimony before the House Armed Services Committee," *Center for a New American Security*, July 24, 2013.

[751] Paul D. Miller, "Afghanistan After the Drawdown," *Foreign Policy*, December 4, 2013. http: //www. *rand*. org/commentary/2013/12/04/FP. html.

[752] Paul D. Miller, "American Grand Strategy and the Democratic Peace," *Survival*, vol. 54 (2), April-May 2012.

[753] Paul D. Miller, "Getting to Negotiations in Syria," *RAND*, 2014.

[754] Paul D. Miller, "The Missing Option for Afghanistan: A Response to Steve Biddle," *Foreign Policy*, November 5, 2013. http: //www. *rand*. org/commentary/2013/11/05/FP. html.

[755] Paul R. Pillar, "Echoes of Lebanon in Syria," *The Brookings Institution*, May 6, 2013. http: //www. brookings. edu/research/opinions/2013/05/06 – lebanon-syria-pillar.

[756] Paul R. Pillar, "False Cheers for Democracy," *The National Interest*, February 25, 2014. http: //nationalinterest. org/blog/paul-pillar/false-cheers-democracy –9954.

[757] Paul R. Pillar, "Netanyahu's Anti-Iranian Rant," *The National Interest*, March 4, 2014. http: //nationalinterest. org/blog/paul-pillar/netanyahus-anti-iranian-rant –10004.

［758］ Paul R. Pillar, "Threats to Israeli Security, Imagined and Real," *The National Interest*, January 8, 2014. http://nationalinterest.org/blog/paul-pillar/threats-israeli-security-imagined-real-9675.

［759］ Paul R. Pillar, "What To Do After Peace Process Failure," *The National Interest*, April 15, 2014. http://nationalinterest.org/blog/paul-pillar/what-do-after-peace-process-failure-10260.

［760］ Paul R. Williams, J. Trevor Ulbrick, Jonathan Worboys, "Chemical red lines on Syria," *Foreign Policy*, December 5, 2012. http://mideast.foreignpolicy.com/posts/2012/12/05/chemical_red_lines_on_syria.

［761］ Paul Stevens and Matthew Hulbert, "Oil Prices: Energy Investment, Political Stability in the Exporting Countries and OPEC's Dilemma," EEDP Programme, *Chatham House*, October 2012.

［762］ Paul Stevens, "An Embargo on Iranian Crude Oil Exports: How Likely and with What Impact?" *Chatham House*, January 2012.

［763］ Paul Stevens, "Economic Reform in the GCC: Privatization as a Panacea for Declining Oil Wealth?" *Chatham House*, December 2016. https://www.chathamhouse.org/publication/economic-reform-gcc-privatization-panacea-declining-oil-wealth.

[764] Paul Stevens, "Prospects for Iran's Oil and Gas Sector," *Chatham House*, March 2015. http: //www. chathamhouse. org/publication/prospects-irans-oil-and-gas-sector.

[765] Peter Jenkins and Richard Dalton, "Iran's Nuclear Future," *Chatham House*, September 2014.

[766] Peter Mandaville and Dilwar Hussain, "Contextualizing Islam in Europe and North America: Challenges and Opportunities," *The Brookings Project on U. S. Relations with the Islamic World U. S. -Islamic World Forum Papers* 2014, April 2015. http: //www. brookings. edu/research/papers/2015/05/islam-europe-north-america.

[767] Peter Mandaville, "Religion and Political Civility," *The Brookings Institution*, November 2012.

[768] Peter Salisbury, "Why Yemen Must Conquer Corruption to Save the Poor," *Chatham House*, October 16, 2013. http: //www. chathamhouse. org/media/comment/view/194931.

[769] Peter Salisbury, "Yemen and the Saudi - Iranian 'Cold War'," *Chatham House*, February 2015. http: //www. chathamhouse. org/publication/yemen-and-saudi-iranian-cold-war.

[770] Peter Salisbury, "Yemen: Stemming the Rise of a Chaos State," *Chatham House*, May 2016. https: //www. chathamhouse. org/publication/yemen-stemming-rise-chaos-state.

[771] Philip Robins, "Turkey's 'double gravity' predic-

ament: the foreign policy of a newly activist power," *International Affairs*, 89: 2 (2013).

[772] Quinn Mecham, "The AKP's accountability problem," *Foreign Policy*, June 7, 2013. http://mideast.foreignpolicy.com/posts/2013/06/07/the_akps_accountability_problem.

[773] Radwan Ziadeh, "Time for a Syrian transitional government," *Foreign Policy*, January 8, 2013. http://mideast.foreignpolicy.com/posts/2013/01/08/time_for_a_syrian_transitional_government.

[774] Rafael D. Frankel, "Keeping Hamas and Hezbollah Out of a War with Iran," *The Washington Quarterly*, Fall 2012.

[775] Ralph Peters, "Terror Now," *Hoover Institution*, 2015. http://www.hoover.org/research/terror-now.

[776] *Rand*a Slim, "Hezbollah's plunge into the Syrian abyss," *Foreign Policy*, May 28, 2013. http://mideast.foreignpolicy.com/posts/2013/05/28/hezbollah_s_plunge_into_the_syrian_abyss.

[777] *Rand*a Slim, "Lebanon Confronts Civil War," *Foreign Policy*, August 27, 2013. http://mideast.foreignpolicy.com/posts/2013/08/27/lebanon_confronts_civil_war.

[778] Rania Al-Nakib, "Education and Democratic Development in Kuwait: Citizens in Waiting," *Chatham House*, March 2015. http://www.chathamhouse.org/publication/edu-

cation-and-democratic-development-kuwait-citizens-waiting.

[779] Rashid Khalidi, "Obama's three options," *Foreign Policy*, November 29, 2012. http://mideast. foreignpolicy. com/posts/2012/11/29/obamas_ three_ options.

[780] Raymond Hinnebusch, "Syria: From 'Authoritarian Upgrading' to Revolution?" *International Affairs* 88: 1 (2012) 95 - 113.

[781] Renad Mansour, Irfan Azeez Azeez, "The Kurds in a New Middle East," *Foreign Policy*, August 14, 2013. http://mideast. foreignpolicy. com/posts/2013/08/14/the_ kurds_ in_ a_ new_ middle_ east.

[782] Reuel Marc Gerecht, "Egypt's Islamists Will Rise Again," *Wall Street Journal*, July 24, 2013. http://www. hoover. org/news/daily-report/152701.

[783] Reuel Marc Gerecht, "The Next Breeding Ground for Global Jihad," *Wall Street Journal*, October 7, 2013. http://www. hoover. org/news/daily-report/158626.

[784] Richard Dalton, "Engaging Iran: An Old Idea Whose Time Has Come," *Chatham House*, December 13, 2013. http://www. chathamhouse. org/media/comment/view/196252.

[785] Richard Dalton, "Iran", Gulf Kaleidoscope: Reflections on the Iranian Challenge, Jon B. Alterman, *CSIS*, May 21, 2012.

[786] Richard Weitz, "Afghanistan after America: Ripples in Russia and the Caucasus," *The National Interest*, January 31, 2014. http://www.cnas.org/content/afghanistan-after-america-ripples-russia-and-caucasus.

[787] Richard Weitz, "Iran 'Forever' Comments on Nuclear Programme Seen as Sop to Hardliners," *Reuters*, February 11, 2014. http://www.cnas.org/content/iran-forever-comments-nuclear-programme-seen-sop-hardliners.

[788] Rick Brennan, Jr, "The Growing Strategic Threat of Radical Islamist Ideology," *RAND*, February 2015. http://www.rand.org/pubs/testimonies/CT422.html.

[789] Robert D. Lamb, Kathryn Mixon, Joy Aoun, "Rethinking Civilian Stabilization and Reconstruction," *CSIS*, November 2013.

[790] Robert Danin, "A second chance for the Arab Peace Initiative?" *Foreign Policy*, April 30, 2013. http://mideast.foreignpolicy.com/posts/2013/04/30/a_second_chance_for_the_arab_peace_initiative.

[791] Robert Einhorn, "Avoiding Stalemate in the Iran Nuclear Negotiations: Focus on Practical Needs," *The Brookings Institution*, February 2014.

[792] Robert Einhorn, "Despite The Hiccup In Geneva, Iran Nuclear Talks Still On Track," *The Brookings Institution*, November 14, 2013. http://www.brookings.edu/blogs/iran-at-

saban/posts/2013/11/14-einhorn-iran-nuclear-talks-on-track.

[793] Robert G. Rabil, "The ISIS Chronicles: A History," *The National Interest*, July 17, 2014. http://nationalinterest. org/feature/the-isis-chronicles-history - 10895.

[794] Robert Golan-Vilella, "A Tale of Two AUMFs," *The National Interest*, August 27, 2014. http://nationalinterest. org/feature/tale-two-aumfs - 11131.

[795] Robert I. Rotberg, Jenny C. Aker, "Mobile Phones: Uplifting Weak and Failed States," *The Washington Quarterly*, Winter 2013.

[796] Robert Litwak, "Iran's Nuclear Chess: After the Deal," *Wilson Center*, September 2015. https://www. wilsoncenter. org/article/irans-nuclear-chess-after-the-deal.

[797] Robert M. Shelala II, "Maritime Security in The Middle East And North Africa: A Strategic Assessment," *CSIS*, February 2014.

[798] Robert W. Merry, "America's Syria Policy Mishmash," *The National Interest*, February 19, 2014. http://nationalinterest. org/commentary/americas-syria-policy-mishmash - 9895.

[799] Robert Worth, "A Bloodless Transition: Tunisia's Legislative Elections," *Wilson Center*, November 2014.

[800] Roberto Toscano and Moushira Khattab, "The Arab Awakening: Is Democracy a Mirage?" Viewpoints, No. 6, *Woodrow Wilson International Center for Scholars*, August 2012.

[801] Robin Niblett and Claire Spencer, "Time to Build Bridges Over the Mediterranean," *The World Today*, February & March, 2012.

[802] Robin Niblett, "US *Foreign Policy* Off-Balance," *Chatham House*, September 25, 2013. http://www.chathamhouse.org/media/comment/view/194306.

[803] Robin Wright, "In 2013, Rise of the Right in Elections Across the Mideast," *Wilson Center*, January 2013.

[804] Robin Wright, "Learning from Iran's elections," *Foreign Policy*, June 6, 2013. http://mideast.foreignpolicy.com/posts/2013/06/06/learning_from_iran_s_elections.

[805] Rochelle Davis, "Syrian Refugees: Lessons from Other Conflicts and Possible Policies," Viewpoints, No. 4, *Woodrow Wilson International Center for Scholars*, August 2012.

[806] Ronald R. Kreb, "Israel`s Bunker Mentaality," *Foreign Affairs*, Nov/Dec 2011.

[807] Rosemary Hollis, "No Friend of Democratization: Europe's Role in the Genesis of the 'Arab Spring'," *International Affairs* 88: 1 (2012) 81-94.

[808] Ross Harrison, "Give Strategy a Chance in Syria," *The National Interest*, February 10, 2014. http://nationalinterest.org/commentary/give-strategy-chance-syria-9851.

[809] Ross Harrison, Michael W. S. Ryan, "The Master

Plan: How to Stop ISIS," *The National Interest*, August 21, 2014. http://nationalinterest.org/feature/the-master-plan-how-stop-isis-11112.

[810] Salman Shaikh and Michael Doran, "The Road Beyond Damascus," *The Brookings Institution*, January 17, 2013. http://www.brookings.edu/research/papers/2013/01/the-road-beyond-damascus.

[811] Salman Shaikh, Shadi Hamid, "Between Interference and Assistance: The Politics of International Support in Egypt, Tunisia, and Libya," *The Brookings Institution*, November 2012.

[812] Samuel Tadros, "A Coptic Monument to *Survival*, Destroyed," *Wall Street Journal*, August 15, 2013. http://www.hoover.org/news/daily-report/154576.

[813] Samuel Tadros, "Imaginary Egypt," *Hoover Digest*, No. 49, 2014.

[814] Sarah Margon and Mary Laurie, "Ignoring Bahrain's Iron Fist," *Foreign Policy*, October 14, 2013. http://mideast.foreignpolicy.com/posts/2013/10/14/the_peril_of_ignoring_bahrain_s_iron_fist.

[815] Sasan Aghlani, "Engaging with Iran's New President," *Chatham House*, August 2, 2013. http://www.chathamhouse.org/media/comment/view/193723.

[816] Saul Kelly, Gareth Stansfield, "Britain, the Unit-

ed Arab Emirates and the defence of the Gulf revisited," *International Affairs* 89: 5 (2013).

[817] Scott Harold and Alireza Nader, "China and Iran: Economic, Political and Military Relations," Center For Middle East Public Policy, *RAND*, 2012.

[818] Scott Modell and David Asher, "Pushback: Countering the Iran Action Network," *Center for a New American Security*, September 2013.

[819] Sean L. Yom, "The survival of the Arab monarchies," *Foreign Policy*, November 12, 2012. http://mideast.foreignpolicy.com/posts/2012/11/12/the_survival_of_the_arab_monarchies.

[820] Selim Can Sazak, "Good Riddance to Sykes-Picot," *The National Interest*, February 12, 2014. http://nationalinterest.org/commentary/good-riddance-sykes-picot-9868.

[821] Seth G. Jones, "A Persistent Threat," *RAND*, October 2014.

[822] Seth G. Jones, "After the Withdrawal: A Way Forward in Afghanistan and Pakistan," *RAND*, March 2013.

[823] Seth G. Jones, "Historical Lessons for the Wars in Iraq and Syria," *RAND*, April 2015. http://www.rand.org/pubs/testimonies/CT431.html.

[824] Seth G. Jones, "Jihadist Sanctuaries in Syria and Iraq," *RAND*, July 2014.

[825] Seth G. Jones, "Just Ignore Karzai and Press On," *Wall Street Journal*, November 25, 2013. http://www. rand. org/commentary/2013/11/25/WSJ. html.

[826] Seth G. Jones, "The Enduring Mirage of the Arab Spring," *Foreign Affairs*, July 21, 2013. http://www. foreignaffairs. com/articles/139592/seth-g-jones/the-enduring-mirage-of-the-arab-spring.

[827] Seth G. Jones, "The Mirage of the Arab Spring," *RAND*, January 3, 2013. http://www. *rand*. org/blog/2013/01/the-mirage-of-the-arab-spring. html.

[828] Seth C. Jones, "The Syrian Refugee Crisis and U. S. National Security," *RAND*, November 2015. http://www. rand. org/pubs/testimonies/CT444. html.

[829] Seth C. Jones, "The Terrorism Threat to the United States and Implications for Refugees," *RAND*, June 2015. http://www. rand. org/pubs/testimonies/CT433. html.

[830] Seth G. Jones, "The Terrorist Threat from Syria," *RAND*, May 2013.

[831] Seth G. Jones, "Think Again: Al Qaeda," *Foreign Policy*, May/June 2012.

[832] Shadi Hamid and Meredith Wheeler, "Was Mohammed Morsi Really an Autocrat?" *The Atlantic*, March 31, 2014. http://www. brookings. edu/research/opinions/2014/03/31-egypt-morsi-autocrat-hamids.

[833] Shadi Hamid and Peter Mandaville, "Bringing the United States Back into the Middle East," *The Washington Quarterly*, Fall 2013.

[834] Shadi Hamid, "Attention, Muslims: Don't Boycott the President!" *The Washington Post*, July 21, 2014.

[835] Shadi Hamid, "In Egypt, One Coup Leads to Another," *The Brookings Institution*, July 12, 2013. http://www.brookings.edu/research/opinions/2013/07/12 – egypt-coup-hamid.

[836] Shadi Hamid, "Is a Second Revolution Really What Egypt Needs?" *The Brookings Institution*, June 27, 2013. http://www.brookings.edu/research/opinions/2013/06/27 – second-revolution-egypt-hamid.

[837] Shadi Hamid, "Morsi and the Muslims," *The Brookings Institution*, May 8, 2013. http://www.brookings.edu/research/articles/2013/05/08 – morsi-islamism-hamid.

[838] Shadi Hamid, "The Blurry Red Line," *The Atlantic*, April 26, 2013. http://www.brookings.edu/research/opinions/2013/04/26 – obama-strategy-middle-east-hamid.

[839] Shadi Hamid, "The End of Pluralism," *The Atlantic*, July 23, 2014. http://www.brookings.edu/research/opinions/2014/07/23 – end-of-pluralism-hamid.

[840] Shadi Hamid, "What is Policy Research For? Reflections on the United States' Failures in Syria," Middle East Law And Governance, 2015 (7).

[841] Sharad Joshi, "Will Killing of Taliban Chief Make a Difference in Pakistan?" *Chatham House*, November 7, 2013. http://www.chathamhouse.org/media/comment/view/195358.

[842] Sharon Squassoni, "A Syrian Semi-Solution," *CSIS*, September 11, 2013. http://csis.org/publication/syrian-semi-solution.

[843] Shashank Joshi, Aaron Stein, "The Turkey-Israel rapprochement," *Foreign Policy*, April 3, 2013. http://mideast.foreignpolicy.com/posts/2013/04/03/the_turkey_israel_rapprochement.

[844] Shashank Joshi, "The Middle East: The Persian Illusion," *The World Today*, Vol. 67, No. 6, June 2011.

[845] Shaul Bakhash, "Iran's Pivotal Presidential Election," *Wilson Center*, January 2013.

[846] Shaul Bakhash, "Reflections on Iran's Tumultuous Revolution: 35 Years Later," *Wilson Center*, February 2014.

[847] Shawn Brimley, Ben FitzGerald and Kelley Sayler, "Game Changers: Disruptive Technology and U. S. Defense Strategy," *Center for a New American Security*, September 2013.

[848] Shibley Telhami and Steven Kull, "Americans on the Middle East: A Study of American Public Opinion," Program on International Policy Attitudes, Universty of Maryland, October 8, 2012.

[849] Shibley Telhami, " American Public Attitudes To-

ward ISIS and Syria," *The Brookings Institution*, January 8, 2015. http://www.brookings.edu/research/reports/2015/01/08-american-opinion-poll-isis-syria-telhami.

[850] Shibley Telhami, "2011 Annual Arab Public Opinion Survey," Anwar Sadat Chair for Peace and Development, University of Maryland, October 2011.

[851] Shibley Telhami, "American attitudes on refugees from the Middle East," *The Brookings Institution*, May 2016. http://www.brookings.edu/research/reports/2016/06/13-american-opinion-poll-refugees-middle-east-telhami.

[852] Shibley Telhami, "American attitudes toward Muslims and Islam," *The Brookings Institution*, May 2016. https://www.brookings.edu/research/american-attitudes-toward-muslims-and-islam/.

[853] Shibley Telhami, "Arab Perspectives on Iran's Role in a Changing Middle East," *Wilson Center*, February 2013.

[854] Shibley Telhami, "Egypt's Identity Crisis," *The Brookings Institution*, August 16, 2013. http://www.brookings.edu/research/opinions/2013/08/16-egypt-identity-crisis-telhami.

[855] Shibley Telhami, "President Obama's Confused Logic on Syria," *The Brookings Institution*, September 10, 2013. http://www.brookings.edu/research/opinions/2013/09/10-president-obama-syria-telhami.

[856] Shibley Telhami, "Questioning Credibility," *The Brookings Institution*, September 6, 2013. http://www.foreignpolicy.com/articles/2013/09/06/questioning_credibility_us_syria.

[857] Shibley Telhami, "The Limits of U. S. Influence in Israel," *The Brookings Institution*, January 20, 2013. http://blogs.reuters.com/great-debate/2013/01/22/the-limits-of-u-s-influence-in-israel/.

[858] Simond de Galbert, "Back to the Future: Europe, the United States, and Iran Sanctions after the Nuclear Deal," *CSIS*, November 2015. http://csis.org/publication/back-future.

[859] Sinan Ulgen, "Erdogan's dilemma," *Foreign Policy*, June 2, 2013. http://mideast.foreignpolicy.com/posts/2013/06/02/erdogans_newest_dilemma.

[860] Stephanie Sanok Kostro, Garrett Riba, "Resurgence of al Qaeda in Iraq: Effect on Security and Political Stability," *CSIS*, March 4, 2014. http://csis.org/publication/resurgence-al-qaeda-iraq-effect-security-and-political-stability.

[861] Stephen Castle. "Europe Weighs Financial Rewards for Arab World," *New York Times*, August 16, 2012. http://www.nytimes.com/2011/03/08/world/europe/08iht-union08.html.

[862] Stephen D. Biddle, "Assessing the Islamic State

Threat," *CSIS*, April 2015. http://csis.org/publication/assessing-islamic-state-threat.

[863] Stephen W. Day, "Can Yemen be a nation united?" *Foreign Policy*, March 14, 2013. http://mideast.foreignpolicy.com/posts/2013/03/14/can_ yemen_ be_ a_ nation_ united.

[864] Steve H. Hanke, Garbis Iradian, "Now Is Not the Time to Step up the Economic War Against Iran," *Financial Times*, July 22, 2013. http://www.cato.org/publications/commentary/now-not-time-step-economic-war-against-iran.

[865] Steven Pifer, "What is Iran's Nuclear Red Line?" *The Brookings Institution*, May 21. http://www.brookings.edu/blogs/iran-at-saban/posts/2013/05/21-iran-how-nuclear-pifer, 2013.

[866] Stijn Hoorens, Joachim Krapels, Magda Long, Tom Keatinge, Nicole van der Meulen, Kristy Kruithof, Jacopo Bellasio, Anna Psiaki and Gursel Aliyev, "Foreign financing of Islamic institutions in the Netherlands," *RAND*, March 2015. http://www.rand.org/pubs/research_ reports/RR992.html.

[867] Suzanne Maloney, "A Disappointing Day for Iran-U.S. Diplomacy," *The Brookings Institution*, September 24, 2013. http://www.brookings.edu/blogs/iran-at-saban/posts/2013/09/24-rouhani-obama-handshake-rebuff.

[868] Suzanne Maloney, "After Thirty-Five Years, Iran's

Revolution Finds a Fragile Equilibrium," *The Brookings Institution*, *February* 11, 2014. http: //www. brookings. edu/blogs/iran-at-saban/posts/2014/02/10 – iran-revolution-anniversary-turning-point.

[869] Suzanne Maloney, "Bridging The Gulf? Iran And A Changing GCC," *The Brookings Institution*, June 25, 2013. http: //www. brookings. edu/blogs/iran-at-saban/posts/2013/06/25-bahrain-qatar-iran-gcc-gulf.

[870] Suzanne Maloney, "Diplomats and" Our Difficult History": Tehran's Proposed UN Envoy is a Rare Rouhani Blunder," *The Brookings Institution*, April 8, 2014. http: //www. brookings. edu/blogs/iran-at-saban/posts/2014/04/07 – iran-ambassador-hostage-crisis-aboutalebi-embassy.

[871] Suzanne Maloney, "Expanding U. S. Energy Supplies: The Not-So-Secret Weapon in Iran Sanctions Success," *The Brookings Institution*, March 7, 2014. http: //www. brookings. edu/blogs/iran-at-saban/posts/2014/03/07 – donilon-iran-sanctions-secret-weapon-energy.

[872] Suzanne Maloney, "Iran Nuclear Talks Herald A Beginning, Not A Breakthrough," *The Brookings Institution*, October 18, 2013. http: //www. brookings. edu/blogs/iran-at-saban/posts/2013/10/17 – iran-nuclear-talks-beginning-not-breakthrough.

[873] Suzanne Maloney, "Iranian Aftershocks: Washington And Tehran Face An Uncertain Diplomatic Landscape," *The*

Brookings Institution, October 10, 2013. http: //www. brookings. edu/blogs/iran-at-saban/posts/2013/10/28 – iran-us-un-rouhani-wrapup.

[874] Suzanne Maloney, "Javier Solana on Iran:" The Challenge Is Big, But A Solution Is Possible," *The Brookings Institution*, April 16, 2014. http: //www. brookings. edu/blogs/iran-at-saban/posts/2014/04/16 – solana-iran-nuclear-deal-rouhani-zarif.

[875] Suzanne Maloney, "Netanyahu Lauds" The Indispensable Alliance" And Raises The Bar For Iran Nuclear Talks," *The Brookings Institution*, December 9, 2013. http: //www. brookings. edu/blogs/iran-at-saban/posts/2013/12/09 – netanyahu-israel-iran-nuclear-saban-forum.

[876] Suzanne Maloney, "President Obama Urges Saban Forum: Don't Underestimate Political Shift In Iran," *The Brookings Institution*, December 8, 2013. http: //www. brookings. edu/blogs/iran-at-saban/posts/2013/12/08 – obama-iran-saban-forum.

[877] Suzanne Maloney, "Six Myths About Iran Sanctions," *The Brookings Institution*, January 13, 2013. http: //www. brookings. edu/blogs/iran-at-saban/posts/2014/01/7 – iran-sanctions-nuclear-deal-myths.

[878] Suzanne Maloney, "Syria Presents Iran's Moderates with Tough Choices," *The Brookings Institution*, August 28,

2013. http：//www. brookings. edu/blogs/iran-at-saban/posts/2013/08/28 – iran-rouhani-hedges-on-syria.

[879] Suzanne Maloney, "Tehran's Take On Egypt's Revolutionary Coup," *The Brookings Institution*, July 12, 2013. http：//www. brookings. edu/blogs/iran-at-saban/posts/2013/07/11 – iran-egypt-crisis-coup-middle-east.

[880] Suzanne Maloney, "The Frenzy Over Tehran's Tweets：Interpreting Iran's New Public Diplomacy," *The Brookings Institution*, September 6, 2013. http：//www. brookings. edu/blogs/iran-at-saban/posts/2013/09/06 – rouhani-zarif-twitter-facebook.

[881] Suzanne Maloney, "Thinking the Unthinkable," *The Brookings Institution*, January 2012.

[882] Suzanne Maloncy, "Three Reasons Why Russia won't Wreck the Iran Nuclear Negotiations," *The Brookings Institution*, March 25, 2014. http：//www. brookings. edu/blogs/iran-at-saban/posts/2014/03/22 – russia-us-tension-sabotage-iran-nuclear-deal.

[883] Suzanne Maloney, "Why "Iran Style" Sanctions Worked Against Tehran (And Why They Might Not Succeed with Moscow)," *The Brookings Institution*, March 21, 2014. http：//www. brookings. edu/blogs/iran-at-saban/posts/2014/03/21 – iran-sanctions-russia-crimea-nuclear.

[884] Tamara Cofman Wittes and Amy Hawthorne,

"U. S. Should Suspend Funds to the Egyptian Military," *The Brookings Institution*, August 22, 2013. http://www. brookings. edu/research/opinions/2013/08/22 - us-funds-egypt-military-wittes.

[885] Tamara Cofman Wittes, "Egypt Two Years After the Revolution: Where Egypt Stands, What the United States Can Do," *The Brookings Institution*, February 26, 2013. http://www. brookings. edu/research/testimony/2013/02/26 - middle-east-north-africa-wittes.

[886] Tamara Cofman Wittes, "Egypt's NGOs matter," *The Brookings Institution*, June 5, 2013. http://mideast. foreignpolicy. com/posts/2013/06/05/egypts_ ngos_ matter.

[887] Tamara Cofman Wittes, "Politics, Governance, Andstate-Society Relations," *The Atlantic Council*, November 2016. https://www. brookings. edu/research/politics-governance-and-state-society-relations/.

[888] Tamara Cofman Wittes, "Six Thoughts on Egypt's Revolutionary Coup," *The Brookings Institution*, July 4, 2013. http://www. brookings. edu/blogs/up-front/posts/2013/07/04 - egypt-revolutionary-coup-morsi-wittes.

[889] Tamara Cofman Wittes, "Supporting Arab Transitions: Four Challenges for the Next U. S. President," *The Brookings Institution*, November 6, 2012. http://www. brookings. edu/research/opinions/2012/11/06 - arab-transitions-us-

president-wittes.

[890] Tamara Cofman Wittes, "What Matters, and What Doesn't, About Palestinian Unity," *The Brookings Institution*, April 25, 2014. http://www.brookings.edu/blogs/up-front/posts/2014/04/25 – palestinian-reconciliation-israel-wittes.

[891] Tamara Cofman Wittes, "What the U. S. Can Do for Egypt," *Foreign Policy*, March 1, 2013. http://mideast.foreignpolicy.com/posts/2013/03/01/what_ the_ us_ can_ do_ for_ egypt.

[892] Tarek Masoud, "The Egyptian liberals´soft defeat," *Foreign Policy*, December 18, 2012. http://mideast.foreignpolicy.com/posts/2012/12/17/the_ egyptian_ liberals_ soft_ defeat.

[893] Tareq Al Naimat, "The Jordanian Regime and the Muslim Brotherhood: A Tug of War," *Wilson Center*, July 2014.

[894] Ted Galen Carpenter, "Can Iraq Survive?" *The National Interest*, January 14, 2014. http://nationalinterest.org/commentary/can-iraq-survive – 9703.

[895] Ted Galen Carpenter, "Caught in the Middle: Syria's Kurdish Population—and the U. S. ," Gulan Media, February 4, 2013. http://www.cato.org/publications/commentary/caught-middle-syrias-kurdish-population-us.

[896] Ted Galen Carpenter, "Helping Libya, Helping

Syria," *The National Interest*, July 2, 2013. http://www.cato.org/publications/commentary/helping-libya-helping-syria.

[897] Ted Galen Carpenter, "How Washington Encourages Nuclear Proliferation," *The National Interest*, March 18, 2013. http://www.cato.org/publications/commentary/how-washington-encourages-nuclear-proliferation.

[898] Ted Galen Carpenter, "Syria's Kurds Take the Offensive," *The National Interest*, August 22, 2013. http://www.cato.org/publications/commentary/syrias-kurds-take-offensive.

[899] Ted Galen Carpenter, "Tangled Web: The Syrian Civil War and Its Implications," *Mediterranean Quarterly*, Winter 2013.

[900] Ted Galen Carpenter, "The New Crisis in Bahrain," *The National Interest*, November 13, 2012. http://www.cato.org/publications/commentary/new-crisis-bahrain.

[901] Ted Galen Carpenter, "The Rise of Greater Kurdistan," *The National Interest*, November 25, 2013. http://www.cato.org/publications/commentary/rise-greater-kurdistan.

[902] Ted Galen Carpenter, "War with Syria: Not out of the Woods Yet," *The National Interest*, October 10, 2013. http://www.cato.org/publications/commentary/war-syria-not-out-woods-yet.

[903] Ted Galen Carpenter, "World Has Not Stopped for

Syria," *The National Interest*, September 11, 2013. http://www.cato.org/publications/commentary/world-has-not-stopped-syria.

[904] The views of 26 experts from the Middle East, Europe, and the United States, "The Domestic and Foreign Policy Challenges of the New Iranian President, Hassan Rouhani," *Wilson Center*, June 2013.

[905] The views of 39 experts from the Middle East, North Africa, Europe, and the United States, "Has the Arab Spring Lived Up to Expectations?" *Wilson Center*, December 2012.

[906] Thomas M. Sanderson, Zack Fellman, "Closing Embassies in the Middle East and the Threat from Al Qaeda," *CSIS*, August 15, 2013. http://csis.org/publication/closing-embassies-middle-east-and-threat-al-qaeda.

[907] Thomas Pierret, "External Support and the Syrian Insurgency," *Foreign Policy*, August 9, 2013. http://mideast.foreignpolicy.com/posts/2013/08/09/external_support_and_the_syrian_insurgency.

[908] Thomas Saether, "Bombing Iran: Tough Tasks for Israeli Intelligence," *The National Interest*, January 30, 2014. http://nationalinterest.org/commentary/bombing-iran-tough-tasks-israeli-intelligence-9789.

[909] Thomas Saether, "Surprise Attack on Iran: Can Is-

rael Do It?" *The National Interest*, April 16, 2014. http://nationalinterest. org/commentary/surprise-attack-iran-can-israel-do-it-10253.

[910] Tik Root, "A shake up in Yemen's GPC?" *Foreign Policy*, February 22, 2013. http://mideast. foreignpolicy. com/posts/2013/02/22/a_ shake_ up_ in_ yemen_ s_ gpc.

[911] Toby Dodge, "State and society in Iraq ten years after regime change: the rise of a new authoritarianism," *International Affairs* 89: 2 (2013).

[912] Toby Jones and Eckart Woertz, "Scarcity and Strategy in the GCC," *CSIS*, February 25, 2011.

[913] Toby Matthiesen, "Saudi Arabia's Shiite Escalation," *Foreign Policy*, July 10, 2012.

[914] Toby Matthiesen, "Saudi Royal Family Politics and the Arab Spring," *Foreign Policy*, January 14, 2013. http://mideast. foreignpolicy. com/posts/2013/01/14/saudi_ royal_ family_ politics_ and_ the_ arab_ spring.

[915] Toby Matthiesen, "The Sectarian Gulf vs. the Arab Spring," *Foreign Policy*, October 4, 2013. http://mideast. foreignpolicy. com/posts/2013/10/08/the_ sectarian_ gulf_ vs_ the_ arab_ spring.

[916] Tom Phillips, "Israel and Saudi Arabia: A Suspicious Relationship," *Chatham House*, November 14, 2013. http://www. chathamhouse. org/media/comment/view/

195535.

[917] Tom Phillips, "Riyadh Wonders Whether Obama Can Repair the Damage," *Chatham House*, March 26, 2014. http://www.chathamhouse.org/media/comment/view/198489.

[918] Tom Phillips, "Saudi Arabia's Shifting Sands," *The World Today*, February & March 2014.

[919] Tom Phillips, "Will the Fatah/Hamas Deal Pay Off for Abbas?" *Chatham House*, April 28, 2014. http://www.chathamhouse.org/media/comment/view/199204.

[920] Trita Parsi, "Why the Saudis Are Panicking," *The National Interest*, April 3, 2014. http://nationalinterest.org/commentary/why-the-saudis-are-panicking – 10179.

[921] Tyler Jost, "Defend, Defect, or Desert?: The Future of the Afghan Security Forces," *Center for a New American Security*, January 2015. http://www.cnas.org/future-of-aghan-security-forces#. VNMZcxEfrIU.

[922] U. S. Census Bureau, "International Database," April 21, 2012. http://www.census.gov/ipc/www/idb/informationGateway.php.

[923] UNCTAD, "World Investment Report 2012," *New York and Geneva: United Nations*, 2012.

[924] UNDP, "Arab Development challenges Report," *UN Development Programme*, Regional Center for Arab States, Cairo, 1191 Corniche El Nil, World Trade Center, Boulac,

Cairo, Egypt, 2011.

[925] Valérie Marcel, "Governance Prospects for Lebanon's Petroleum Sector," *Chatham House*, May 9, 2013. http://www.chathamhouse.org/media/comment/view/191311.

[926] Victor Davis Hanson, "An Army of Revisionists," *Hoover Digest*, No. 49, 2014.

[927] Volker Perthes, "Europe and the Arab Spring," *Survival*, vol. 53 (6), December 2011 – January 2012.

[928] Walter L. Perry, Claude Berrebi, Ryan Andrew Brown, John Hollywood, Amber Jaycocks, Parisa Roshan, Thomas Sullivan, Lisa Miyashiro, "Predicting Suicide Attacks," *RAND*, February 2013.

[929] Wendy Pearlman, "Rebel Fragmentation in Syria and Palestine," *Foreign Policy*, October 10, 2013. http://mideast.foreignpolicy.com/posts/2013/10/10/rebel_fragmentation_in_syria_and_palestine.

[930] Why is Iran Negotiating?" *Wilson Center*, February 2013.

[931] Will Todman, "Gulf States' Policies on Syria," *CSIS*, October 2016. https://www.csis.org/analysis/gulf-states-policies-syria.

[932] William MaCants, "How Zawahri Lost Al Qaeda," *Foreign Affairs*, November 19, 2013. http://www.brookings.edu/research/opinions/2013/11/19 – how-zawahri-lost-al-

qaeda-mccantsw.

[933] William McCants and Jomana Qaddour, "The Syrian Shadow Government the World Forgot," *The Atlantic*, January 21, 2013. http://www.theatlantic.com/international/archive/2014/01/the-syrian-shadow-government-the-world-forgot/283240/.

[934] William McCants, "Al Qaeda's Challenge," *Foreign Affairs*, Sept/Otc 2012.

[935] William McCants, "Islamist Outlaws: Saudi Arabia Takes on the Muslim Brotherhood," *Foreign Affairs*, March 17, 2014. http://www.brookings.edu/research/opinions/2014/03/17 – saudi-arabia-outlaws-muslim-brotherhood-mccants.

[936] William Young, David Stebbins, Bryan A. Frederick, Omar Al-Shahery, "Spillover from the Conflict in Syria," *RAND*, October 2014.

[937] Williamson Murray, "ISIS: A Threat?" *Hoover Institution*, 2015. http://www.hoover.org/research/isis-threat.

[938] World Bank, "databank," http://databank.worldbank.org/ddp/home.do? Step = 3&id = 4

[939] World Bank, "Global Economic Prospects," June 2012, www.worldbank.org/globaloutlook.

[940] Xenia Wickett and Jacob Parakilas, "Transatlantic Rifts Stress-Testing the Iran Deal," *Chatham House*, May 2016. https://www.chathamhouse.org/publication/transatlan-

tic-rifts-stress-testing-iran-deal.

[941] Yoel Guzansky, Sigurd Neubauer, "Israel and Saudi Arabia: A Changing Region, a Possible Partnership?" *The National Interest*, July 24, 2014. http://nationalinterest.org/feature/israel-saudi-arabia-changing-region-possible-partnership-10940.

[942] Yoel Guzansky, Sigurd Neubauer, "Israel and Saudi Arabia: A Changing Region, a Possible Partnership?" *The National Interest*, July 24, 2014. http://nationalinterest.org/feature/israel-saudi-arabia-changing-region-possible-partnership-10940.

[943] Yossi Klein Halevi, "Can the Center Hold?" *Foreign Affairs*, Jan/Feb 2012.

[944] Zachary Keck, "Al Qaeda's B*rand* is Dead," *The National Interest*, March 17, 2014. http://nationalinterest.org/commentary/al-qaedas-b*rand*-dead-10059.

[945] Zachary Keck, "America Is Winning the Syrian Civil War," *The National Interest*, January 28, 2014. http://nationalinterest.org/commentary/america-winning-the-syrian-civil-war-9779.

[946] Zack Gold, "Sinai Security: Opportunities for Unlikely Cooperation among Egypt, Israel, and Hamas," *The Brookings Institution*, October 2013.

[947] Zaid Al-Ali , Nathan J. Brown, "Egypt's constitution swings into action," *Foreign Policy*, March 27, 2013. http://

mideast. foreignpolicy. com/posts/2013/03/27/egypt_ s_ constitution_ swings_ into_ action.

[948] Zaid Al-Ali, "Another Egyptian constitutional declaration," *Foreign Policy*, July 9, 2013. http://mideast.foreignpolicy. com/posts/2013/07/09/another_ egyptian_ constitutional_ declaration.

[949] Zha Daojiong and Michal Meidan, "China and the Middle East in a New Energy Landscape," *Chatham House*, October 2015. https://www. chathamhouse. org/publication/china-and-middle-east-new-energy-landscape.

[950] Zoltan Barany, "The Challenges of Building a National Army in Yemen," *CSIS*, July 2016. https://www. csis. org/analysis/challenges-building-national-army-yemen.